高等职业教育教材

铁路客运
安全管理

尹小梅　主　编
杨　芳　李玲玉　副主编

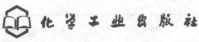

·北京·

内 容 简 介

本书是普通高等职业教育高速铁路客运服务专业教材，以现行法律、法规为依据，紧扣国家标准和行业标准，结合铁路客运安全管理实际和新技术编写。本书主要包括铁路客运安全管理概述、旅客列车安全管理、车站安全管理、铁路交通事故处理、非正常情况下的铁路客运安全管理与应急处理、铁路客运安全风险管理等内容。本书每章都有教学目标、案例导入、课堂阅读、知识链接、思考与练习，最大程度地激发学生学习的积极性和主动性。本书融入党的二十大精神，通过正文中穿插的课程思政素材培养学生爱岗敬业、遵章守纪的职业精神。本书可供职业教育相关院校专业教学选用，也可供从事相关工作的人员学习参考。

图书在版编目（CIP）数据

铁路客运安全管理/尹小梅主编；杨芳，李玲玉副主编. —北京：化学工业出版社，2023.11
ISBN 978-7-122-44184-3

Ⅰ.①铁⋯ Ⅱ.①尹⋯②杨⋯③李⋯ Ⅲ.①铁路运输-旅客运输-安全管理 Ⅳ.①U298

中国国家版本馆CIP数据核字（2023）第176823号

责任编辑：王　可　旷英姿　　　　　文字编辑：陈立媛　陈小滔
责任校对：王鹏飞　　　　　　　　　装帧设计：张　辉

出版发行：化学工业出版社（北京市东城区青年湖南街13号　邮政编码100011）
印　　装：大厂聚鑫印刷有限责任公司
787mm×1092mm　1/16　印张11¾　字数283千字　2024年7月北京第1版第1次印刷

购书咨询：010-64518888　　　　　　售后服务：010-64518899
网　　址：http://www.cip.com.cn
凡购买本书，如有缺损质量问题，本社销售中心负责调换。

定　价：28.00元　　　　　　　　　　　　　　　　　版权所有　违者必究

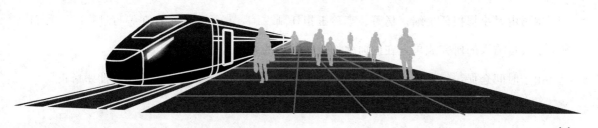

前言

安全是铁路客运工作的第一要素，为了保证旅客的生命与财产安全，铁路工作人员必须熟练掌握铁路客运安全管理与应急处理的基本方法和程序，形成铁路客运安全意识，具备处理突发状况的应急处置能力。为了培养这类高素质高技能型人才，根据职业教育的发展需要与目前的市场情况，我们精心编写了这本适合职业教育学生特点的教材。

本书以现行铁路有关规章和国家标准为依据，结合高职教育的培养目标，遵循理论联系实际的原则，力求学以致用，为学生以后胜任铁路客运安全管理工作奠定基础。在编写内容和要求上，贯彻党的二十大精神，在文中穿插了大量的知识链接与课堂阅读，并及时将铁路旅客运输安全管理的技术发展纳入教材中，力求体现教材的先进性、科学性和系统性，为培养德智体美劳全面发展的社会主义建设者和接班人奠定坚实基础。

本书主要内容包括铁路客运安全管理概述、旅客列车安全管理、车站安全管理、铁路交通事故处理、非正常情况下的铁路客运安全管理与应急处理、铁路客运安全风险管理等六个部分。

本书内容具有以下几个特点：

（1）素质启德，育才培英。为落实立德树人的根本任务，本书在每章前设有"素质目标"，在正文中以"案例导入""课堂阅读"的形式融入课程思政元素，培养学生爱岗敬业、遵章守纪的职业精神，强化学生的安全意识、法律意识与风险控制意识。

（2）案例引导，形象生动。本书每个章节都设置了案例导入，通过案例引导学生产生学习兴趣，并以思考问题的方式让学生主动投入对新知识的学习。

（3）图文并茂，趣味教学。本书图片清晰精美，形象生动，提高了学生的学习兴趣，也方便了老师教学。

（4）知识拓展，助力学习。本书设置了"知识链接""课堂阅读"等模块，补充相关知识，拓宽学生的知识面。

本书由尹小梅担任主编，杨芳、李玲玉担任副主编，杨旭丽主审。在编写过程中，我们参考了大量前人的研究成果，在此向他们表示由衷的感谢。

由于时间仓促，编者水平有限，书中难免存在疏漏，敬请广大师生和读者批评指正。

编者

2023 年 10 月

目录

第一章　铁路客运安全管理概述　/ 1

第一节　认识铁路客运安全管理 / 2
　一、铁路客运安全管理 / 2
　二、铁路客运安全管理现状及改善措施 / 8
　三、影响铁路客运安全的因素 / 10
　四、铁路客运安全监督管理 / 10

第二节　铁路安全管理法律法规 / 13
　一、《中华人民共和国铁路法》相关规定 / 13
　二、《中华人民共和国安全生产法》的相关规定 / 17
　三、《铁路安全管理条例》的相关规定 / 18
　四、《铁路旅客人身伤害及携带品损失事故处理办法》的相关规定 / 22
　五、《铁路交通事故应急救援和调查处理条例》的相关规定 / 25
　六、《铁路旅客运输安全检查管理办法》的相关规定 / 26
　七、《高速铁路安全防护管理办法》的相关规定 / 28
　八、《动车组列车旅客运输管理暂行办法》的相关规定 / 29

思考与练习 / 31

第二章　旅客列车安全管理　/ 34

第一节　旅客安全管理 / 35
　一、乘车途中人身安全管理 / 36
　二、重点、特殊旅客管理 / 38
　三、防止旅客意外伤害管理 / 39

第二节　班组安全管理 / 40
　　一、出、退乘安全管理规定 / 40
　　二、折返站安全管理规定 / 41
　　三、乘务安全管理规定 / 41
　　四、库内安全管理规定 / 41

第三节　禁烟管理 / 42
　　一、旅客禁烟管理 / 43
　　二、客运乘务人员禁烟管理 / 44

第四节　消防安全管理 / 46
　　一、消防安全责任 / 46
　　二、消防组织 / 48
　　三、岗位防火责任制 / 48
　　四、火灾预防 / 50
　　五、火灾应急处置 / 53

第五节　食品安全管理 / 55
　　一、食品安全管理规定 / 56
　　二、高铁、动车食品安全 / 57

思考与练习 / 59

第三章　车站安全管理　/ 61

第一节　铁路安全检查管理 / 62
　　一、旅客携带品规定 / 63
　　二、安全检查 / 65
　　三、违禁品处置 / 66

第二节　乘降安全管理 / 68
　　一、平过道安全管理 / 68
　　二、车门乘降安全管理 / 69
　　三、始发站乘降安全管理 / 69
　　四、中途站乘降安全管理 / 69
　　五、旅客高站台乘降安全管理 / 70

第三节　消防安全管理 / 71
　　一、消防安全基本管理规定 / 72

二、火灾预防 / 74
　　三、火灾扑救和事故调查 / 75
思考与练习 / 76

第四章　铁路交通事故处理　　/ 79

第一节　铁路交通事故 / 80
　　一、铁路交通事故的相关概念 / 81
　　二、铁路交通事故等级分类 / 88
第二节　铁路交通事故调查处理 / 93
　　一、铁路交通事故报告和调查 / 93
　　二、铁路交通事故责任判定和损失认定 / 97
　　三、铁路交通事故统计、分析 / 100
　　四、法律责任 / 101
第三节　铁路交通事故救援 / 103
　　一、事故救援规定 / 104
　　二、事故救援报告 / 104
　　三、紧急处置 / 105
　　四、救援组织 / 107
　　五、救援列车的请求、派遣和开行 / 109
思考与练习 / 110

第五章　非正常情况下的铁路客运安全管理与应急处理　　/ 112

第一节　发生火灾时的安全管理与应急处理 / 113
　　一、列车发生火灾时的安全管理与应急处理 / 114
　　二、车站发生火灾时的安全管理与应急处理 / 117
第二节　列车晚点时的安全管理与应急处理 / 119
第三节　线路中断时对被阻旅客、行包的处理 / 121
　　一、线路中断对被阻旅客的安全管理 / 122
　　二、线路中断对被阻行李、包裹的安全管理 / 123
第四节　动车组设备异常时的安全管理与应急处理 / 125

一、动车组列车运行中车内突然断电的安全管理与应急处理 / 125

二、启用热备动车组组织旅客换乘的安全管理与应急处理 / 126

三、动车组列车空调失效的安全管理与应急处理 / 128

四、动车组列车车门发生故障的安全管理与应急处理 / 130

第五节　突发重大疫情的安全管理与应急处理 / 131

一、列车突发重大疫情的安全管理与应急处理 / 132

二、车站突发重大疫情的安全管理与应急处理 / 133

第六节　旅客食物中毒事件的安全管理与应急处理 / 134

一、列车旅客食物中毒事件的安全管理与应急处理 / 134

二、车站旅客食物中毒事件的安全管理与应急处理 / 136

三、旅客食物中毒事件的预防控制 / 136

第七节　旅客人身伤害及突发急病事件的安全管理与应急处理 / 137

一、旅客人身伤害及突发急病的相关概念 / 137

二、列车旅客人身伤害及突发急病事件的应急处理 / 138

三、车站旅客人身伤害及突发急病事件的应急处理 / 142

第八节　安全综治事件安全管理与应急处理 / 146

一、列车安全综治事件的安全管理与应急处理 / 147

二、车站安全综治事件的安全管理与应急处理 / 151

思考与练习 / 153

第六章　铁路客运安全风险管理　/ 156

第一节　铁路客运安全分析与评价 / 157

一、安全分析 / 158

二、安全评价 / 160

第二节　铁路客运安全风险控制 / 162

一、铁路客运安全风险管理的基本原则 / 162

二、旅客乘降安全风险控制 / 163

三、设施设备安全风险控制 / 164

四、售、检票系统安全风险控制 / 165

五、防火防爆安全风险控制 / 166

六、食品安全风险控制 / 168

七、动车组列车安全风险控制 / 169

八、劳动安全风险控制 / 170
　思考与练习 / 172

附录 1　安全色与对比色　　　　　　　　　　　　　　　　/ 174

附录 2　民政部、外交部、公安部关于外国人在华死亡后处理程序
　　　　　有关问题的实施意见　　　　　　　　　　　　　　/ 175

参考文献　　　　　　　　　　　　　　　　　　　　　　　 / 177

第一章

铁路客运安全管理概述

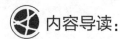 **内容导读：**

安全是铁路的永恒主题，铁路客运安全关乎旅客生命财产安全，一直是铁路安全中的重中之重。铁路旅客列车作为国家公共基础设施的重要组成部分，是大众化交通工具。确保旅客列车安全万无一失，是创建和谐铁路、落实人民铁路为人民服务的宗旨、树立旅客至上现代服务理念的具体表现和重要前提。

本章节主要介绍了铁路客运安全管理的基础知识，包括铁路客运安全管理的概念及现状、铁路客运安全的影响因素、铁路安全管理法律法规。

 素质目标：

① 培养学生遵章守纪、按章作业的工作作风。
② 使学生树立良好的安全意识和法律意识。

 知识目标：

① 掌握安全管理的相关概念、影响客运安全的因素及铁路客运安全管理的监察内容。
② 掌握与铁路安全管理相关的法律法规。

 能力目标：

① 能够根据实际案例，分析影响铁路客运安全的主要因素。
② 具备铁路安全管理意识，能在作业过程中有效避免安全事故的发生。

第一节　认识铁路客运安全管理

案例导入

> **胶济客专 D59 次列车撞人重大事故**
>
> 2008 年 1 月 23 日 15 时 50 分，由北京开往青岛的 D59 次列车由北京站开出，目的地为山东青岛，时速 200 公里，运行至济南局胶济客运专线安丘—昌邑间 K131＋200m 处时，现场防护人员注意力不集中，未能及时发现列车靠近，在发现列车即将到达施工区段时，未通知作业人员下道避让；此时列车司机虽目视到前方有正在维修的工人，连忙采取紧急制动，但为时已晚，最终与工前饮酒、未经带工人员同意和带领的情况下擅自上道作业的中铁十六局作业人员相撞，造成 18 人死亡、9 人受伤，构成铁路交通重大事故。
>
> 思考：试分析造成上述事故的原因有哪几类？

一、铁路客运安全管理

铁路旅客运输是利用铁路旅客列车将旅客及携带的行李、包裹从其出发站安全、舒适地运送到到达站的全过程的业务和服务工作，是我国当前旅客运输的主要形式。

铁路运输对促进国民经济发展和满足人民生活需要发挥着重要作用。它通过铁路大动脉，连接城市与乡村，在较短的时间里将旅客和货物输送到目的地。如果铁路发生运输堵塞、中断，或当某一次旅客列车发生列车冲突、脱轨事故时，必然会造成生命和财产的巨大损失。显然，铁路运输安全对社会的影响非常重大。铁路运输的安全状况反映了铁路的管理水平、设备质量、人员素质和社会秩序的状况，也是铁路运输质量的重要表现。

1. 安全管理的相关概念

（1）安全

安全有很多种定义，中国古代认为安全就是"无危为安，无损为全"。但是，绝对的安全在实际生活中是不存在的。安全是一种状态，是指在人类生产过程中，能将系统的运行状态对人、财产、环境可能产生的损害控制在可接受水平及以下的状态。对于铁路系统来说，安全是指不发生行车事故、火灾、爆炸、人身伤害等事故的状态。

安全在铁路运输生产中的地位至关重要，具体表现在以下几个方面：①安全是铁路运输适应经济和社会发展的先决条件。②安全是铁路运输产品最重要的质量特征。③安全是铁路各项工作质量的综合反映。④安全是加快铁路改革与发展的重要保证。⑤安全是法律赋予铁路运输的义务和责任。

对于铁路系统来说，铁路安全问题涉及铁路生产运输的各个方面，多数都是围绕列车在轨道上的定向运动展开的。铁路安全具有系统性、长期性、动态性、严重性、复杂性等特性。安全事故是指铁路运营过程中发生的人员伤亡、财产损失等意外事件，也包括系统运营中列车设备故障、列车追尾事故、列车脱轨事故、火灾事故、水灾事故等公共安全事故。

（2）安全管理

安全管理是一门综合性的系统科学，是企业管理的重要组成部分，是企业为实现安全目标而进行的有关决策、计划、组织和控制等方面的活动。安全管理是一种动态管理，必须坚持全员、全过程、全方位、全天候的动态安全管理。主要运用现代安全管理原理、方法和手段，分析和研究各种不安全因素，从技术上、组织上和管理上采取有力的措施，解决和消除各种不安全因素，从而防止事故的发生。

对于铁路系统来说，安全管理是为了有效避免事故所引起的人和物的损失，而进行危险控制的一切活动。

2. 铁路旅客运输的基本要求

铁路旅客运输为了保证质量，良好地、高效率地完成各项任务，必须遵循以下几点要求：

① 铁路旅客运输须适应客运量的需要，努力提高客运工作水平，保证完成国家旅客运输计划。

② 在确保行车安全、正点的前提下，不断提高旅客列车的平均直通速度，改善旅客列车运行图各项指标。

③ 铁路旅客运输须考虑方便旅客出行。

④ 挖掘各种设备潜力，经济合理地使用机车、车辆和乘务人员。

⑤ 客货兼顾，组织均衡运输，充分利用和提高线路通过能力。

⑥ 积极考虑采用新技术和先进工作方法，提高运输效率。

课堂思考：运行速度和直通速度有何不同？

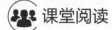

铁路大提速

中国铁路大提速有六次，时间是1997年4月1日～2007年4月18日。经过六次大提速，中国走入了快速铁路时代，并探索性预备了中国高速铁路的技术。

1997年4月1日零时，中国铁路第一次大面积提速调图全面实施，拉开了铁路提速的序幕。这次提速调图，提速列车最高运行时速达到了140公里；全国铁路旅客列车旅行速度由1993年的时速48.1公里，提高到时速54.9公里；首次开行了快速列车和夕发朝至列车。

1998年10月1日零时，第二次大面积提速调图开始实施。这次提速调图，快速列车最高运行速度达到了时速160公里；全国铁路旅客列车平均旅行速度达到时速55.2公里，直通快速、特快客车平均时速达到71.6公里；首次开行了行包专列和旅游热线直达列车。

2000年10月21日零时，第三次大面积提速在陇海、兰新、京九、浙赣线顺利实施，初步形成了覆盖全国主要地区的"四纵两横"提速网络。全国铁路旅客列车平均时速达到60.3公里。新的列车车次将传统的快速列车、特快列车、直快列车、普通客车、混合列车、市郊列车、军运人员列车七个等级调整为三个等级，即特快旅客列车、快速旅客列车、普通旅客列车。

2001年10月21日零时，第四次大面积提速调图开始实施，铁路提速延展里程达到13000公里，使提速网络覆盖全国大部分省区市。这次提速调图，全国铁路旅客列车平均旅行速度达到时速61.6公里；进一步增开了特快列车，树立了夕发朝至列车等客货运输品牌的形象。

2004年4月18日零时，第五次大面积提速调图开始实施。这次提速调图，几大干线的部分地段线路基本达到时速200公里的要求；提速网络总里程16500多公里；全国铁路旅客列车平均旅行速度达到时速65.7公里。此外，在此次大提速中，全国共开行了19对直达特快列车，最高时速160公里，进一步缩短了列车运行时间，从而提高运输效率。

2007年4月18日零时，全国铁路第六次大提速正式开始。这次，除原有的列车大部分提高速度外，新增"D"字头的动车组。北京、上海、广州等城市开行"D"字头的动车组城际快车。乘坐"D"字头列车，能比原有班次更为快速地到达目的地。

（资料来源：《新闻背景：中国六次铁路大提速》，中国政府网，2007年4月13日）

3. 铁路客运安全管理的特点

(1) 客流密集，工作强度大

近年来，随着京沪、京广、哈大等新建铁路项目的陆续投产，客流增长出现井喷，旅客发送量持续高位运行。据《中国统计年鉴2020》显示，截至2019年底，通过铁路运送旅客达366002万人，增长8.4%。通过铁路运输货物为438904万吨，增长9.0%。2020年因疫情原因，年初铁路旅客发送量减少，随着国家积极抗疫并取得了较好的成果，铁路客运稳步恢复，2020年中国铁路旅客发送量22.03亿人，较2019年减少14.57亿人。2021年上半年中国铁路旅客发送量13.65亿人。

客流特点主要表现在两个方面：一是客流集中。客流主要集中于北京、上海、广州、武汉、南昌、成都等铁路局，特别是北京、上海、广州三个客运大局。二是密集到发。主要客运大站、繁忙的高铁车站列车到发异常频繁。客流相对集中和客车密集到发对旅客运输组织效率、设施设备的可靠性和稳定性、客流集疏安全、应急处置能力的要求非常高。

（2）产品集成，接合部多

铁路客运产品是"车、机、工、电、辆"各专业所涉及的工作内容及工作质量面向社会的"集成终端"。从生产组织决策到日常工作管理，均贯穿和涵盖了"上至总公司，下至各站段；内跨路内各单位，外联地方政府"的接合部协作工作，呈现出"系统整合度高，接合部事务多"等特点，使客运安全管理的难度加大。

（3）窗口单位，队伍素质要求高

一方面客运职工的个人综合素质、职业操守、作业标准、言行举止均广受关注；另一方面受地域文化、收入水平、社会阅历等影响，不同旅客群体对客运工作质量又有着不同的诉求。而随着社会的进步，这些诉求往往又通过不同的方式反作用于每一名客运职工，呈现出"需求多样、众口难调"的特点，给客运工作人员的综合素质（包括外在形象、文化水平、沟通协调能力和危机处置能力等）提出了更高的要求。

（4）点多线长，管理跨度大

国铁集团数据显示，2021年，全国铁路完成固定资产投资7489亿元，投产新线4208公里，其中高铁2168公里。截至2021年底，全国铁路营业里程突破15万公里，其中高铁超过4万公里；拥有铁路客车7.8万辆，其中动车组4153标准组、33221辆。线路类别上，既有运行时速200公里以上的客运专线，又有运行时速在160～200公里的客货混跑提速线路，还有运行时速在160公里以下、120公里以下的普速线路；地质上，既有世界上海拔最高、在冻土上路程最长的高原铁路（青藏铁路），又有世界上一次建成线路最长、标准最高、速度最快的平原客运专线（京沪高铁），还有横贯喀斯特地区的山区铁路（渝利铁路），在客观上造成了客运安全管理中"管理跨度大、专业知识多"等难点。

4. 铁路客运安全管理的内容

铁路客运安全管理主要是在运营过程中，通过对人员、作业过程、设备等因素的有效管理，将事故的安全风险控制在可接受范围之内。主要包括以下几个方面的内容：

（1）健全安全管理规章制度

安全管理规章制度是进行安全管理工作的基础，完善安全管理制度是抓好铁路安全管理工作的保障，铁路各部门应在严格执行各级各项安全法律法规的同时，完善各类操作规程，用规章制度约束员工行为，为员工提供安全指引。

（2）人员安全管理

大量的事故调查、分析显示，80%以上的事故都是由岗位人员缺乏强烈的安全责任意识造成的。通过安全教育培训和安全宣传让职工接受安全文化，进而提高职工的安全意识和业务素质，是抓好铁路客运安全工作的基础。此外，应建立完整的安全监督、保障、应急体系，形成网络化安全监督管理体系。

(3) 行车安全管理

保证铁路行车安全，是铁路运输工作的重中之重。铁路行车安全是指在铁路运输过程中，维护铁路正常的运行秩序，保证旅客及铁路员工生命财产安全，保证运输设备和货物完整性的全部生产活动。行车安全是铁路运输各部门工作质量的综合反映，是铁路客运安全中最重要、最核心的部分，是铁路改革与发展的重要保证。

行车安全管理包括接发列车安全管理、列车驾驶安全管理、调车作业安全管理、行车调度安全管理等内容。

(4) 车站安全管理

车站是乘客乘车的集散地，贯穿乘行始末，确保其安全是提供客运服务的基本要求；同时，车站也是铁路线网的运营节点，一个站点发生安全事故将严重影响其他站点甚至整个线网的运营。因此，车站安全管理是铁路客运安全管理的重要环节，站务人员必须掌握一定的车站安全生产与管理知识，未雨绸缪，将安全生产贯穿生产活动的全过程。

车站安全管理包括人身安全管理、行车安全管理、消防安全管理、设备安全管理、票款安全管理等。

(5) 设备设施安全管理

铁路的设备设施包括线路及轨道系统、车辆系统、机电设备系统、消防系统、供电系统、通信系统、信号系统、监控系统等。其中任何一个设备设施出现问题，都有可能导致安全事故，或者使事故后果的严重程度扩大，所以必须加强对铁路设备设施的安全管理。

铁路设备设施的安全管理包括采用符合安全标准的设备设施、正确使用设备设施、定期安全检查设备设施、维护和保养设备设施等。

(6) 事故安全管理

铁路交通事故处理是铁路运输安全管理中不可缺少的重要内容，需要建立事故处理机制，落实事故责任追究制度。当事故发生后，按照"四不放过"原则和安全奖惩办法严格惩处。对于事故的发生，要透过现象看本质，定因、定性、定责，增强岗位意识、责任意识和法律意识，制定出有针对性的措施，避免同类事故再次发生，变事后惩处为事前预防，贯彻"安全第一，预防为主，综合治理"的方针。

(7) 应急救援安全管理

救援安全管理是根据国内外铁路救援抢险的经验和突发事件的特点，建立、健全"统一领导、分级管理、分线负责"应急救援制度，健全应急救援组织机构体系，建立应急救援队伍，制定完善的应急预案，开展应急救援演练，增强应急处理能力。

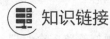
知识链接

安全事故"四不放过"处理原则

"四不放过"原则的支持依据是《国务院关于特大安全事故行政责任追究的规定》（国务院令第302号）。安全生产事故都会给国家和人民生命财产造成损失，影响社会稳定和企业效益，所有事故的原因虽然各有不同，但都能总结出许多教训，值得我们去认真对待吸取。他山之石，可以攻玉，只有认真学习典型的安全事故案例，把别人的事故当成自己的事故对待，真正吸取事故教训，做到举一反三，才能杜绝类似事故的发生。

1. "四不放过"原则的主要内容

（1）第一个不放过：事故原因未查清不放过。
（2）第二个不放过：事故责任人未受到处理不放过。
（3）第三个不放过：事故责任人和广大群众没有受到教育不放过。
（4）第四个不放过：事故没有制定切实可行的整改措施不放过。

2. "四不放过"原则的具体含义

（1）"四不放过"原则的第一层含义

要求在调查处理伤亡事故时，首先要把事故原因分析清楚，找出事故发生的真正原因，不能敷衍了事，不能在尚未找到事故主要原因时就轻易下结论，也不能把次要原因当成真正原因，未找到真正原因决不轻易放过，直至找到事故发生的真正原因，并搞清各因素之间的因果关系才算达到事故原因分析的目的。

（2）"四不放过"原则的第二层含义

这是安全事故责任追究制的具体体现，对事故责任者要严格按照安全事故责任追究规定和有关法律、法规的规定进行严肃处理。

（3）"四不放过"原则的第三层含义

在调查处理事故时，不能认为原因分析清楚了，有关人员也处理了就算完成任务了，还必须使事故责任者和广大群众了解事故发生的原因及所造成的危害，并深刻认识到搞好安全生产的重要性，使大家从事故中吸取教训，在今后工作中更加重视安全工作。

（4）"四不放过"原则的第四层含义

针对事故发生的原因，在对安全生产工伤事故必须进行严肃认真的调查处理的同时，还必须提出防止相同或类似事故发生的切实可行的预防措施，并督促事故发生单位加以实施。只有这样，才算达到了事故调查和处理的最终目的。

3. "四不放过"原则安全管理应用

"四不放过"，不能只停留在口头上，而是应该有具体的实实在在的行动，不仅要做到查清原因、处理责任人、落实整改措施，更重要的是要深刻吸取教训，举一反三，做好安全生产的监管和预防工作。安全生产事故一旦发生，就会造成人民生命财产的损失，这样的教训有一次就够了，不要总是吸取，甚至是总不吸取。

（1）方法要求

① 事故原因没有查清不放过。各单位学习事故通报时，要针对相关人员的行为及设备、环境的安全状况进行分析，对照检查本单位安全管理、技术管理、制度落实方面是否存在问题，分析不清不放过。

② 事故责任者没有严肃处理不放过。不进行一次假如发生这样的事故，对照事故调查处理的法律法规和公司安全生产奖惩制度，哪些岗位、哪些人员应该受到什么样的处理的大讨论不放过。

③ 职工没有受到教育不放过。没有本着举一反三的原则，该吸取教训、受到教育的人没有吸取教训、受到教育不放过。

④ 防范措施没有落实不放过。针对本单位实际情况，结合事故单位的防范措施，没有制定本单位的防范措施，并将措施责任到人、落实到位不放过。

(2) 具体做法

① 学习人身事故通报，各生产单位、班组都要按照"四不放过"的要求召开事故分析会。

② 通过学习通报，对本单位相关人员行为、设备、环境、工艺的安全状况进行分析，对照安全管理、设备管理、技术管理、制度落实等方面进行自查，能解决的自行整改，需要上级部门协调解决的报相关管理部门备案，由相关管理部门协调责任部门整改。

③ 各职能部门按照"谁检查、谁签字、谁负责"的原则，对整改或防范措施落实情况进行抽查，发现落实不力者，按照公司安全管理制度追究单位安全第一责任人的责任。

④ 各班组及时总结教训及存在的问题，整治安全管理中的薄弱环节和突出问题，不断提高安全管理水平。

二、铁路客运安全管理现状及改善措施

1. 铁路客运安全管理的现状

铁路旅客运输过程，是超大规模的人员、设备、单位之间的大联动，在及时性、连续性、联动性等方面都有很高的要求，运输生产过程中，任何一个环节、一个岗位出现纰漏，都可能导致旅客生命财产受到损失。

为了确保铁路旅客运输安全，为旅客提供安全优质的旅行环境，客运系统在安全管理方面做了大量工作。在制度建设方面，连续出台了旅客人身伤害及携带品损失处置办法、铁路旅客安全检查办法、普速客车车门管理办法、进站乘车禁止和限制携带物品公告以及实名制查验相关办法，建立健全站、车客运作业人员联控机制，优化三乘检查办法，从顶层设计方面优化接合部管理。在人防方面，加强客运队伍专业化建设，推进客运安全文化建设，不断优化培训内容和培训质量，提高客运人员安全风险应对和应急处置能力。在物防方面，会同车辆部门对普速客车车门、边凳、踏板等处进行防夹手改造，对垃圾桶、洗脸间压条进行防火改造，将普速客车悬挂式铁质方向牌改为粘贴式纸质方向牌。在技防方面，充分发挥信息化手段在安全防护、安全警示方面的作用，大力推进站台端部红外线入侵检测系统、客运站车视频监控系统、铁路客运管理信息系统在基层安全管理方面的应用。近十年来，在旅客发送量逐年增长的情况下，旅客人身伤害事件呈逐年下降态势。

在我国目前的铁路客运安全管理中，已经投入了大量的技术和先进的设备，为我国的铁路客运安全提供了有力保障，但仍存在着局限，主要存在接合部问题突出、部分制度操作性差、标准化作业落实不到位、队伍专业化水平需要提高、干部工作作风还需改进、安全风险管理基层应用存在误区几个问题。

2. 铁路客运安全管理的改善措施

目前，我国的铁路客运安全措施的落实主要依靠人工进行督促。这样的监督管理处于低效率的模式，造成了巨大的经济损失。铁路客运安全要以保障人民群众的人身安全和利益为根本，为广大的人民群众提供一个安全稳定的出行环境。因此，铁路安全管理要在安全这一点上进行改革。如果经常发生铁路安全事故，除了人员伤亡以及经济损失之外，容易造成我国铁路运输体系的混乱。所以在铁路的运行过程中，要不断加强安全管理。铁路客运安全管理的改善措施包括以下几个方面：

(1) 提高铁路员工的素质

为了我国铁路客运安全的长久发展，要从不同的方面进行改革，制定严格的检查管理制度。在实际生产工作过程中，最重要的是要对员工的素质进行培养，要强化工作人员职业技能培训工作，根据《铁路技术管理规程》等有关规定，组织客运段职工学习技术知识，用理论指导实践，用实践验证规章的可行性。坚持提升业务能力，定期进行职业技能与业务能力考核，从而保证工作人员工作过程中的规范性，这也是列车工作中应当重点关注的内容。要让每一位员工意识到为国家与人民提供安全保障是他们的责任，最重要的是要加强安全管理制度建设，确保每一位工作人员都有强烈的责任意识。

(2) 加强消防设备的管理与检查

消防设备操作人员必须接受相应的培训，各类设备均须具备法律、法规规定的有效合格证明并经维修部确认后方可投入使用。消防设备应由持证人员定期进行检查。消防设备及相关区域附近应按照本单位标准划定黄色区域，严禁堆放杂物并定期检查、排除隐患。对于铁路客运安全的管理，最重要的一点是铁路技术设备的改革与创新。对于所有的铁路客运安全管理来说，设备是基础。随着我国科学技术的不断发展，对于铁路技术设备的投入也要不断加强。我国目前铁路客运安全管理与计算机网络进行结合，建立了较为先进的数字化分析网络，另外落实高科技的安全应急措施，可以直接减少客运安全事故的发生以及经济损失造成的危害。

(3) 制定铁路安全管理制度

随着我国铁路运输行业技术的不断发展和设备的不断更新，相应的铁路管理制度也要随之更新。铁路客运安全管理是以前的管理基础和当下新发展的科学管理体制相融合的产物。应当在整个管理体系当中贯彻落实安全管理的思想和方法，做好各项安全管理工作，将可能发生的安全事故所造成的损伤尽量降到最低点。在各个安全管理阶段，严格布控，优先反馈体制中出现的安全漏洞，及时修补。做到全面排查夯实基础，分级进行管理，做好安全把控。我们应放弃过去陈旧的制度，不断地根据实际状况进行调整。这就对我国相关部门提出了更高的要求，要紧跟时代的步伐，随时对各种安全制度进行不断创新。

(4) 提升职工安全意识

铁路职工在铁路安全运营当中占有重要的地位，培养并提升职工的安全意识对于铁路客运安全风险管理具有相当重要的意义。从服务方面提升主要的安全服务能力，从而加强铁路的安全文化建设，同时能够让铁路职工相互明确安全责任，自身的安全工作要求严格执行，并把安全作为整个工作的主要目标。而对于广大旅客来说，职员的安全意识提高，自身安全就有了保障，从而实现双方互利。

(5) 提升旅客安全意识

加大车站、列车关于安全注意事项的宣传力度，设置专门人员负责区域防范盯控，减少旅客突发状况的产生，保障列车安全运行。

(6) 强化班组日常管理

在列车日常管理中，班组管理必须和安全风险管理紧密结合，坚持以岗位责任制为中心，在完成运输生产任务的同时提高作业的安全性。对于列车班组日常管理存在的问题，在交接班会上要重点讨论研究，提出相应的整改意见和措施。保证对安全风险的过程控制、安全风险的应急处置、安全风险的管理基础、安全风险的考核评估都要落实到班组，并融入班组管理之中。

三、影响铁路客运安全的因素

对铁路客运安全而言，就是要尽可能保证乘客在候车和乘车时生命财产不受损失，并在一定时间内准时到达目的地。影响铁路客运安全的因素有很多，归纳起来主要包括人的因素、物的因素、环境因素、管理因素等四个方面。

1. 人的因素

人的因素在铁路运输安全中起关键作用，人对客运安全的特殊作用主要体现在主导性、主观能动性和创造性。影响铁路客运安全的人员包括铁路运输系统内人员和铁路运输系统外人员。铁路运输系统内人员涉及客运相关专业管理人员和现场操作人员，主要是指车务、机务、工务、电务、车辆、客运等部门的各级领导人员、专职管理人员和基层工作人员，他们是保证运输安全的最关键的因素，应具有良好的思想品质、技术水平及心理素质。铁路运输系统外人员主要是指铁路旅客以及铁路客运业务外包人员，要具备较强的安全意识和一定的安全技能，严格遵守运营安全法规有关规定。

2. 物的因素

在铁路运输企业中，物的因素在安全工作中占有较大的比重，物的不安全状态是造成铁路客运安全事故的一大诱因。目前与客运安全相关的物主要包括站台、进出站通道、客运电梯、车辆系统、供电系统、消防系统、线路及轨道系统、机电设备系统、通信系统、信号系统、视频监控系统、对讲系统、火灾报警系统等，种类繁多，数量巨大，使用频率高，故障处理时间紧。

影响客运安全的物的因素可以从设计和使用两个方面分析，在设计上主要包括可靠性、可维修性和使用友好性等方面，在使用上主要包括运行时间和频率以及维护保养情况。

3. 环境因素

影响客运安全的环境包括内部小环境和外部大环境两部分。内部小环境通常是指作业环境和内部社会环境，作业环境因素包括作业场所的温度、湿度、采光、照明、噪声、震动等，内部社会环境因素包括运输系统内部的政治、经济、文化、法律等环境；外部大环境包括自然环境和社会环境，自然环境因素包括自然灾害、季节因素、气候因素、时间因素、铁路沿线的地形地貌，社会环境因素包括政治环境、经济环境、技术环境、管理环境、法律环境、家庭环境、社会风气等。

4. 管理因素

管理是最大的安全风险源，影响客运安全的管理因素很多，主要有安全组织、安全法制、安全教育、安全信息和安全资金等。

四、铁路客运安全监督管理

我国铁路行业发展迅速，铁路客货运输的需求也日渐增长。随着旅客、货物运输的需求增长和铁路六次大提速，铁道部监管不力的问题慢慢凸显出来。所以政府监管铁路行业的决定势在必行，只有政企分开、政监分开，完善《铁路法》，打破铁路行业的自然垄断性，规范市场准入机制等，才能实现更有效而且高效的监管。铁路客运安全监督管理是政府对铁路客运部门的监管，是政府的外部监管，不包括对自身的监管。

1. 政府监管的含义

政府监管，又称政府规制、政府管制，维斯卡西等学者认为，政府监管是政府以制裁的手段，对个人或组织的自由决策的一种强制性限制。在经济学界具有普遍影响力的《新帕尔格雷夫经济学大词典》将监督管理定义为"政府为控制企业的价格、销售和生产决策而采取的各种行动"。

我国经济学家成思危指出，"监督管理是政府运用控制权通过行政机构和行政法规对市场进行干预，以求达到纠正市场失灵，提高经济效率的目的"。余晖认为，"监督管理是由行政机构制定并执行的直接干预市场机制配置或间接改变企业和消费者的供需决策的一般规则或特殊行为"。

综合以上对政府监督管理这一概念的讨论，政府监管即政府运用公共权力，通过制定一定的规则，对微观经济主体进行的规范和制约，为企业运作建立规则保障，弥补市场失灵，保证经济有序进行。是在市场经济条件下政府针对微观经济层面上的自然垄断、不完全竞争、信息不对称和外部不经济等市场失灵情况而制定的公共管理政策和行政法律制度，也是国家行政机关通过法律授权，直接干预市场配置机制或间接改变企业供给和消费者需求决策的一般规则或特殊行为。

2. 政府对铁路部门监督管理的发展历程

2013年3月，根据第十二届全国人民代表大会第一次会议审议的《国务院关于提请审议国务院机构改革和职能转变方案》的议案，铁道部实行铁路政企分离（如图1-1所示），撤销中华人民共和国铁道部，国务院将铁道部拟定铁路发展规划和政策的行政职责划入交通运输部；组建国家铁路局，由交通运输部管理，承担铁道部的其他行政职责；组建中国铁路总公司，承担铁道部的企业职责；不再保留铁道部。此举意在加快铁路、航空、公路、水运协调发展，由交通运输部进行统筹规划，完善交通运输体系，推动交通事业的可持续发展。

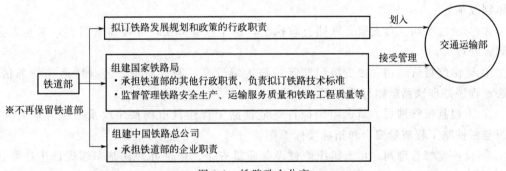

图1-1 铁路政企分离

改革后，中国铁路总公司统一调度指挥铁路运输，实行全路集中统一管理，确保铁路运营秩序和安全，确保重要运输任务完成，不断提高管理水平，为人民群众提供安全、便捷、优质服务。中国铁路总公司，承担铁道部的企业职责，负责铁路运输统一调度指挥，经营铁路客货运输业务，承担专运、特运任务，负责铁路建设，承担铁路安全生产主体责任等。

2019年6月18日，经国务院批准同意，中国铁路总公司改制成立中国国家铁路集团有限公司，在北京挂牌。

3. 政府对铁路客运监管的机构及其职责

目前，我国铁路行业政府监管机构有三个：交通运输部、国家铁路局、社会性综合监管机构。三者相辅相成，构成了我国铁路行业的监管体制。

（1）交通运输部

交通运输部对铁路行业的监管体现在政策性上，它负责制定发展规划，对监管方面进行立法指导。统筹多种交通运输方式协调发展，拟定和指导综合交通运输的规划和管理。在权力分配上，交通运输部由于负责政策指导，在三个部门中地位最高。

（2）国家铁路局

国家铁路局作为专业的监管机构，是政府监管铁路行业的主要单位，国家铁路局主要职责有以下几点：

① 起草铁路监督管理的法律法规、规章草案，参与研究铁路发展规划、政策和体制改革工作，组织拟订铁路技术标准并监督实施。

② 负责铁路安全生产监督管理，制定铁路运输安全、工程质量安全和设备质量安全监督管理办法并组织实施，组织实施依法设定的行政许可，组织或参与铁路生产安全事故调查处理。

③ 负责拟订规范铁路运输和工程建设市场秩序政策措施并组织实施，监督铁路运输服务质量和铁路企业承担国家规定的公益性运输任务情况。

④ 负责组织监测分析铁路运行情况，开展铁路行业统计工作。

⑤ 负责开展铁路的政府间有关国际交流与合作。

⑥ 承办国务院及交通运输部交办的其他事项。

国家铁路局设八个内设机构：

① 综合司（外事司）。负责机关财务管理、处理日常事务及外事工作、对外发布新闻等。

② 科技与法制司。负责铁路技术监督工作，起草铁路监管的法律法规、规章制度，推动体制改革等。

③ 安全监察司。负责监督铁路行政执法，制定监管办法，完善监管机制，参与安全事故调查处理等。

④ 运输监督管理司。负责组织监督铁路运输安全、服务质量、公益性运输任务情况，依法定程序办理铁路运输行政许可。

⑤ 工程监督管理司。负责组织拟订规范铁路工程建设市场秩序政策措施并组织实施，组织监督铁路工程质量安全和招标投标工作。

⑥ 设备监督管理司。负责组织监督设备质量安全、依法办理铁路车辆设计生产维修进口许可等。

⑦ 人事司。负责机关和各地区铁路监督管理局的人员编制及管理。

⑧ 直属机关党委。负责国家铁路局机关和在京直属单位的党群工作，协助局党组管理机关和直属单位党的组织和群众组织，开展党的思想建设、组织建设、作风建设、反腐倡廉建设和制度建设，推进局机关精神文明建设和文化建设。

（3）社会性综合监管机构

社会性综合监管机构负责非专业性质的监管，即负责除发改委、财政部、生态环境部、国资委等职能部门在其领域的监管之外的部分。它是作为政府监管部门的补充，遵守政策导向，是综合性、多方位的监管。

第二节　铁路安全管理法律法规

 案例导入

铁路安全警示教育案例

案例1：2018年3月20日，济南市历城区初级实验中学1名学生违反《铁路法》《铁路安全管理条例》规定，在胶济客专铁路线路上放置石砟，造成列车紧急停车，严重危及了铁路运输安全。

案例2：2020年3月24日，南昌铁路安监办约谈江西鹰潭市龙虎山镇中心小学和龙虎山景区管委会文教局主要负责人。3月14日，在鹰厦铁路线余家至肖家间K16+025处，发生了一起3名小学生违反铁路安全法规规定，在钢轨上摆放石砟被列车碰撞碾压，造成列车停车的事件。

思考：上述案例中的学生将会受到怎样的处罚？你还知道哪些与铁路安全管理相关的法律法规？

一、《中华人民共和国铁路法》相关规定

《中华人民共和国铁路法》是为了保障铁路运输和铁路建设的顺利进行，适应社会主义现代化建设和人民生活的需要而制定的法律。

《中华人民共和国铁路法》于1990年9月7日第七届全国人民代表大会常务委员会第十五次会议通过，自1991年5月1日起施行。根据2009年8月27日第十一届全国人民代表大会常务委员会第十次会议《关于修改部分法律的决定》第一次修正，根据2015年4月24日第十二届全国人民代表大会常务委员会第十四次会议《关于修改〈中华人民共和国义务教育法〉等五部法律的决定》第二次修正。最新《中华人民共和国铁路法》包括总则、铁路运输营业、铁路建设、铁路安全与保护、法律责任和附则共六章，在此将铁路安全与保护、法律责任两部分的相关内容摘录如下。

1. 铁路安全与保护

第四十二条　铁路运输企业必须加强对铁路的管理和保护，定期检查、维修铁路运输设施，保证铁路运输设施完好，保障旅客和货物运输安全。

第四十三条　铁路公安机关和地方公安机关分工负责共同维护铁路治安秩序。车站和列车内的治安秩序，由铁路公安机关负责维护；铁路沿线的治安秩序，由地方公安机关和铁路公安机关共同负责维护，以地方公安机关为主。

第四十七条　禁止擅自在铁路线路上铺设平交道口和人行过道。

平交道口和人行过道必须按照规定设置必要的标志和防护设施。

行人和车辆通过铁路平交道口和人行过道时，必须遵守有关通行的规定。

> **知识链接**
>
> **铁路的相关知识**
>
> 铁路包括国家铁路、地方铁路、专用铁路和铁路专用线。
> ① 国家铁路是指由国务院铁路主管部门管理的铁路。
> ② 地方铁路是指由地方人民政府管理的铁路。
> ③ 专用铁路是指由企业或者其他单位管理,专为本企业或者本单位内部提供运输服务的铁路。
> ④ 铁路专用线是指由企业或者其他单位管理的与国家铁路或者其他铁路线路接轨的岔线。
>
> 国务院铁路主管部门主管全国铁路工作,对国家铁路实行高度集中、统一指挥的运输管理体制,对地方铁路、专用铁路和铁路专用线进行指导、协调、监督和帮助,国家铁路运输企业行使法律、行政法规授予的行政管理职能。

第四十八条 运输危险品必须按照国务院铁路主管部门的规定办理,禁止以非危险品品名托运危险品。

禁止旅客携带危险品进站上车。铁路公安人员和国务院铁路主管部门规定的铁路职工,有权对旅客携带的物品进行运输安全检查。实施运输安全检查的铁路职工应当佩戴执勤标志。

危险品的品名由国务院铁路主管部门规定并公布。

第四十九条 对损毁、移动铁路信号装置及其他行车设施或者在铁路线路上放置障碍物的,铁路职工有权制止,可以扭送公安机关处理。

第五十条 禁止偷乘货车、攀附行进中的列车或者击打列车。对偷乘货车、攀附行进中的列车或者击打列车的,铁路职工有权制止。

第五十一条 禁止在铁路线路上行走、坐卧。对在铁路线路上行走、坐卧的,铁路职工有权制止。

第五十二条 禁止在铁路线路两侧二十米以内或者铁路防护林地内放牧。对在铁路线路两侧二十米以内或者铁路防护林地内放牧的,铁路职工有权制止。

第五十三条 对聚众拦截列车或者聚众冲击铁路行车调度机构的,铁路职工有权制止;不听制止的,公安人员现场负责人有权命令解散;拒不解散的,公安人员现场负责人有权依照国家有关规定决定采取必要手段强行驱散,并对拒不服从的人员强行带离现场或者予以拘留。

第五十四条 对哄抢铁路运输物资的,铁路职工有权制止,可以扭送公安机关处理;现场公安人员可以予以拘留。

第五十五条 在列车内,寻衅滋事,扰乱公共秩序,危害旅客人身、财产安全的,铁路职工有权制止,铁路公安人员可以予以拘留。

第五十六条 在车站和旅客列车内,发生法律规定需要检疫的传染病时,由铁路卫生检疫机构进行检疫;根据铁路卫生检疫机构的请求,地方卫生检疫机构应予协助。

货物运输的检疫，依照国家规定办理。

第五十七条　发生铁路交通事故，铁路运输企业应当依照国务院和国务院有关主管部门关于事故调查处理的规定办理，并及时恢复正常行车，任何单位和个人不得阻碍铁路线路开通和列车运行。

第五十八条　因铁路行车事故及其他铁路运营事故造成人身伤亡的，铁路运输企业应当承担赔偿责任；如果人身伤亡是因不可抗力或者由于受害人自身的原因造成的，铁路运输企业不承担赔偿责任。

违章通过平交道口或者人行过道，或者在铁路线路上行走、坐卧造成的人身伤亡，属于受害人自身的原因造成的人身伤亡。

第五十九条　国家铁路的重要桥梁和隧道，由中国人民武装警察部队负责守卫。

2. 法律责任

第六十条　违反本法规定，携带危险品进站上车或者以非危险品品名托运危险品，导致发生重大事故的，依照刑法有关规定追究刑事责任。企业事业单位、国家机关、社会团体犯本款罪的，处以罚金，对其主管人员和直接责任人员依法追究刑事责任。

携带炸药、雷管或者非法携带枪支子弹、管制刀具进站上车的，依照刑法有关规定追究刑事责任。

第六十一条　故意损毁、移动铁路行车信号装置或者在铁路线路上放置足以使列车倾覆的障碍物的，依照刑法有关规定追究刑事责任。

第六十二条　盗窃铁路线路上行车设施的零件、部件或者铁路线路上的器材，危及行车安全的，依照刑法有关规定追究刑事责任。

第六十三条　聚众拦截列车、冲击铁路行车调度机构不听制止的，对首要分子和骨干分子依照刑法有关规定追究刑事责任。

第六十四条　聚众哄抢铁路运输物资的，对首要分子和骨干分子依照刑法有关规定追究刑事责任。

铁路职工与其他人员勾结犯前款罪的，从重处罚。

第六十五条　在列车内，抢劫旅客财物，伤害旅客的，依照刑法有关规定从重处罚。

在列车内，寻衅滋事，侮辱妇女，情节恶劣的，依照刑法有关规定追究刑事责任；敲诈勒索旅客财物的，依照刑法有关规定追究刑事责任。

第六十六条　倒卖旅客车票，构成犯罪的，依照刑法有关规定追究刑事责任。铁路职工倒卖旅客车票或者与其他人员勾结倒卖旅客车票的，依照刑法有关规定追究刑事责任。

第六十七条　违反本法规定，尚不够刑事处罚，应当给予治安管理处罚的，依照治安管理处罚法的规定处罚。

第六十八条　擅自在铁路线路上铺设平交道口、人行过道的，由铁路公安机关或者地方公安机关责令限期拆除，可以并处罚款。

第六十九条　铁路运输企业违反本法规定，多收运费、票款或者旅客、货物运输杂费的，必须将多收的费用退还付款人，无法退还的上缴国库。将多收的费用据为己有或者侵吞私分的，依照刑法有关规定追究刑事责任。

第七十条　铁路职工利用职务之便走私的，或者与其他人员勾结走私的，依照刑法有关规定追究刑事责任。

第七十一条　铁路职工玩忽职守、违反规章制度造成铁路运营事故的，滥用职权、利用办理运输业务之便谋取私利的,给予行政处分;情节严重、构成犯罪的,依照刑法有关规定追究刑事责任。

知识链接

《中华人民共和国刑法》部分内容

《中华人民共和国刑法》(以下简称《刑法》)中与运输安全管理、行车事故处理和法律责任相关的部分条文如下:

(1) 破坏交通工具罪

破坏火车、汽车、电车、船只、航空器,足以使火车、汽车、电车、船只、航空器发生倾覆、毁坏危险,尚未造成严重后果的,处三年以上十年以下有期徒刑。

(2) 破坏交通设施罪

破坏轨道、桥梁、隧道、公路、机场、航道、灯塔、标志或者进行其他破坏活动,足以使火车、汽车、电车、船只、航空器发生倾覆、毁坏危险,尚未造成严重后果的,处三年以上十年以下有期徒刑。

(3) 破坏交通工具罪、破坏交通设施罪、破坏电力设备罪、破坏易燃易爆设备罪

破坏交通工具、交通设施、电力设备、燃气设备、易燃易爆设备,造成严重后果的,处十年以上有期徒刑、无期徒刑或者死刑。

(4) 铁路运营安全事故罪

铁路职工违反规章制度,致使发生铁路运营安全事故,造成严重后果的,处三年以下有期徒刑或者拘役;造成特别严重后果的,处三年以上七年以下有期徒刑。

(5) 交通肇事罪和危险驾驶罪

违反交通运输管理法规,因而发生重大事故,致人重伤、死亡或者使公私财产遭受重大损失的,处三年以下有期徒刑或者拘役;交通运输肇事后逃逸或者有其他特别恶劣情节的,处三年以上七年以下有期徒刑;因逃逸致人死亡的,处七年以上有期徒刑。

课堂阅读

破坏交通设施罪

案例1:2019年5月14日,潍坊诸城于某和工友喝酒后突发奇想,将四块石头放在铁路上,想看火车如何撞石头。所幸K1068次列车司机及时发现,并紧急制动,但列车排障器仍被损坏,列车停车22分钟,直接经济损失人民币11655元。于某被青岛铁路运输法院以破坏交通设施罪判处有期徒刑三年六个月。

案例2:2017年,安徽合肥市肥西县的蒋某某先后六七次将石头、木头等放在铁轨上,以此来寻求刺激。经上海铁路局安全监察部门鉴定,蒋某某的行为足以使列车发生颠覆的危险。合肥铁路运输法院判决,蒋某某犯破坏交通设施罪,判处其有期徒刑四年。

案例3:2014年4月13日,哈尔滨铁路局绥化工务段海伦线路车间工人吴某某(男,44岁)为发泄对单位人事制度的不满,采用拆卸钢轨的手段破坏铁路设施,造成由黑河开往哈尔滨的K7034次旅客列车脱轨、倾覆,致1人轻伤、6人轻微伤,直接经济损失413万

余元。

在案件审判中，法院完全采纳了铁检机关的意见，当庭宣判被告人吴某某构成破坏交通设施罪，判处有期徒刑十五年，剥夺政治权利三年，赔偿被害单位哈尔滨铁路局经济损失413万余元。

二、《中华人民共和国安全生产法》的相关规定

为了加强安全生产工作，防止和减少生产安全事故，保障人民群众生命和财产安全，促进经济社会持续健康发展，制定了《中华人民共和国安全生产法》。

《中华人民共和国安全生产法》于2002年6月29日第九届全国人民代表大会常务委员会第二十八次会议通过，自2002年11月1日起施行。根据2009年8月27日第十一届全国人民代表大会常务委员会第十次会议关于《关于修改部分法律的决定》第一次修正，根据2014年8月31日第十二届全国人民代表大会常务委员会第十次会议《关于修改〈中华人民共和国安全生产法〉的决定》第二次修正。最新《中华人民共和国安全生产法》全文包括总则、生产经营单位的安全生产保障、从业人员的安全生产权利义务、安全生产的监督管理、生产安全事故的应急救援与调查处理、法律责任和附则共七章。在此将从业人员的安全生产权利义务的相关内容摘录如下。

第五十二条　生产经营单位与从业人员订立的劳动合同，应当载明有关保障从业人员劳动安全、防止职业危害的事项，以及依法为从业人员办理工伤保险的事项。

生产经营单位不得以任何形式与从业人员订立协议，免除或者减轻其对从业人员因生产安全事故伤亡依法应承担的责任。

第五十三条　生产经营单位的从业人员有权了解其作业场所和工作岗位存在的危险因素、防范措施及事故应急措施，有权对本单位的安全生产工作提出建议。

第五十四条　从业人员有权对本单位安全生产工作中存在的问题提出批评、检举、控告；有权拒绝违章指挥和强令冒险作业。

生产经营单位不得因从业人员对本单位安全生产工作提出批评、检举、控告或者拒绝违章指挥、强令冒险作业而降低其工资、福利等待遇或者解除与其订立的劳动合同。

第五十五条　从业人员发现直接危及人身安全的紧急情况时，有权停止作业或者在采取可能的应急措施后撤离作业场所。

生产经营单位不得因从业人员在前款紧急情况下停止作业或者采取紧急撤离措施而降低其工资、福利等待遇或者解除与其订立的劳动合同。

第五十六条　生产经营单位发生生产安全事故后，应当及时采取措施救治有关人员。

因生产安全事故受到损害的从业人员，除依法享有工伤保险外，依照有关民事法律尚有获得赔偿的权利的，有权提出赔偿要求。

第五十七条　从业人员在作业过程中，应当严格落实岗位安全责任，遵守本单位的安全生产规章制度和操作规程，服从管理，正确佩戴和使用劳动防护用品。

第五十八条　从业人员应当接受安全生产教育和培训，掌握本职工作所需的安全生产知识，提高安全生产技能，增强事故预防和应急处理能力。

第五十九条　从业人员发现事故隐患或者其他不安全因素，应当立即向现场安全生产管理人员或者本单位负责人报告；接到报告的人员应当及时予以处理。

第六十条 工会有权对建设项目的安全设施与主体工程同时设计、同时施工、同时投入生产和使用进行监督，提出意见。

工会对生产经营单位违反安全生产法律、法规，侵犯从业人员合法权益的行为，有权要求纠正；发现生产经营单位违章指挥、强令冒险作业或者发现事故隐患时，有权提出解决的建议，生产经营单位应当及时研究答复；发现危及从业人员生命安全的情况时，有权向生产经营单位建议组织从业人员撤离危险场所，生产经营单位必须立即作出处理。

工会有权依法参加事故调查，向有关部门提出处理意见，并要求追究有关人员的责任。

第六十一条 生产经营单位使用被派遣劳动者的，被派遣劳动者享有本法规定的从业人员的权利，并应当履行本法规定的从业人员的义务。

 知识链接

安全生产五要素

安全生产五要素是指：

① 安全文化，即安全意识，是存在于人们头脑中，支配人们行为的思想，是安全生产的根本。

② 安全法制，即安全生产法规和安全生产执法，是安全生产的最有力武器。

③ 安全责任，主要是指搞好安全生产的责任心，是安全生产的灵魂。

④ 安全科技，是指安全生产科学与技术，是安全生产的手段。

⑤ 安全投入，保证安全生产必需的经费，是实现安全生产的基本保障。

安全生产五要素既相对独立，又是一个有机统一的整体，相辅相成，甚至互为条件。

三、《铁路安全管理条例》的相关规定

为了加强铁路安全管理，保障铁路运输安全和畅通，保护人身安全和财产安全，制定了《铁路安全管理条例》。铁路安全管理坚持安全第一、预防为主、综合治理的方针。

《铁路安全管理条例》于2013年7月24日国务院第18次常务会议通过，2013年8月17日国务院令第639号公布，自2014年1月1日起施行。最新《铁路安全管理条例》全文包括总则、铁路建设质量安全、铁路与专用设备质量安全、铁路线路安全、铁路运营安全、监督检查、法律责任和附则共八章。在此将铁路线路安全、铁路运营安全的相关内容摘录如下。

1. 铁路线路安全

第二十八条 设计开行时速120公里以上列车的铁路应当实行全封闭管理。铁路建设单位或者铁路运输企业应当按照国务院铁路行业监督管理部门的规定在铁路用地范围内设置封闭设施和警示标志。

第二十九条 禁止在铁路线路安全保护区内烧荒、放养牲畜、种植影响铁路线路安全和行车瞭望的树木等植物。

禁止向铁路线路安全保护区排污、倾倒垃圾以及其他危害铁路安全的物质。

第五十条 在下列地点，铁路运输企业应当按照国家标准、行业标准设置易于识别的警

示、保护标志：

（一）铁路桥梁、隧道的两端；

（二）铁路信号、通信光（电）缆的埋设、铺设地点；

（三）电气化铁路接触网、自动闭塞供电线路和电力贯通线路等电力设施附近易发生危险的地点。

第五十一条 禁止毁坏铁路线路、站台等设施设备和铁路路基、护坡、排水沟、防护林木、护坡草坪、铁路线路封闭网及其他铁路防护设施。

第五十二条 禁止实施下列危及铁路通信、信号设施安全的行为：

（一）在埋有地下光（电）缆设施的地面上方进行钻探，堆放重物、垃圾，焚烧物品，倾倒腐蚀性物质；

（二）在地下光（电）缆两侧各1米的范围内建造、搭建建筑物、构筑物等设施；

（三）在地下光（电）缆两侧各1米的范围内挖砂、取土；

（四）在过河光（电）缆两侧各100米的范围内挖砂、抛锚或者进行其他危及光（电）缆安全的作业。

第五十三条 禁止实施下列危害电气化铁路设施的行为：

（一）向电气化铁路接触网抛掷物品；

（二）在铁路电力线路导线两侧各500米的范围内升放风筝、气球等低空飘浮物体；

（三）攀登铁路电力线路杆塔或者在杆塔上架设、安装其他设施设备；

（四）在铁路电力线路杆塔、拉线周围20米范围内取土、打桩、钻探或者倾倒有害化学物品；

（五）触碰电气化铁路接触网。

第五十五条 铁路运输企业应当对铁路线路、铁路防护设施和警示标志进行经常性巡查和维护；对巡查中发现的安全问题应当立即处理，不能立即处理的应当及时报告铁路监督管理机构。巡察和处理情况应当记录留存。

2. 铁路运营安全

第五十六条 铁路运输企业应当依照法律、行政法规和国务院铁路行业监督管理部门的规定，制定铁路运输安全管理制度，完善相关作业程序，保障铁路旅客和货物运输安全。

第五十七条 铁路机车车辆的驾驶人员应当参加国务院铁路行业监督管理部门组织的考试，考试合格方可上岗。具体办法由国务院铁路行业监督管理部门制定。

第五十八条 铁路运输企业应当加强铁路专业技术岗位和主要行车工种岗位从业人员的业务培训和安全培训，提高从业人员的业务技能和安全意识。

第五十九条 铁路运输企业应当加强运输过程中的安全防护，使用的运输工具、装载加固设备以及其他专用设施设备应当符合国家标准、行业标准和安全要求。

第六十条 铁路运输企业应当建立健全铁路设施设备的检查防护制度，加强对铁路设施设备的日常维护检修，确保铁路设施设备性能完好和安全运行。

铁路运输企业的从业人员应当按照操作规程使用、管理铁路设施设备。

第六十一条 在法定假日和传统节日等铁路运输高峰期或者恶劣气象条件下，铁路运输企业应当采取必要的安全应急管理措施，加强铁路运输安全检查，确保运输安全。

第六十二条 铁路运输企业应当在列车、车站等场所公告旅客、列车工作人员以及其他进站人员遵守的安全管理规定。

第六十三条　公安机关应当按照职责分工，维护车站、列车等铁路场所和铁路沿线的治安秩序。

第六十四条　铁路运输企业应当按照国务院铁路行业监督管理部门的规定实施火车票实名购买、查验制度。

实施火车票实名购买、查验制度的，旅客应当凭有效身份证件购票乘车；对车票所记载身份信息与所持身份证件或者真实身份不符的持票人，铁路运输企业有权拒绝其进站乘车。

铁路运输企业应当采取有效措施为旅客实名购票、乘车提供便利，并加强对旅客身份信息的保护。铁路运输企业工作人员不得窃取、泄露旅客身份信息。

第六十五条　铁路运输企业应当依照法律、行政法规和国务院铁路行业监督管理部门的规定，对旅客及其随身携带、托运的行李物品进行安全检查。

从事安全检查的工作人员应当佩戴安全检查标志，依法履行安全检查职责，并有权拒绝不接受安全检查的旅客进站乘车和托运行李物品。

第六十六条　旅客应当接受并配合铁路运输企业在车站、列车实施的安全检查，不得违法携带、夹带管制器具，不得违法携带、托运烟花爆竹、枪支弹药等危险物品或者其他违禁物品。

禁止或者限制携带的物品种类及其数量由国务院铁路行业监督管理部门会同公安机关规定，并在车站、列车等场所公布。

第六十七条　铁路运输托运人托运货物、行李、包裹，不得有下列行为：

（一）匿报、谎报货物品名、性质、重量；

（二）在普通货物中夹带危险货物，或者在危险货物中夹带禁止配装的货物；

（三）装车、装箱超过规定重量。

第六十八条　铁路运输企业应当对承运的货物进行安全检查，并不得有下列行为：

（一）在非危险货物办理站办理危险货物承运手续；

（二）承运未接受安全检查的货物；

（三）承运不符合安全规定、可能危害铁路运输安全的货物。

第六十九条　运输危险货物应当依照法律法规和国家其他有关规定使用专用的设施设备，托运人应当配备必要的押运人员和应急处理器材、设备以及防护用品，并使危险货物始终处于押运人员的监管之下；危险货物发生被盗、丢失、泄漏等情况，应当按照国家有关规定及时报告。

第七十条　办理危险货物运输业务的工作人员和装卸人员、押运人员，应当掌握危险货物的性质、危害特性、包装容器的使用特性和发生意外的应急措施。

第七十一条　铁路运输企业和托运人应当按照操作规程包装、装卸、运输危险货物，防止危险货物泄漏、爆炸。

第七十二条　铁路运输企业和托运人应当依照法律法规和国家其他有关规定包装、装载、押运特殊药品，防止特殊药品在运输过程中被盗、被劫或者发生丢失。

第七十三条　铁路管理信息系统及其设施的建设和使用，应当符合法律法规和国家其他有关规定的安全技术要求。

铁路运输企业应当建立网络与信息安全应急保障体系，并配备相应的专业技术人员负责网络和信息系统的安全管理工作。

第七十四条　禁止使用无线电台（站）以及其他仪器、装置干扰铁路运营指挥调度无线电频率的正常使用。

铁路运营指挥调度无线电频率受到干扰的，铁路运输企业应当立即采取排查措施并报告无线电管理机构、铁路监管部门；无线电管理机构、铁路监管部门应当依法排除干扰。

第七十五条　电力企业应当依法保障铁路运输所需电力的持续供应，并保证供电质量。

铁路运输企业应当加强用电安全管理，合理配置供电电源和应急自备电源。

遇有特殊情况影响铁路电力供应的，电力企业和铁路运输企业应当按照各自职责及时组织抢修，尽快恢复正常供电。

第七十六条　铁路运输企业应当加强铁路运营食品安全管理，遵守有关食品安全管理的法律法规和国家其他有关规定，保证食品安全。

第七十七条　禁止实施下列危害铁路安全的行为：

（一）非法拦截列车、阻断铁路运输；

（二）扰乱铁路运输指挥调度机构以及车站、列车的正常秩序；

（三）在铁路线路上放置、遗弃障碍物；

（四）击打列车；

（五）擅自移动铁路线路上的机车车辆，或者擅自开启列车车门、违规操纵列车紧急制动设备；

（六）拆盗、损毁或者擅自移动铁路设施设备、机车车辆配件、标桩、防护设施和安全标志；

（七）在铁路线路上行走、坐卧或者在未设道口、人行过道的铁路线路上通过；

（八）擅自进入铁路线路封闭区域或者在未设置行人通道的铁路桥梁、隧道通行；

（九）擅自开启、关闭列车的货车阀、盖或者破坏施封状态；

（十）擅自开启列车中的集装箱箱门，破坏箱体、阀、盖或者施封状态；

（十一）擅自松动、拆解、移动列车中的货物装载加固材料、装置和设备；

（十二）钻车、扒车、跳车；

（十三）从列车上抛扔杂物；

（十四）在动车组列车上吸烟或者在其他列车的禁烟区域吸烟；

（十五）强行登乘或者以拒绝下车等方式强占列车；

（十六）冲击、堵塞、占用进出站通道或者候车区、站台。

课堂阅读

警方通报"女子扒阻高铁车门关闭"：涉非法拦截，罚款两千

1. 事件经过

2018年1月5日，由蚌埠南开往广州南站的G1747次列车在合肥站停站办客时，一名带着孩子的妇女罗某以等老公为名，用身体强行阻挡车门关闭，铁路工作人员和乘客多次劝解，该女子仍强行扒阻车门，造成该列车晚点发车。

2. 事件分析

该名女子的违法行为侵害了多个法益。

① 民事方面。该名女子阻碍高铁发车，打乱了高铁运营计划，有可能导致部分联运乘客无法顺利赶上下一班列车。该名女子的过错行为与其他乘客的损失之间具有因果关系，已

经构成侵权行为，应承担相应的赔偿责任。

② 行政方面。根据我国《铁路安全管理条例》第七十七条规定，该女子必须承担相应的法律后果（见《铁路安全管理条例》第九十五条规定）。

③ 刑事方面。从事件经过来看，似乎不会涉及，但在极端情形下，该女子的行为可能会涉嫌以危险方法危害公共安全罪。因为高铁发车间隔都很短，前后两辆车的时间差也相当短暂，如果前车出现问题，后车来不及反应，将严重危及乘客的安全。

3. 处理结果

1月10日上午，罗某到合肥站派出所主动承认了自己的错误。罗某的行为涉嫌"非法拦截列车、阻断铁路运输"，扰乱了铁路车站、列车的正常秩序，违反了《铁路安全管理条例》第七十七条规定，依据该条例第九十五条规定，公安机关责令罗某认错改正，对罗某处以2000元罚款。

四、《铁路旅客人身伤害及携带品损失事故处理办法》的相关规定

为依法妥善处理铁路旅客人身伤害及携带品损失，维护旅客合法权益，制定了《铁路旅客人身伤害及携带品损失事故处理办法》。

《铁路旅客人身伤害及携带品损失事故处理办法》自2013年1月1日起施行，包括总则、现场处置与报告、善后处理、调查报告与统计、保障和附则六章。在此将现场处置与报告、保障两部分的相关内容摘录如下。

1. 现场处置与报告

第四条　列车、车站发生旅客人身伤害时，站车工作人员应当到场查看旅客伤害情况，报告列车长、站长组织救护，稳定旅客情绪，维护现场秩序。

第五条　因旅客伤害需交车站处理时，应移交前方县、市所在地车站或者当地具有公共医疗条件的停车站；需要提前报告运行所在铁路局客运调度时，由客调通知车站做好救护准备工作。

旅客不同意在前款规定的停车站下车处理时，应当由旅客出具拒绝下车治疗的书面声明，并按照本办法第十一条收集两份及以上证人证言。

第六条　列车因旅客伤害严重需紧急停车处理或发生三人以上疑似食物中毒的，应立即报告运行所在铁路局客运调度。接到报告后，客运调度应当立即根据列车长提出的要求，通知有关车站及值班主任（列车调度员），需要停车处理的停车处理，并报告本铁路局客运处。

第七条　列车发现旅客在区间坠车时应当立即停车按照本办法第四条处理，并通知就近车站或将受伤旅客移交就近车站。需要防护时，按有关规定处理。

不具备停车条件或者迟延发现时，列车长应当报告运行所在铁路局客运调度，客运调度接到报告后立即通知值班主任，值班主任通知相关列车调度员和铁路公安局指挥中心，由列车调度员和铁路公安局指挥中心分别通知邻近车站及车站铁路公安派出所派人寻找。列车运行至前方停车站时，列车应拍发电报，向发生地和列车担当铁路局主管部门报告。

第八条　车站对本站发生的及列车移交的受伤旅客，应当及时联系当地医疗急救机构或送就近医院抢救。

发生医疗费用时，应当根据对责任的初步判断，属于旅客自身责任或第三人责任的，由旅客或第三人支付医疗费用。

暂不能区分责任或者责任人不明、无力承担的，经处理站站长或车务段段长批准，可用站进款垫付。

动用站进款时，填写或补填"运输进款动支凭证"（财收-29），10日内由核算站或车务段财产拨款归还。

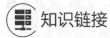知识链接

运输进款

运输进款是铁路运输企业的车站和列车在办理客货运输业务时，按照国家统一运价和费率，向旅客和货主收取的代收款。铁路运输企业承办客、货运输，往往要经过两个或两个以上的铁路局才能完成，但办理运输业务的货币收入，大部分由其中一个铁路局所管辖的车站收取。这样就出现了有的铁路局虽承担了运输工作，但不一定有进款，收款单位不一定完成全程的运输。发送局所取得的货币收入，只能叫作运输进款，并不等于应得的运输收入。因此，运输进款和运输收入是两个根本不同的概念。运输进款是运输收入的一种特殊形式，要存入银行专户，按专用基金方式管理，实行单独核算。运输进款集中交通运输部后，用于向国家缴纳税利和向各个铁路局拨款，补偿运输工作耗费。由于运输进款来源分散和种类繁多，因此必须在交通运输部的集中统一领导下，实行铁路局、铁路分局和站段的分级管理。

运输进款必须坚持专户管理的原则，专户内不办理运输进款范围以外的其他收付款业务。

车站、列车运输进款必须在收款次日上午前送存银行，并按规定日期上缴上级收入管理部门。各级运输进款及运输收入会计核算单位应按上级规定办法办理运输进款的缴拨。各级缴款单位必须努力压缩资金在途时间，加速资金周转。

第九条 受伤旅客经现场抢救无效死亡，或对站内、区间发现的旅客尸体，经医疗部门或公安机关确认死亡，公安机关现场勘查结束后，车站应当转送殡仪馆存放，并尽快通知其家属。尸体存放原则上不超过10日。

死者身份不清且在地（市）级以上报纸刊登寻人启事后10日仍无人认领的，应当根据铁路公安机关书面意见处理尸体；系不法侵害所致的，应当根据公安机关的书面意见并商死者家属意见处理死者尸体。

对死者的车票、衣物、随身携带物品等应当妥善保管，并于善后处理时一并转交其继承人；死者身份不明或者家属拒绝到站处理的，按无法交付的物品处理。

外国人在铁路站车死亡的按照《关于转发〈民政部、外交部、公安部关于外国人在华死亡后处理程序有关问题的实施意见〉的通知》（公法〔2008〕25号）处理。

第十条 发生旅客人身伤害，需要保护现场时，应当及时采取措施保护现场，禁止与救援、调查无关的人员进入。必要时，可请求地方政府提供协助。

第十一条 发生旅客人身伤害后，列车长、站长应当及时组织现场查验，全面搜索、梳

理相关证据资料，检查旅客所持车票的票种、票号、发到站、车次、有效期及有效身份证件信息等，描绘现场旅客定位图，收集不少于两份同行人或见证人的证言及查验记录、现场照片、录像等其他相关证据，形成比较完整的证据链，能够证明发生的过程和原因，初步明确性质，并妥善保管。

旅客或第三人能够说明事件发生经过或责任的，应当由其出具书面材料，并签字确认。

涉及违法犯罪或者旅客死亡的，由铁路公安机关组织现场勘查。

证人应当具有完全民事行为能力。证人证言中应当记录证人的姓名、性别、年龄、地址、联系方式、有效身份证件信息等内容。有医务工作人员参加救治时，应当由其出具参与救治经过的证言。

证言、证据应当真实，能够反映事故发生的时间、地点、过程、原因和结果。

第十二条　列车向车站移交受伤旅客时，车站不得拒绝接收。

办理移交手续时，列车应当编制客运记录和旅客携带品清单一式两份，一份由列车存查，一份连同车票、证明材料、相关证人或其联系方式等一并移交。客运记录应载明日期、车次、旅客姓名、性别、年龄、国籍、民族、职业、单位、有效身份证件号码、联系方式、住址、车票种类、号码、发站、到站、车厢席位、受伤地点、受伤原因、受伤部位、处理简况，以及证据材料清单等内容。因时间来不及记明前述内容时，可在客运记录中简要记明日期、车次、下交原因，并必须在3日内向处理单位补交有关材料。特殊情况来不及编制客运记录的，列车长或其指定的专人应随同伤害旅客下车办理交接。涉及第三人时，应将第三人同时交站处理。

对已经控制的违法、犯罪嫌疑人，应当及时移交车站铁路公安派出所。

第十三条　列车发现精神异常旅客时，应重点关注，并按规定交到站或下车站妥善处理。列车运行途中，旅客有同行成年人的，应要求其同行成年人看护；无同行成年人时，应指派专人看护。必要时，可安排在适当位置看护。

车站发现进站乘车的旅客精神异常时，可不予其进站乘车，并为其办理退票手续。

第十四条　旅客在法定时限内索赔且能够证明伤害是在铁路旅客运输过程中发生的，受理单位应及时通知事故发生单位，并本着方便旅客的原则，移交旅客就医所在地车站或旅客发、到站处理，被移交站应当受理。发生单位应当在10日内搜集并向处理单位移交相关证据材料。

第十五条　在站内或区间线路上发现有坠车旅客时，发现或接到通知的车站应当迅速通报有关列车。有关列车接到通知后，应当立即调查。

发生列车应当按照本办法第十一条、第十二条规定收集相关证据材料和旅客携带物品，并向处理站移交。

第十六条　对下列情况造成的旅客人身伤害应当立即向铁路公安机关报警：

（一）杀人、抢劫、抢夺、强奸、爆炸、纵火、绑架、结伙斗殴、寻衅滋事、故意伤害、击打列车、故意损坏、移交站车设备等违法犯罪行为；

（二）因散布谣言、谎报险情、疫情、警情、扬言放火、爆炸、投放危险物质，或者非法阻拦行车、堵塞通道等，引起公共秩序混乱；

（三）火灾、爆炸、中毒等治安灾害事故；

（四）精神病人肇事肇祸、醉酒滋事行为；

（五）自然灾害；

（六）铁路设备、设施故障造成的事故。

第十七条 发生旅客人身伤害及携带品损失且有下列情形之一的，应当及时通知铁路公安机关：

（一）应当控制、约束违法犯罪嫌疑人和扣押相关涉案物品的；

（二）应当保护现场、维持秩序、协同救助的；

（三）应当由铁路公安机关介入调查、获取证据、查明原因的；

（四）引发治安纠纷或者酿成群体性事件并影响站车秩序，应当及时处置的；

（五）造成旅客死亡的。

第十八条 车站、列车发生旅客人身伤害事故时，可用电话向所在单位或上级主管部门报告概况；但发生重伤以上旅客人身伤害时，应在第一时间以短信方式向所属铁路局主管部门报告，随后向有关铁路主管部门拍发速报，并逐级向上级主管部门和宣传部门报告。

报告（含速报）内容主要包括：

（1）发生日期、时间、车次、发生地点、车站、区间里程。

（2）伤亡旅客的姓名、性别、年龄、国籍、民族、职业、单位、有效身份证件号码、联系方式、住址以及车票种类、号码、发站、到站、车厢、席位等基本情况。

（3）发生经过、旅客伤亡及现场处理简况。

2. 保障

第二十八条 车站、列车应当按规定配置安全防护设备和视频监控装置，合理设置安全警示标志，建立健全日常管理、维护机制。视频监控管理部门应当定期采集视频监控数据，涉及旅客人身伤害纠纷的视频监控数据保存期不得少于一年。

铁路局应当积极采用信息化手段，建立站车安全、设备等信息平台，确保信息沟通快速畅通。

第二十九条 铁路局应加强旅客人身伤害及携带品损失处理费用的预算和支出管理，确保各项费用依法合理使用。

第三十条 铁路局及站、段应根据实际设置旅客人身伤害及携带品损失处理工作人员，配备照相机、摄像机、录音笔等必要的设备，给予适当的岗位、交通、通信等补贴，定期组织培训，提高业务能力。

第三十一条 铁路局企业法律部门应当加强对旅客人身伤害及携带品损失处理的指导，定期组织法律专业知识培训。

五、《铁路交通事故应急救援和调查处理条例》的相关规定

为了加强铁路交通事故的应急救援工作，规范铁路交通事故调查处理，减少人员伤亡和财产损失，保障铁路运输安全和畅通，根据《中华人民共和国铁路法》和其他有关法律的规定，制定了《铁路交通事故应急救援和调查处理条例》。

《铁路交通事故应急救援和调查处理条例》于 2007 年 7 月 11 日中华人民共和国国务院令第 501 号公布，自 2007 年 9 月 1 日起施行，根据 2012 年 11 月 9 日《国务院关于修改和废止部分行政法规的决定》修订，包括总则、事故等级、事故报告、事故应急救援、事故调查处理、事故赔偿、法律责任和附则八部分。在充分考虑铁路交通事故调查处理的特点和现阶段国务院有关部门职责分工的情况下，对铁路交通事故的调查处理程序做了五个方面的规定：

① 明确了组织事故调查组的主体和参加部门。条例根据不同的事故等级，分别规定特别重大事故由国务院或国务院授权的部门组织事故调查组进行调查；重大事故由国务院铁路主管部门组织事故调查组进行调查；较大事故和一般事故由事故发生地铁路管理机构组织事故调查组进行调查；国务院铁路主管部门认为必要时，可以组织事故调查组对较大事故和一般事故进行调查。根据事故的具体情况，事故调查组由有关人民政府、公安机关、安全生产监督管理部门、监察机关等单位派人组成，并应当邀请人民检察院派人参加。事故调查组认为必要时，可以聘请有关专家参与事故调查。

② 规范了事故调查的期限。条例规定：事故调查组应当按照国家有关规定开展事故调查，并在规定的调查期限内向组织事故调查组的机关或者铁路管理机构提交事故调查报告，其中特别重大事故的调查期限为60日，重大事故的调查期限为30日，较大事故的调查期限为20日，一般事故的调查期限为10日，并且明确了事故调查期限自事故发生之日起计算。

③ 规定了事故认定书的制作期限和效力。条例规定组织事故调查组的机关或者铁路管理机构应当自事故调查组工作结束之日起15日内，根据事故调查报告，制作事故认定书。事故认定书是事故赔偿、事故处理及事故责任追究的依据。

④ 强化了对事故防范和整改措施的监督落实要求。条例规定事故责任单位和有关人员应当认真吸取事故教训，落实防范和整改措施，防止事故再次发生。国务院铁路主管部门、铁路管理机构及其他有关行政机关应当对事故责任单位和有关人员落实防范和整改措施的情况进行监督与检查。

⑤ 确立了事故处理情况的公布制度。规定事故的处理情况，除依法应当保密的外，应当由组织事故调查组的机关或者铁路管理机构向社会公布。

六、《铁路旅客运输安全检查管理办法》的相关规定

《铁路旅客运输安全检查管理办法》于2014年11月15日经第12次部务会议通过，自2015年1月1日起施行。现将相关内容摘录如下。

第一条 为了保障铁路运输安全和旅客生命财产安全，加强和规范铁路旅客运输安全检查工作，根据《中华人民共和国铁路法》《铁路安全管理条例》等法律、行政法规和国家有关规定，制定本办法。

第二条 本办法所称铁路旅客运输安全检查是指铁路运输企业在车站、列车对旅客及其随身携带、托运的行李物品进行危险物品检查的活动。

前款所称危险物品是指易燃易爆物品、危险化学品、放射性物品和传染病病原体及枪支弹药、管制器具等可能危及生命财产安全的器械、物品。禁止或者限制携带物品的种类及其数量由国家铁路局会同公安部规定并发布。

第三条 铁路运输企业应当在车站和列车等服务场所内，通过多种方式公告禁止或者限制携带物品种类及其数量。

第四条 铁路运输企业是铁路旅客运输安全检查的责任主体，应当按照法律、行政法规、规章和国家铁路局有关规定，组织实施铁路旅客运输安全检查工作，制定安全检查管理制度，完善作业程序，落实作业标准，保障旅客运输安全。

第五条 铁路运输企业应当在铁路旅客车站和列车配备满足铁路运输安全检查需要的设备，并根据车站和列车的不同情况，制定并落实安全检查设备的配备标准，使用符合国家标准、行业标准和安全、环保等要求的安全检查设备，并加强设备维护检修，保障其性能稳

定，运行安全。

第六条　铁路运输企业应当在铁路旅客车站和列车配备满足铁路运输安全检查需要的人员，并加强识别和处置危险物品等相关专业知识培训。从事安全检查的人员应当统一着装，佩戴安全检查标志，依法履行安全检查职责，爱惜被检查的物品。

第七条　旅客应当接受并配合铁路运输企业的安全检查工作。拒绝配合的，铁路运输企业应当拒绝其进站乘车和托运行李物品。

第八条　铁路运输企业可以采取多种方式检查旅客及其随身携带或者托运的物品。

对旅客进行人身检查时，应当依法保障旅客人身权利不受侵害；对女性旅客进行人身检查，应当由女性安全检查人员进行。

第九条　安全检查人员发现可疑物品时可以当场开包检查。开包检查时，旅客应当在场。

安全检查人员认为不适合当场开包检查或者旅客申明不宜公开检查的，可以根据实际情况，移至适当场合检查。

第十条　铁路运输企业应当采取有效措施，加强旅客车站安全管理，为安全检查提供必要的场地和作业条件，提供专门处置危险物品的场所。

第十一条　铁路运输企业应当制定并实施应对客流高峰、恶劣气象及设备故障等突发情况下的安全检查应急措施，保证安全检查通道畅通。

第十二条　铁路运输企业在旅客进站或托运人托运前查出的危险物品，或旅客携带禁止携带物品、超过规定数量的限制携带物品的，可由旅客或托运人选择交送行人员带回或自弃交车站处理。

第十三条　对怀疑为危险物品，但受客观条件限制又无法认定其性质的，旅客或托运人又不能提供该物品性质和可以经旅客列车运输的证明时，铁路运输企业有权拒绝其进站乘车或托运。

第十四条　安全检查中发现携带枪支弹药、管制器具、爆炸物品等危险物品，或者旅客声称本人随身携带枪支弹药、管制器具、爆炸物品等危险物品的，铁路运输企业应当交由公安机关处理，并采取必要的先期处置措施。

第十五条　列车上发现的危险物品应当妥善处置，并移交前方停车站。鞭炮、发令纸、摔炮、拉炮等易爆物品应当立即浸湿处理。

第十六条　铁路运输企业在安全检查过程中，对扰乱安全检查工作秩序、妨碍安全检查人员正常工作的，应当予以制止；不听劝阻的，交由公安机关处理。

第十七条　公安机关应当按照职责分工，维护车站、列车等铁路场所和铁路沿线的治安秩序。

旅客违法携带、夹带管制器具或者违法携带、托运烟花爆竹、枪支弹药等危险物品或者其他违禁物品的，由公安机关依法给予治安管理处罚；构成犯罪的，依法追究刑事责任。

第十八条　铁路监管部门应当对铁路运输企业落实旅客运输安全检查管理制度情况加强监督检查，依法查处违法违规行为。

第十九条　铁路运输企业及其工作人员违反有关安全检查管理规定的，铁路监管部门应当责令改正。

第二十条　铁路监管部门的工作人员对旅客运输安全检查情况实施监督检查、处理投诉举报时，应当恪尽职守，廉洁自律，秉公执法。对失职、渎职、滥用职权、玩忽职守的，依法给予行政处分；构成犯罪的，依法追究刑事责任。

第二十一条　随旅客列车运输的包裹的安全检查，参照本办法执行。

七、《高速铁路安全防护管理办法》的相关规定

为了加强高速铁路安全防护，防范铁路外部风险，保障高速铁路安全和畅通，维护人民生命财产安全，根据《中华人民共和国铁路法》《中华人民共和国安全生产法》《中华人民共和国反恐怖主义法》《铁路安全管理条例》等法律、行政法规，制定了《高速铁路安全防护管理办法》。

《高速铁路安全防护管理办法》于2020年3月26日经交通运输部第10次部务会议通过，并经公安部、自然资源部、生态环境部、住房和城乡建设部、水利部、应急管理部同意，自2020年7月1日起施行。本办法适用于设计开行时速250公里以上（含预留），并且初期运营时速200公里以上的客运列车专线铁路（以下称高速铁路）。高速铁路安全防护坚持安全第一、预防为主、依法管理、综合治理的方针，坚持技防、物防、人防相结合，构建政府部门依法管理、企业实施主动防范、社会力量共同参与的综合治理格局。

国家铁路局负责全国高速铁路安全监督管理工作。地区铁路监督管理局负责辖区内的高速铁路安全监督管理工作。国家铁路局和地区铁路监督管理局（以下统称铁路监管部门）应当按照法定职责，健全完善高速铁路安全防护标准，加强行政执法，协调相关单位及时消除危及高速铁路安全的隐患。

《高速铁路安全防护管理办法》分为总则、线路安全防护、安全防护设施及管理、运营安全防护、监督管理、附则六个部分，现将运营安全防护的相关内容摘录如下。

第三十四条　除生产作业或者监督检查工作需要外，任何人一律不得进入动车组司机室。

进入动车组司机室，应当严格遵守国家安全管理规定和铁路运输企业安全生产制度。

第三十五条　旅客购买高速铁路列车车票、乘坐高速铁路列车，应当出示有效身份证件。对车票所记载身份信息与所持身份证件或者真实身份不符的持票人，铁路运输企业有权拒绝其进站乘车，并报告公安机关。

依照有关规定办理的高铁快运，铁路运输企业应当对客户身份进行查验，登记身份信息，并按规定对运送的物品进行安全检查。

铁路运输企业应当为公安机关依法履行职责提供数据支持和协助。

第三十六条　铁路禁止或者限制携带的物品种类及其数量由国家铁路局会同公安部规定。铁路运输企业应当在高速铁路车站、列车等场所对禁止或者限制携带的物品种类及其数量进行公布，并通过广播、视频等形式进行宣传。

第三十七条　铁路运输企业应当依照法律、行政法规和有关规定，承担安全检查的主体责任，设立相应的安检机构和安检场地，配备与运量相适应的安全检查人员和设备设施，对进入高速铁路车站的人员、物品进行安全检查。

从事安全检查的工作人员应当经过识别和处置危险物品等相关专业知识培训并考试合格。安全检查工作人员应当佩戴安全检查标志，依法履行安全检查职责，并有权拒绝不接受安全检查的旅客进站乘车或者经高速铁路运输物品。

第三十八条　禁止任何单位和个人扰乱高速铁路建设和运输秩序，损坏或者非法占用高速铁路设施设备、相关标志和高速铁路用地。

铁路运输企业应当按规定配备安保人员和相应设备、设施，加强安全检查和保卫工作。有关重点目标管理单位应当依照《中华人民共和国反恐怖主义法》等相关法律法规的规定，履行防范和应对处置恐怖活动职责，制定建立公共安全视频图像信息系统值班监看、信息保存使用、运行维护等管理制度，落实对重要岗位人员进行安全背景审查，以及对进入重点目标的人员、物品和交通工具进行安全检查等相关工作。

公安机关应当按照法定职责，维护高速铁路车站、列车等场所和高速铁路沿线的治安秩序，依法监督检查指导铁路运输企业治安保卫工作；依法查处摆放障碍、破坏设施、损坏设备、盗割电缆、擅自进入高速铁路线路等危及高速铁路运输安全和秩序的违法行为。

第三十九条　高速铁路的重要桥梁和隧道按照国家有关规定进行守护。

第四十条　县级以上各级人民政府相关部门、铁路运输企业应当依照自然灾害防治法律法规的规定，加强高速铁路沿线灾害隐患的排查、治理、通报、预防和应急处理等工作。

高速铁路勘察、设计阶段应当加强地质灾害危险性评估工作，尽量避开地质灾害隐患威胁，无法避让的，应当在设计、建设阶段及时采取治理措施排除地质灾害隐患风险，为铁路建设及运营提供安全环境。

高速铁路规划、勘察、设计、建设，应当优化地质选线，加强沿线区域地震活动性研究。位于活动断裂带的高速铁路，沿线应当装设地震预警监测系统。大型桥梁、隧道、站房等重点工程，应当强化场址地震安全性评价，满足抗震设防相关标准。

县级以上各级人民政府相关部门、铁路运输企业应当依照法律、行政法规的规定，建立地质灾害、气象灾害等预警信息互联互通机制，研判灾害对高速铁路安全的影响，及时进行预报预警。铁路运输企业应当针对不同灾害等级或者情况采取相应的防范措施。

第四十一条　铁路运输企业应当依照有关法律法规和技术标准要求，建立高速铁路网络安全保障体系，落实网络安全管理制度和技术防护措施，制定网络安全事件应急预案，采取有效措施确保网络安全稳定运行，保护旅客、托运人电子信息安全。

第四十二条　铁路运输企业应当遵守消防法律法规规章和消防技术标准，落实消防安全主体责任，制定消防安全制度、消防安全操作规程，配置符合要求的消防设施、器材，设置消防安全标志、组织防火检查，及时消除火灾隐患，制定灭火和应急疏散预案，并定期演练。

消防救援机构等相关部门依法履行消防监督管理职责。

八、《动车组列车旅客运输管理暂行办法》的相关规定

为了适应动车组列车开行需要，不断满足旅客安全、快速、便利、优质的运输服务需求，制定了《动车组列车旅客运输管理暂行办法》。

《动车组列车旅客运输管理暂行办法》于 2008 年 7 月 15 日由铁道部文件铁运〔2008〕128 号发布，自 2008 年 8 月 1 日起施行。铁道部前发《动车组列车旅客运输管理办法》（暂行）铁运〔2007〕23 号文件同时废止。本办法包括总则、站务管理、乘务管理、餐饮管理、保洁管理、安全管理、应急管理、人员管理、附则等共 9 章 50 条，现将安全管理的相关内容摘录如下。

第三十条　时速 300 公里及以上的客运专线动车组和直通动车组列车不得超员；铁路局管内短途一等座车不得超员，二等座车最高超员率为 20%。

第三十一条　动车组应当接入固定站台并停于固定位置。站台上应以颜色区别车型标出

车门位置。

站车有关工种应当紧密配合，组织旅客按照车厢号在标明车门位置处排队等候，有序乘降。

第三十二条 当站台邻靠正线，一侧有动车组通过时，站台另一侧应当停止组织旅客乘降或设防护栏进行防护。当一个站台两侧同时有动车组邻站台通过且没有防护措施时，除有人身安全防护措施的车站工作人员外，站台上不得再有候车旅客、其他工作人员和可移动物品。

第三十三条 有动车组停靠或通过的车站，应当对跨线候车室窗户或天桥进行封闭管理并有"禁止抛物"等相应的安全提示。没有立体跨线设备的车站，平过道应当有专人管理。旅客或作业车辆须通过平过道时应当有人引导。

第三十四条 列车注水口处设有加锁式挡板门的动车组，上水人员在给列车注水结束后，应当锁闭挡板门并进行再确认。

第三十五条 列车乘务人员在列车运行中应当注意对列车安全设备的管理，制止搬动、触碰安全设备等不安全行为。严禁任何人在列车正常运行中打开气密窗，禁止任何无关人员进入司机室。

第三十六条 列车各部位均不得吸烟。列车乘务员发现旅客吸烟应予以制止。

第三十七条 车站、动车段（所）对进站、段（所）的餐饮、保洁人员和车辆进行安全管理。餐饮、保洁人员出、退乘和进出上述场所时，应当着统一服装、列队、佩戴工牌。车站和动车段（所）制发出入证件时，只能收取工本费。

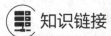知识链接

安全生产相关的规程、规则和作业标准

（1）《铁路技术管理规程》（以下简称《技规》）

《技规》是国家铁路技术管理的基本规章，规定了国家铁路的基本建设、产品制造、验收交接、使用管理及保养维修方面的基本要求和标准，各部门、各单位、各工种在从事铁路运输生产时必须遵循的基本原则、责任范围、工作方法、作业程序和相互关系，信号的显示方式和执行要求，铁路建筑限界和机车车辆限界，有关行车凭证和表格的式样。

（2）《行车组织规则》（以下简称《行规》）

《行规》是各个铁路局根据《铁路技术管理规程》的规定，结合本局行车设备的实际情况和广大职工生产实践经验而制定的补充规定。路局管内的行车工作除应认真执行《技规》及部颁有关规定外，均须按《行规》执行。路局管内各部门、各单位制定的细则、措施、标准等均不得违反本规则，并要保证安全和有利于提高效率。

（3）《车站行车工作细则》（以下简称《站细》）

《站细》是车站行车工作组织的基本法规。它是贯彻执行《技规》《行规》、加强车站技术管理、保证安全生产的重要技术文件；是组织路内、外各有关部门协同配合作业的基础；是车站编制、执行日常作业计划，组织接发列车、调车和各项技术作业及有关技术设备使用的基本法规；是组织查定与执行车站各项技术作业程序、时间标准，计算车站通过能力及改编能力，日常运输生产分析、总结，以及铁路局下达年、月度技术指标任务的重要依据。

(4)《铁路交通事故处理规则》(以下简称《事规》)

《事规》是调查和处理铁路行车事故的基本依据,在铁路行车事故的调查处理、定性、定责和统计分析方面具有鲜明的法规性和权威性。

(5)《铁路交通事故应急救援规则》

为了规范和加强铁路交通事故的应急救援工作,最大限度地减少人员伤亡和财产损失,尽快恢复铁路运输秩序,依据《铁路交通事故应急救援和调查处理条例》及国家有关规定制定。该规则分8章共51条,从铁路交通事故发生单位或现场人员的逐级报告、事故相关人员的应急处理、救援组织的救援响应、事故现场的救援组织及事故的善后处理等方面进行了较为详细的规定。

(6)《电气化铁路有关人员电气安全规则》

《电气化铁路有关人员电气安全规则》是原铁道部为强化电气化铁路运输安全管理,确保电气化铁路运输安全和人身安全而制定的。

(7)《铁路调车作业标准》

该标准是国家技术监督局发布的国家标准,是根据《技规》规定、调车设备类型和调车作业中的经验与问题,对原有标准进行修订而成的。其主要内容有调车作业标准基本规定、调车准备作业标准、各类驼峰和平面牵出线作业标准、编组列车和列车摘挂作业标准、调车取送车辆作业标准及调车停留作业标准等。

(8)《接发列车作业标准》

该标准是原铁道部发布的作业标准,是根据《技规》和不同的信号、闭塞、联锁设备类型和接发列车作业中的经验、问题,对原标准进行修改后制定的。

(9)《铁路车站行车作业人身安全标准》

《铁路车站行车作业人身安全标准》是原铁道部为保证作业人员自身安全而发布的标准,其主要内容有行车作业、接发列车及调车作业、扳道(清扫)作业人身安全标准。

思考与练习

一、选择题

1. 人的因素在铁路运输安全中起关键作用,人对客运安全的特殊作用主要体现在( )。
   A. 主导性   B. 主观能动性
   C. 创造性   D. 逻辑性
2. 以下选项中,( )是影响客运安全的环境条件。
   A. 作业环境   B. 自然环境
   C. 经济环境   D. 法律环境
3. 目前,我国铁路行业政府监管机构中,地位最高的是( )。
   A. 国家铁路局   B. 交通运输部
   C. 社会性综合监管机构   D. 中国铁路总公司

4. 受伤旅客经现场抢救无效死亡，或对站内、区间发现的旅客尸体，经医疗部门或公安机关确认死亡，公安机关现场勘查结束后，车站应当转送殡仪馆存放，尸体存放原则上不超过（　　）日。

　　A. 1　　　　　B. 3　　　　　C. 7　　　　　D. 10

5. 下列情况中，造成旅客人身伤害应当立即向铁路公安机关报警的是（　　）。

　　A. 醉酒滋事行为　　　　　　B. 散布谣言引起公共秩序混乱
　　C. 自然灾害　　　　　　　　D. 精神病人肇事

6. 视频监控管理部门应当定期采集视频监控数据，涉及旅客人身伤害纠纷的视频监控数据保存期不得少于（　　）。

　　A. 半年　　　　　　　　　　B. 一年
　　C. 两年　　　　　　　　　　D. 三年

7. 《铁路交通事故应急救援和调查处理条例》规定组织事故调查组的机关或者铁路管理机构应当自事故调查组工作结束之日起（　　）日内，根据事故调查报告，制作事故认定书。

　　A. 5　　　　　B. 10　　　　C. 15　　　　D. 20

8. 时速300公里及以上的客运专线动车组和直通动车组列车不得超员；铁路局管内短途一等座车不得超员，二等座车最高超员率为（　　）。

　　A. 5%　　　　B. 10%　　　C. 15%　　　D. 20%

二、填空题

1. 客流特点主要表现在两个方面：一是_____，二是_____。

2. _____是铁路运输各部门工作质量的综合反映，是铁路客运安全中最重要、最核心的部分，是铁路改革与发展的重要保证。

3. 影响铁路客运安全的因素有很多，归纳起来主要包括_____因素、_____因素、_____因素、_____因素等四个方面。

4. 目前，我国铁路行业政府监管机构有三个：_____、_____、_____。

5. 铁路安全管理坚持_____、_____、_____的方针。

6. _____是事故赔偿、事故处理及事故责任追究的依据。

三、判断题

1. 对于铁路客运安全的管理，最重要的一点是铁路技术设备上的改革与创新。（　　）

2. 社会风气是影响客运安全的环境因素。（　　）

3. 2013年3月，根据第十二届全国人民代表大会第一次会议审议的《国务院关于提请审议国务院机构改革和职能转变方案》的议案，铁道部实行铁路政企分离，撤销中华人民共和国铁道部。（　　）

4. 2013年原铁道部改革后，组建国家铁路局，由交通运输部管理，承担铁道部的企业职责；组建中国铁路总公司，承担铁道部的其他行政职责；不再保留铁道部。（　　）

5. 在铁路线路上放置、遗弃障碍物属于危害铁路安全的行为。（　　）

6. 车站发现进站乘车的旅客精神异常时，可以不让其进站乘车。（　　）

7. 对旅客进行人身检查时，应当依法保障旅客人身权利不受侵害；对女性旅客进行人身检查，应当由女性安全检查人员进行。（　　）

四、简答题

1. 简述铁路旅客运输的基本要求。
2. 简述铁路客运安全管理的内容。
3. 简述"四不放过"原则的主要内容。
4. 简述铁路客运安全管理的改善措施。
5. 简述国家铁路局的主要职责。
6. 车站、列车发生旅客人身伤害事故时,报告(含速报)内容主要包括哪些?

第二章

旅客列车安全管理

内容导读：

现阶段高速铁路线路逐年增加，很多人会选择方便快捷的高铁作为外出首选，越来越多的人也开始关注客运列车的安全性，要保障铁路运输的整体安全就必须做好铁路旅客列车的安全管理工作，不仅可以保证人民生命财产安全，还有利于建立良好的铁路形象，为社会经济的发展打下良好的基础。

本章主要介绍了旅客列车安全管理的相关知识，具体包括旅客安全管理、班组安全管理、禁烟管理、消防安全管理、食品安全管理。

素质目标：

① 培养学生爱岗敬业、严谨求实的工作态度。
② 使学生树立良好的专业意识。

知识目标：

① 掌握旅客人身安全管理、重点旅客安全管理、旅客意外伤害安全管理的相关知识。
② 掌握出、退乘安全管理，折返站安全管理，乘务安全管理，库内安全管理的基本规定。
③ 掌握旅客禁烟管理、乘务人员禁烟管理的具体要求。
④ 熟悉消防组织的基本职责，掌握不同岗位的防火职责要求。
⑤ 掌握列车火灾预防的基本措施。
⑥ 掌握列车火灾扑救的应急处置措施。
⑦ 熟悉食品安全管理规定，掌握高铁、动车食品安全要求。

能力目标：

① 能够根据相关理论知识正确作业，有效地避免乘车途中旅客人身安全事故的发生。
② 具备铁路安全意识，能够将班组安全管理、禁烟管理、消防安全管理、食品安全管理的理论知识运用于实践。

第一节　旅客安全管理

案例导入

> **旅客不顾劝阻，跳车受伤**
>
> 1995年1月1日，94次列车到达信阳站时，乘降完毕，列车启动，约2∶46分时，11号车旅客蔡某某，男，22岁，武汉体院的举重学生，因专心做试题，未听到列车员通报到站名，列车启动后不顾工作人员劝阻，将车门拉开跳车受伤。事故的主要责任人为蔡某某，列车员负一定责任。
>
> 思考：案例中的列车员可能存在哪些失职？防止旅客坠车、跳车的措施有哪些？

一、乘车途中人身安全管理

旅客在旅行过程中,绝大部分的时间是在列车上度过的,要做好旅客在乘车途中的人身安全管理工作,应做到以下几个方面:

① 列车开车后,列车乘务员要认真检查行李摆放情况,行李架上的物品应摆放平稳、牢固,较重的物品、锐器、铁器、杆状物品、玻璃制品等应放在座位下面,做到行李架上无铁器、锐器、重物等不适宜放在行李架上的物品。

② 列车乘务员要加强车门管理,认真执行"停开、动关、锁,出站台四门检查瞭望"的制度,遇有临时停车,应看守车门。

③ 应经常向旅客宣传安全常识,劝阻旅客不要站在车辆连接处,不要手扶门框、风挡,不要将头、手伸出窗外,不要向车外抛物。列车通过大桥、隧道时,应动员旅客关闭车窗并巡视车厢。

④ 列车乘务员在巡视作业中,要经常提示携带儿童的旅客不要让儿童在座席、茶桌上站立、在车内单独跑动、如厕、取倒热饮和站停时到站台玩耍。

⑤ 取送开水时,水桶(壶)应有相应的防烫、防溢措施,暖水瓶应有防倒圈(架)。倒开水时,应接半杯,不倒过满。

⑥ 列车售货车、多功能车停放时必须采取止轮措施,防止溜逸撞伤旅客。

⑦ 发现旅客针织、刺绣、掏耳朵、使用刀叉、利器等不安全行为时,乘务人员应及时予以提示和制止。

⑧ 列车乘务人员在列车运行中应当注意对列车安全设备的管理,制止搬动、触碰安全设备等不安全行为。严禁任何人在列车正常运行中打开气密窗,禁止任何无关人员进入司机室。

⑨ 严格执行锅炉、炉灶、电茶炉等操作规定。入库列车炉灶压火,要有专人值班看管。炉灶附近禁放易燃物品。餐车在运行中禁止炼油。清除炉灰时,应先灭火后自排灰孔清灰。

⑩ 列车内发现无人护送的精神病旅客,列车长应指派专人看护,公安人员应予协助,移交到站或换车站处理,不得转交中途站。发现有人护送的精神病旅客,乘务员应向护送人介绍安全注意事项,并予以协助。

⑪ 列车乘务员要经常观察旅客动态,发现神态、言语、行为异常旅客要重点监控,迅速报告列车长、乘警,以便采取防范措施。发现精神异常旅客有暴力倾向时,乘务员应立即疏散旅客,乘警必须采取强制约束措施。

⑫ 旅客列车有不法分子行凶时,列车乘务员应采取果断措施,制止不法分子行凶,同时通知乘警、列车长到场。列车长根据情况组织有关人员制服不法分子,维护车内秩序,防止发生旅客跳车、挤伤、误伤等,同时做好调查取证,并及时向上级有关部门报告。受伤者连同肇事者旅客一并由乘警交前方停车站处理。

 知识链接1

车门管理要求

1. 开车后车门管理要求

列车出站后,凡每车配置对讲机的列车,必须由小号至大号逐车厢向列车长报告"车门已锁，互检完毕"；没有配置对讲机的列车，列车开出后，列车长、值班员、添乘干部、包保干部等班组骨干在每站开车后必须分工对车门锁闭情况进行检查。

运行途中，各车厢列车员要加强责任范围内车门的检查巡视。硬座车厢超员时，遇办客站列车长要把卡控重点放在硬座车厢，开展巡视检查，及时处理突发问题。

2. 临时停车车门管理要求

要发挥广播指挥生产作用，广播开播期间遇临时停车必须播报，临时停车时，列车员必须看守并检查车门，严防通勤职工私自打开车门乘降。

所有列车员必须熟记沿途各办客站到开时刻、标志性特点等，乘务室必须配置本次列车时刻表及停站。遇新线路、新停站、新人员和列车晚点时，列车长必须在小班会上或逐车厢重点提醒前方运行区段作业注意事项。停车后无法判定是否已到达办客站时，必须加强瞭望和互控，严禁擅自组织乘客乘降。

3. 停站车门故障无法开关时

若到站车门无法打开，应立即通告和引导旅客，使用邻近车厢车门组织乘降，并报告列车长，列车长要立即通知车辆人员赶赴现场处理，并协助故障车厢乘务员组织旅客有序乘降。

若列车已启动，车门发生故障无法关闭，乘务员应立即疏散车门附近及通过台、连接处旅客至车厢内（影响行车或人身安全时，要果断使用紧急制动阀停车），锁闭通过台处端门及内通过门，设置警示隔离，坚守现场并注意自身安全，及时报告列车长及车辆乘务员。车门故障由车辆乘务员到场处置，列车长要做好现场处置的取证工作。

知识链接2

"停开、动关、锁，出站台四门检查瞭望"制度

"停开、动关、锁，出站台四门检查瞭望"制度的具体内容如下：

① 列车停稳前不得开锁开门，列车启动要及时关门并加锁。列车未出站台不得离开值守的车门；列车出站台后，乘务员要按照车门自检互检职责范围全面落实自检、互检工作。

② 自检、互检时要重点检查车门上下锁是否锁闭到位，检查车门外有无异常情况，遇塞拉门时还要打开翻板查看是否有异常情况。同时，要告知旅客不要倚靠车门，有安全防护栏的要查看栏杆是否安装牢固，发现设备故障或异常情况要立即报告列车长，并采取防护措施。

③ 为确保乘降安全和组织旅客快上快下，硬座车厢外端门为滑槽式车门时，到站应使用本车厢车门作业，外端门为普通折页门时，到站应使用对角车门作业；卧铺车厢到站应使用本车厢车门作业，到站前应锁闭外端门。

④ 各车厢乘务员要认真执行乘降组织要求，杜绝不提前到岗、到站不开车门、开车门不立岗、列车未启动提前关锁车门、提前离岗等违反作业规定的现象。

⑤ 列车停车后无法判定是否已到达办客站时，乘务员必须加强瞭望和互控确认，严禁在不确定的情况下开门组织旅客乘降；遇临时停车，各车厢乘务员要进行车内及车门巡视检查和安全宣传，确保车门锁闭，严禁旅客上下车，发现问题要及时处置并报告列车长。

二、重点、特殊旅客管理

在列车运行过程中要确保旅客列车上的重点旅客、痴症旅客、六种重点人、途中提前（临时）下车及大站停车下车吸烟、购物等的旅客在非正常情况下的人身安全。虽然在乘车过程中自助服务程度不断提高，但出行困难的特殊重点旅客群体，仍需在客运服务人员全方位的专业帮助下，才能顺利完成高质量的旅行。

1. 重点旅客

列车乘务员对重点旅客（指老、幼、病、残、孕旅客），尤其是特殊重点旅客（指依靠辅助器具才能行动等需特殊照顾的重点旅客），应当重点关注，优先照顾，保障重点旅客服务；做到勤巡视、勤观察、勤服务。根据需求为特殊重点旅客提供帮助，有服务，有交接，有通报。动车组列车应当设置无障碍厕所、座椅、专用座席等设施设备，作用良好。对重点旅客应当做到"三知三有"（知座席、知到站、知困难，有登记、有服务、有交接）；为有需求的特殊重点旅客联系到站提供担架、轮椅等辅助器具，及时办理站车交接。

2. 痴症旅客

列车乘务员要经常深入车厢，观察旅客动态，发现神态、语言、行为异常旅客要重点监控，及时报告列车长以采取措施，防范危及安全而拉阀停车。发现精神异常旅客乘车且有同行人时，应要求同行人加强看护，并将患病旅客安置在车厢一角，与其他旅客隔离。列车长、乘警和所在车厢乘务人员要加强对该旅客的监控，如病人情绪不稳、有狂躁发作迹象，列车长可指派专人协助同行人共同看护。

若精神异常旅客单独乘车，应将患病旅客安置在车厢一角，与其他旅客隔离，列车长要指派专人进行看护。遇有精神病旅客上厕所时，要设专人监护，厕所门不能锁闭，要留有缝隙，防止发生意外。患病旅客情绪不稳，存在暴力倾向的，列车长可视实际情况加派看护人手，并将患病旅客安置位置附近的安全锤、灭火器、渡板等硬质物品收回。

3. 六种重点人

列车乘务员在作业中、巡视时，观察车厢旅客动态，及时发现精神病人，犯罪嫌疑人，无票乘车人，上车送客未下车或者上错车、坐过站的人，利用铁路自杀的人，酗酒的人。特别对在通过台、洗面间长时间滞留的旅客要进行询问，做到发现及时、报告迅速。同时，告知相邻车厢乘务人员共同监控，防范危及安全而拉阀停车。

4. 旅客提前、临时下车

卧车提前下车做好登记，到站及时换票，防止拉过站。临时下车通知列车长、乘警，经同意后下车。

重点旅客提前下车，在服务措施中做好登记并通知列车长，到站前引导到车门，由列车长与车站进行交接。

对于其他临时途中下车的旅客，乘务人员了解需求，做好安全提示，有条件的要告知站台客运人员。

5. 大站停车下车吸烟、购物旅客

若列车严重超员或列车晚点，乘务人员应告知旅客不要下车；当站停时间较长时，对下车吸烟、购物旅客告知站停时间、开车时刻，做好安全提示。开车前及时通知站台旅客立即

上车，防范危及安全而拉阀停车。

三、防止旅客意外伤害管理

1. 防止旅客坠车、跳车

① 位于列车两端防护栏处的风挡门必须加双锁，前、后部车厢端门必须加锁，防止旅客坠车；乘务人员要经常检查厕所车窗、安全防护栏，发现松动或损坏要立即通知检车员，组织修复，防止旅客跳车。

② 在运行中，车门加双锁；塞拉门车必须锁闭隔断锁，挂好防开链，不准旅客倚靠塞拉门，防止塞拉门突然开启；车门故障，必须立即通知检车员，未修复前要采取措施，指定专人认真监控，严禁旅客倚靠车门。

③ 空调车车窗加锁；非空调车车窗必须安装定位卡，抬起高度不超过 15cm。

④ 车门看票时，乘务人员要同时进行列车开行方向的提示宣传，防止旅客上错车而导致开车后跳车、抓车。

⑤ 乘务人员上车后在翻板上立岗时，必须注意站台及通过台附近旅客动态，防止跳车。

⑥ 对六种重点人加强监控，在列车严重超员时、列车夜间运行时、车内气温较高时加强巡视，防止旅客跳车。

2. 防范旅客撞、摔、挤、砸、烫伤

① 列车广播和乘务人员要加强安全宣传，劝告旅客不要站在车辆连接处，不要手扶门框、风挡，更不要将手、脚伸入风挡间隙内，不要将头、手伸出窗外，不要向车外抛物。列车超员或旅客集中如厕及乘务人员出入乘务室开关门时，乘务人员必须疏导客流，防止挤伤。

② 列车进站时要确认站台方向；进入无站台股道乘降时，必须确认站台一侧临线无机车车辆运行，不危及安全时方可组织旅客下车。

③ 门止必须作用良好，失灵时要立即通知检车员修复。列车通过隧道前，广播员要进行安全提示，列车员要加强口头宣传，防止气流涌入车内，带动端门关闭或开启，打伤或挤伤旅客。

④ 卧车地毯要铺放平整，两端不得折叠或卷边，避免旅客绊倒摔伤。

⑤ 储煤箱上盖必须加锁，防止煤箱盖开启而砸伤旅客。

⑥ 乘务人员要加强行李架物品的整理，物品摆放做到平稳且牢固，严禁铁器、玻璃制品、锐器上行李架。

⑦ 乘务人员必须向重点旅客宣传安全注意事项，做到儿童乘车"六不准"，即不准在车内来回跑动，不准在座席、茶桌、卧铺上站立，不准将身体的任何部位伸出车窗，不准赤脚在车厢内行走，不准单独如厕和取水倒水，不准在车厢内爬上、爬下。

⑧ 硬卧中、上铺防护栏必须完好牢固。夜间重点旅客上、下铺时，要帮扶到位，防止摔伤。"绿皮车"夏季使用电扇时，要提示在上铺躺卧的旅客，手脚与风扇保持安全距离，避免被电扇叶片打伤。

⑨ 乘务人员要提示旅客在取开水和泡方便面时，不要接得过满，车内行走要注意安全，防止列车晃动使开水溢出而烫伤旅客；提示旅客不要用饮料瓶和罐头瓶接开水，防止瓶体变形、炸裂而烫伤；装有开水的水杯和"大碗面"要放在茶桌中间或茶桌里侧，并做好安全提示，防止列车晃动或其他人刮碰而烫伤旅客；空调车在冬季采暖期间，提醒旅客身体不要接

触电暖气，防止烫伤。

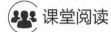 课堂阅读

列车临时停车，旅客从漏锁车门下车被撞成重伤

1. 事故概况

1993年10月8日，由郑州铁路局武汉分局武汉客运段担当293次列车21：50在胡家营站三道临时停车，停车后由于8号硬座车四位侧门漏锁，一旅客正好要在该站下车，发现车门没锁便打开车门自行下车，该旅客下车后准备越过二道时，被正进站通过的10次旅客列车撞致重伤。

2. 事故原因

① 列车员违反劳动纪律、脱岗。
② 作业过程不落实，开车后四门不检查，车门漏锁。
③ 列车长当班不巡视车厢，安全作业不落实。

3. 教训

① 乘务员必须执行作业程序，坚守岗位，加强车厢巡视，掌握旅客动态。
② 列车长必须掌握处理旅客意外伤害的有关规定，按章处理，防止扩大事态，凡发生重大旅客意外事故，应及时向段汇报，请求指示。

第二节　班组安全管理

 案例导入

退乘安全

2021年9月20日，赣州西发往武汉的T128次列车到达终点站武汉站后，乘务人员刘某由于临时有事着急退乘，在单独行走横跨线路时被机车车辆撞伤。

思考：乘务人员刘某的行为存在哪些违规？出、退乘安全管理规定的内容有哪些？

铁路班组是我国铁路安全管理工作运作执行的有效载体，在我国铁路安全运营中的地位与作用都很重要。铁路班组安全管理主要包括出、退乘安全管理，折返站安全管理，乘务安全管理以及库内安全管理等内容。

一、出、退乘安全管理规定

铁路班组人员出、退乘安全管理的相关规定如下：
① 出乘前、折返站待乘应充分休息，保持精力充沛，不在班前、班中、折返站饮酒。
② 出乘严禁穿高跟鞋、钉子鞋，冬季严禁穿塑料底鞋。棉帽、围巾不遮耳。

③ 乘务人员进出车站和动车所时须统一列队经指定通道线路行走，通过线路时走天桥、人行地道。无此设施时走平交道口，做到"指定专人防护，一停、二看、三通过"，不横跨线路，不钻车底，不跨越车钩，不与运行的机车车辆抢行。进出车站时集体列队。

④ 班组乘务人员提前 30min 到达站台接车。在站台等待接车，应站在安全线以内的安全地点，随时注意过往作业车辆。动车组停靠高站台时列车员站立位置必须与站台边缘保持 30cm 以上的平安距离。

二、折返站安全管理规定

铁路班组人员折返站安全管理的相关规定如下：

① 列车终到折返站后，由列车长组织统一下车，行走规定路线，由列车长负责前后防护。

② 乘务人员统一到公寓休息，按规定保休，严禁私自外出饮酒、赌博等行为，遇有特殊情况需外出时，要及时向列车长请假，列车长批准后方可外出，不得单独行动，并保证交通安全。

③ 公寓休息期间严禁违规使用电器设备和在房间内吸烟，防止发生火灾。

④ 需外出时，应结伴同行，严格执行同去同归制度。任何人员严禁以各种名义脱离班组而单独行动或组织乘务人员集体外出。

三、乘务安全管理规定

乘务安全管理的相关规定如下：

① 在列车始发前，工作人员对列车上的电子显示屏、紧急制动阀、安全锤、监控室、车载电话、广播系统、灭火器、车门及翻板状态，餐车配备的冷冻柜、冷藏柜、保温箱、电烤箱、消毒柜、微波炉等电器及电茶炉插座、插头进行检查并做好记录。

② 保证列车始发、途中、终到车门及翻板作用状态良好。途中停车时，车门设置状态正确。车门发生故障在未修复前必须对车门进行监控，严禁旅客在故障车门处逗留，做好宣传和提示。

③ 行李架上物品摆放要做到平稳且牢固，无铁器、锐器、玻璃制品、超大超重及杆状物品。大件物品在行李架上要摆放牢固且整齐。

④ 餐车配备的冷冻柜、冷藏柜、保温箱、电烤箱、消毒柜、微波炉等电器保持清洁；电茶炉插座、插头安装牢固，周围不得有杂物。使用时，操作人员不得离岗，做到人离断电。

⑤ 加强对灭火器的检查，防止短少、超期、破封或泄压，保证处于良好状态。灭火器应保持清洁，严禁搭挂物品。

⑥ 做好"三品"的检查，发现有旅客违章携带易燃易爆危险物品或不能判明性质的化工产品时，要及时通知乘警到场按章处理。

⑦ 列车长在巡视车厢时，重点对行李架、卫生间、车门进行检查。

⑧ 对中途站旅客乘降车门安全监控、换端作业车门安全监控和列车设备安全监控措施的落实情况进行检查。

四、库内安全管理规定

库内安全管理的相关规定如下：

高铁动车组列车在检查库、存车线停留存放时，由动车段（所）负责看守。高铁动车组列车出库后停留期间，由高铁动车组列车停留车站负责在车下看守，看守人员不得上车。

高铁动车组列车终到后，由列车长、机械师、乘警对全列进行检查，确认设备状态正常，无遗留火种和闲杂人员。入库作业完毕后，应全列断电、关闭车门。

车内严禁吸烟和使用明火，客运质检员负责收取保洁人员的火种和香烟，并应督促作业人员遵守消防安全规定。

 课堂阅读

列车上的"安全卫士"

18节车厢、76个车门、72把安全锤、75个灭火器、30个备品柜……T35次列车长正在车内进行看车作业。这支由1名列车长、1名厨师、2名乘务员组成的小分队被大家称为列车上的"安全卫士"。车入库后要对车辆电器设备进行维修，检修需要在车辆断电的情况下进行。在这个相对密封，没有空调、风扇的环境里，他们要逐一检查车厢、车门、车窗以及备品的锁闭情况，并对专用工具的性能进行一一确认。

正午时分，车厢内的温度非常高，他们要在车厢里来回穿梭，往往一节车厢没巡视完，还没晾透的衣服便又湿了。看车作业是保证停留客车安全的一种方式，更是责任心的体现。

第三节　禁烟管理

 案例导入

违规吸烟

案例1： 2022年8月，在西安开往上海的G1918次列车上，当列车行驶到河南开封和商丘之间时，突然有名旅客找到乘警报警说，10号车厢洗手间内有名男子正在吸烟。随后，乘警立即前往处理。所幸有旅客及时举报，未造成列车降速缓行。随后，乘警将贾某移交到商丘站派出所处理，当地警方将依据《铁路安全管理条例》相关规定，对贾某处以行政罚款600元的处罚，并列入失信名单，贾某180天内将被限制乘火车。

案例2： 2022年3月7日，G487次列车运行到石家庄至郑州东区间时，6号车厢厕所发生烟雾报警，导致列车减速运行。乘警当场发现在厕所内吸烟的旅客路某宏，并将其移交郑州东站派出所。根据相关法律，该旅客被依法行政拘留5天，纳入铁路失信人员名单，180天内限制乘坐火车。

高铁动车组全列禁止吸烟，违者铁路公安机关将根据情节轻重情况依法给予500元以上2000元以下罚款或行政拘留的处罚，并将其列入失信名单，180天内限制乘坐火车。如果吸烟导致列车发生火灾等严重后果，吸烟者还将被追究刑事责任。

思考： 旅客与客运乘务人员的禁烟管理规定内容分别有哪些？

部分普速旅客列车在车厢连接处没有吸烟区，列车其他场所均禁止吸烟，设立明显的禁止吸烟标志。加强禁烟管理，发现旅客在禁止吸烟场所吸烟应进行劝阻，对劝阻不听从者，通知乘警处理。高铁、动车全列禁烟，包括电子烟。

动车组列车上吸烟会造成安全隐患，高铁速度快，一旦引发火灾，相对密闭空间中燃烧速度非常迅速，造成的后果不堪设想。

一、旅客禁烟管理

高铁、动车实行了全列禁烟，一旦有人吸烟，列车上的烟火报警系统就会自动报警，不仅会造成列车减速或停车，影响行车安全，严重的还会造成列车火灾，危及列车和旅客生命财产安全。可通过在车厢内配置齐全的禁烟标识，车辆部定期对列车烟雾报警装置进行检查，各客运段对发现的烟雾报警器故障随时报告并填写设备联检记录；列车在广播计划中添加广播内容；在车厢两端电子显示屏上滚动显示禁烟宣传内容等方式来加强旅客禁烟管理。

普速旅客列车在车厢内严禁吸烟，部分列车在车门或车厢连接处仍然设有吸烟点，个别旅客不遵守禁止在列车内吸烟的规定，不听工作人员劝阻，乱扔烟头，甚至躺在卧铺上吸烟，入睡后烟头会掉在衣服、被褥或其他可燃物上，极易引起火灾。

由国务院公布，自 2014 年 1 月 1 日起施行的新版《铁路安全管理条例》对在动车组列车上吸烟或者在其他列车的禁烟区域吸烟的危害铁路安全的行为做了明确规定。对违反规定的，由公安机关责令改正，对个人处 500 元以上 2000 元以下的罚款。

新版《铁路安全管理条例》对违反规定吸烟的旅客处罚力度较大，这既是保证旅客列车安全的需要，更是每名旅客应尽的义务。同时，列车工作人员也要认真执行并落实好相关要求，加强对在列车内吸烟旅客的劝阻，做好在旅客列车内的禁烟工作，确保列车和旅客生命财产的安全。

知识链接

原交通部《关于在公共交通工具及其等候室禁止吸烟的规定》实施细则

原交通部《关于在公共交通工具及其等候室禁止吸烟的规定》实施细则对公共交通工具及等候场所旅客禁止吸烟做了明确规定，现将相关内容摘录如下：

第三条 除特别指定的区域外，在下列公共交通工具及其等候场所禁止吸烟：

（一）营业性客运汽车的车厢内；各类客船的各等级舱室、会议室、阅览室、小卖部、医务室、理发室、各种娱乐场所和内走道；

（二）港口客运站和汽车客运站的等候室、售票厅、联检厅、会议室、阅览室、大堂、室内通道，旅客购物、娱乐、休闲场所，安装中央空调的客运站其他场所，进驻单位的旅客接待站。

第四条 客轮和港口、汽车客运站的旅客等候室可以指定吸烟区域或装有有效的通风装置的吸烟室；长途客车，可允许定时车外吸烟。

第五条 禁止吸烟场所的经营或管理单位应履行下列职责：

（一）在禁烟场所必须设立明显的禁止吸烟的标志；

（二）在禁烟场所不得设置烟草广告标志，不得放置吸烟用具；

（三）在旅客等候室可以指定吸烟场所的区域或设置有通风装置的吸烟室，并设有准许吸烟的明显标志；

（四）必须对禁烟工作严格管理，可根据需要聘任若干名专（兼）职卫生检查员，负责监督、管理本场所的禁烟工作和劝阻旅客吸烟；

（五）应采用各种形式向旅客开展吸烟有害健康的宣传教育工作。

第六条 交通部门的工作人员在禁止吸烟的场所严禁吸烟，并有责任劝阻他人吸烟。

第九条 在禁止吸烟场所，旅客有权要求该场所内的吸烟者停止吸烟和有权要求该场所的工作人员、卫生检查员劝阻吸烟。

第十三条 拒绝、阻碍卫生检查员依法执行公务的，由公安部门按照《中华人民共和国治安管理处罚条例》处理；对使用暴力和用暴力威胁构成犯罪的，依法追究其刑事责任及经济赔偿责任。

第十五条 各级交通主管部门应定期对有关管理人员、卫生检查员遵守法纪、秉公执法情况进行监督和考核。对徇私舞弊、索贿受贿、玩忽职守的给予行政处分；构成犯罪的，依法追究其刑事责任。

二、客运乘务人员禁烟管理

客运乘务人员禁烟管理的相关规定如下：

① 班组乘务人员在出乘时要主动上缴个人携带的香烟和火种，列车长负责统一收缴、登记和保管。

② 餐车人员或售货人员的香烟、火种由餐车长或售货组长负责收缴及返还、登记，列车长负责保管。始发列车开车前，列车长要向餐车长或售货组长索要收缴的香烟和火种，并按照保管客运乘务人员香烟、火种的措施进行保管。列车长在索要或返还时要将索要或返还的时间、地点、香烟和火种的品名（数量）登记在《列车长考核手册》内，并要求餐车长或售货组长在手册上签认。

③ 客运班组中间开口的列车，列车长要凭《列车长考核手册》，交接餐车人员或售货人员的香烟、火种，接班列车长在手册上重新登记，并相互在手册上签认；餐车或售货班组中间开口的列车，列车长索要、返还餐车人员或售货人员香烟、火种的措施按照上述第②条的规定执行。

④ 在列车运行中，乘务人员严禁在值岗期间吸烟。对于双班作业的列车，休班班组乘务人员在宿营车休息前或起床后 30min 内，可着便装（无肩牌、胸章）在宿营车允许吸烟端通过台吸烟；休班列车长负责按规定时间发放、收缴和登记并进行检查、监控。

⑤ 折返站乘务人员不入公寓，车体停留时间在 3h 及 3h 以上的列车，车内整备作业结束后，列车乘务人员可着便装集中在宿营车或列车中部指定车厢一端通过台吸烟，列车长负责按规定时间发放、收缴，登记香烟盒火种并进行检查、监控。

⑥ 折返站乘务人员不入公寓，且车体停留时间在 3h 以下的列车，单班作业的班组，出乘前列车长收缴的香烟和火种在车下保管，禁止带上车，于班组返回退乘后返还乘务人员；双班作业的班组，在车体停留期间乘务人员禁止吸烟。

⑦ 折返站入住公寓的班组，乘务人员到达公寓后列车长将香烟和火种返还乘务人员，

折返站出乘时列车长再次收缴、登记、保管香烟和火种，班组到达本部退乘时返还乘务人员。

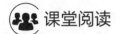

焦柳线 L361 次旅客列车火灾重大事故

1. 事故概况

2001 年 2 月 8 日 0 时 21 分，由成都分局成都客运段绵广二组担当的绵阳至广州 L361 次旅客列车，运行至郑州局襄樊分局焦柳线赶于幽一西斋间 K781＋406 处，机后第 2 位（15 号车）YW2263882 广播室起火，车辆燃烧。造成客车报废 1 辆；4 名旅客死亡；中断下行线 4 小时 39 分，影响本列 5 小时 44 分。构成旅客列车火灾重大事故。

2. 事故原因

（1）直接原因

列车员张某严重违章违纪，擅自携带火种盒卧具进入广播室休息，并遗留火种引燃可燃物。

（2）深层次原因

一是"两违"突出，班组管理不严，现场作业失控。

二是部分干部没有始终把安全放在高于一切、重于一切的位置。

三是形式主义、好人主义突出，干部作风不实。

3. 事故责任

责任单位：成都客运段。事故责任者已追究刑事责任。

4. 事故教训

① "安全第一，预防为主"的思想树立不牢。部分干部职工安全工作思想错位、管理薄弱、"两纪"松弛，干部作风不实，职工素质较差，领导存在重经营、轻安全等问题。

② 逐级负责制不落实。部分干部责任心不强，一级管不住一级，一级对付一级，对发现的问题不管不问，推诿扯皮，当好人、和稀泥、说假话。逐级负责制在一些单位的管理中出现了真空和断层地带，考核、奖惩不兑现。

③ 各项安全管理规定执行不严。个别列车乘务人员对"两违"明知故犯，让无辜旅客成了"两违"的牺牲品。安全管理的各项规章制度没有落实到各项工作的每个环节。

④ 应急处理能力不强。客运系统对应急处理缺乏演练，指挥不力，配合不好，应变能力差，紧急制动阀、消防器材使用不当。

⑤ 临时旅客列车的管理需进一步加强。少数单位对临时旅客列车的管理不够重视，在人员的安排、设备的配置等方面都有一种临时思想，业务素质、管理能力、责任心与对列车工作人员的要求都有较大差距。

5. 采取措施

① 加大安全宣传，举一反三，深刻吸取事故惨痛教训。

② 广泛深入开展"正风肃纪"活动，即整顿干部的思想作风和工作作风，狠刹干部中的形式主义和好人主义的歪风，强化干部敢抓敢管、敢于动真碰硬的作风；整顿职工的"两违"顽症，狠刹职工中的违章违纪歪风。

③ 严格管理，狠抓逐级负责制的落实。各级干部切实转变工作作风，认真履行职责，一级对一级负责，一级管住一级，在各自的工作职责范围内充分发挥作用。

④ 抓好班组管理，彻底解决现场作业失控的问题。

⑤ 切实加强和改进思想政治工作，确保干部职工思想稳定。

第四节 消防安全管理

 案例导入

> **列车火灾事故**
>
> 2011年11月2日凌晨4时23分，由天津开往汉口的K919次列车行至京广铁路河南许昌段761公里处，车头部位突然起火。经过铁路、消防等部门一个多小时紧急处理，大火被扑灭，此次事故并未造成人员伤亡。
>
> 思考：列车员的岗位防火职责有哪些？

旅客列车消防工作贯彻"预防为主，防消结合"的方针，按照"交通运输部统一领导，国家铁路局依法监督，铁路运输企业全面负责，职工群众积极参与"的原则，实行消防安全责任制。

旅客列车消防安全工作是铁路运输安全的一项重点工作，必须明确责任，完善制度，加强管理，严格考核，确保安全。

知识链接

> **列车火灾的特点**
>
> ① 旅客列车上可燃物多，火灾蔓延速度快。
> ② 蓄烟量少，易造成人员中毒身亡。
> ③ 人群拥挤，疏散困难。
> ④ 火车像一条长匣子，扑救困难。空调火车内部是一个比较密闭的空间，如果内部起火，救援人员很难快速进入车内进行扑救。

一、消防安全责任

铁路运输企业应认真贯彻执行消防法律、法规和规章，制定旅客列车消防安全管理制度，组织消防安全教育培训，开展消防安全检查，消除火灾隐患，落实消防安全责任制。

旅客列车消防安全管理由客运、车辆部门负责。

铁路公安机关和安全监察部门应依法履行监督检查职责，督促有关部门和单位落实消防安全措施，消除火灾隐患。

铁路行包运输、多元经营部门均应依照有关规定制定相应的消防安全管理制度，明确责任，严格管理。

1. 客运部门职责

① 建立健全并组织实施客运系统的消防安全管理制度和火灾事故应急预案。
② 组织客运系统开展消防安全检查，督促有关单位落实火灾隐患整改措施。
③ 对客运人员进行消防安全教育培训。
④ 组织落实客运人员岗位防火责任制，加强消防安全管理考核。
⑤ 采取多种方式向旅客宣传防火安全知识。
⑥ 协助铁路公安机关组织查堵易燃易爆危险品。
⑦ 组织有关人员对餐车炉灶台面、墙壁、抽油烟机、排烟罩、烟道的表面可见部位油垢进行清理。
⑧ 负责旅客列车火灾现场旅客的应急疏散紧急施救组织工作。

2. 车辆部门职责

① 建立健全并组织实施车辆系统的消防安全管理制度和火灾事故应急预案。
② 负责车辆设备检修，确保运用客车达到出库质量标准，消除火灾隐患。
③ 组织开展客车消防安全检查，及时发现、处理违章行为和设备故障，保证车辆工作人员严格执行作业标准，保证设备状态良好。
④ 对车辆工作人员进行消防安全培训。
⑤ 负责消防设备、器材的配备和维护管理。
⑥ 负责制定车辆设备设施的安全操作规程。
⑦ 负责清除餐车排风扇、车顶表面及烟筒口、帽的油垢。
⑧ 组织落实备用客车的看守措施。

3. 安全监察部门职责

① 依法对旅客列车消防安全管理实施监督检查，督促火灾隐患整改。
② 督促有关部门和单位制定实施消防安全管理制度、考核办法。

4. 铁路公安机关职责

① 依照消防法律法规和技术标准对旅客列车消防工作实施监督检查，督促有关单位整改火灾隐患，依法查处消防安全违法行为。
② 监督检查有关部门和单位制定实施消防安全管理制度和火灾事故应急预案，落实消防安全责任制。
③ 督促、指导有关部门和单位做好对旅客列车相关工作人员的消防安全教育培训。
④ 制定乘警消防监督检查的工作内容、标准和程序，督促乘警落实消防监督检查职责。
⑤ 组织查堵易燃易爆危险品。
⑥ 负责客车火灾事故调查。

二、消防组织

旅客列车应建立由列车长为组长,乘警长、车辆乘务人员为成员的消防安全小组,履行下列职责:

① 认真贯彻执行上级有关消防工作的规定和要求,每月召开一次消防安全小组会议,总结安排消防工作。

② 组织乘务人员认真学习消防知识,提高防火灭火技能。

③ 建立乘务班组消防安全考核制度,定期考核,督促乘务人员落实岗位防火责任制。

④ 按岗位职责落实消防安全管理制度,及时消除火灾隐患。

⑤ 做好对旅客的消防安全宣传,落实易燃易爆危险品查堵措施。

⑥ 组织乘务班组义务消防队定期演练。

⑦ 建立列车消防安全台账,由列车长负责填写和管理。旅客列车消防安全台账应包括以下主要内容:

a. 上级有关消防工作的文件(复印件或摘抄件);

b. 列车编组及乘务人员概况;

c. 列车防火组织;

d. 扑救火灾事故应急方案;

e. 防火安全会议和活动记录;

f. 乘务人员消防安全培训记录;

g. 乘务人员上岗证登记;

h. 餐车炉灶清扫记录;

i. 三乘联检记录;

j. 消防器材登记。

旅客列车应建立义务消防队,由列车长任队长,乘警长、车辆乘务人员任副队长,下设指挥组、疏散组、灭火组、伤员抢救组、警戒组,根据乘务人员的具体情况,合理分工,明确职责,进行演练。

三、岗位防火责任制

旅客列车的消防安全工作在列车长的领导下,实行岗位防火责任制。

1. 列车长岗位防火职责

列车长的岗位防火职责如下:

① 负责领导指挥乘务人员落实旅客列车消防安全管理规定,贯彻上级有关消防工作的部署和要求,接受上级消防检查。

② 主持召开消防安全小组会议,总结分析、安排布置消防工作。

③ 检查督促乘务人员落实岗位防火责任制,组织乘务人员做好车底停留期间的看守。

④ 组织乘务人员学习消防知识,提高防火灭火技能。

⑤ 组织"三乘联检",针对检查发现的问题,按职责分工进行整改,做好记录。

⑥ 采取多种形式向旅客宣传防火、防爆安全知识,做好查堵易燃易爆危险品工作。

⑦ 列车发生火灾时,启动火灾事故应急预案,做好旅客疏散组织和扑救工作。

⑧ 按规定填写消防安全台账。

知识链接

"三乘联检"制度

"三乘联检"制度是指列车始发前,由列车长组织乘警长、车辆乘务长,对列车火源、电源和消防器材进行全面检查;运行中重点检查;终到后彻底检查;检查结果由检查人员分别签字确认,严禁代签、漏签。

2. 乘警岗位防火职责

乘警的岗位防火职责如下:
① 负责列车消防监督检查工作。
② 配合列车长做好对乘务人员的消防知识教育和对旅客的防火宣传。
③ 督促乘务人员落实岗位防火责任制,制止和查处消防安全违法行为。
④ 参加"三乘联检",做好记录,督促整改。
⑤ 负责组织乘务人员做好易燃易爆危险品查堵。
⑥ 列车发生火灾时,按预案做好应急处置。

3. 车辆乘务人员岗位防火职责

车辆乘务人员的岗位防火职责如下:
① 负责车辆设备的检查、维修和保养,保证设备状态良好。
② 参加"三乘联检",做好检查、交接,针对设备存在的问题及时进行整改。
③ 运行中按规定巡视检查,发现违章操作及时纠正,发现隐患故障及时处置。
④ 列车发生火灾时,按预案做好应急处置。

4. 列车员岗位防火职责

列车员的岗位防火职责如下:
① 严格遵守消防安全规章制度,坚守岗位,落实防火措施。
② 严格执行各项操作规程,正确使用车辆设备,发现故障及时报告。
③ 掌握常见易燃易爆危险品的种类、性质和识别方法,做好查堵工作。
④ 认真巡视,劝阻和制止旅客在车厢内吸烟。
⑤ 列车发生火灾时,按预案做好应急处置。

5. 行李员(邮政工作人员)岗位防火职责

行李员(邮政工作人员)的岗位防火职责如下:
① 严格执行交接和监装监卸制度,防止夹带易燃易爆危险品的货物上车,督促装卸人员按规定堆码货物。
② 按规定巡视,及时发现货物异常情况,妥善处置。
③ 向押运人员宣传防火注意事项,做好身份登记,收缴火种,制止吸烟、动用明火等违章行为。
④ 行李车(邮政车)发生火灾时,及时报告,正确处置。

6. 餐车人员岗位防火职责

餐车人员的岗位防火职责如下：

① 餐车长负责餐车的防火工作，其他人员做好本岗位的防火工作。

② 出库前认真检查炉灶、电气设备安全状况及灭火器材是否齐全有效，发现隐患及时通知有关人员处理。

③ 按规定清除餐车油垢。

④ 严格按操作规程使用炉灶。

⑤ 严格执行食品加工安全操作规定，落实值班看守制度。

⑥ 列车发生火灾时，按预案做好应急处置。

四、火灾预防

旅客列车消防工作贯彻"预防为主，防消结合"的方针，旅客列车火灾预防主要做到以下几点：

① 客车的生产、维修应严格执行相关技术标准，保证质量。验收主管部门和运用单位要严格按质量标准验收，达不到标准的不得接收。

② 客车采用的非金属材料必须是不燃、难燃材料，其燃烧性能和产烟毒性必须符合国家有关技术标准。客车电气设备、消防设施器材和非金属材料所采用的产品应是经国家有关质量监督主管部门鉴定合格的产品。

③ 客车电气绝缘、防雷、电气接地、漏电、过流、过热、防水防潮保护及线路敷设、连接应符合相关技术标准。

④ 旅客列车出库前应进行全面的车辆设备检查，达到《铁路客车运用维修规程》规定的质量标准，达不到标准的不得上线运行。

⑤ 乘务人员应认真履行岗位防火职责，遵守各项操作规程，严格按标准化作业。

⑥ 严格执行"三乘联检"制度。旅客列车始发前，由列车长组织乘警、车辆乘务人员，对用火用电设备及消防设施、器材进行全面检查，运行中重点检查，终到后彻底检查。检查情况由检查人员分别签字确认，严禁代签、漏签。

⑦ 运行中列车长、乘警、车辆乘务人员每 2 小时应进行一次防火巡查，并在发电车、邮政车、行李车的巡查记录上签字。

⑧ 对列车始发前检查发现的设备故障，车辆部门应及时处置，消除隐患；对列车运行中发现不能当场处置的，应采取临时措施确保安全，按规定报告并如实记录；危及行车安全的，应立即停车处理。

⑨ 乘务人员必须经过全面的消防安全培训，人人达到"三懂三会"（即懂得本岗位的火灾危险性，懂得预防火灾的措施，懂得扑救火灾的方法；会报警，会使用灭火器，会扑救初起火灾），熟记岗位防火职责和火灾事故应急处置基本要求，做到严格考核，持证上岗。保洁人员上岗前也应进行消防安全培训，持证上岗。

⑩ 操作"两炉一灶"和空调、火灾报警器等设备的乘务人员，应经过专门的消防知识培训，取得合格证后方可上岗。

⑪ 车辆电气设备必须保持状态良好，电器元件应安装牢固，接线及插座无松动，按钮开关、指示灯作用良好；严禁乱拉电线和违章安装、更换电气装置、元件；严禁擅自使用电热器具等电器。

⑫ 配电室内禁止存放物品，配电箱、控制箱内及上部不得放置物品，门锁必须良好，人离锁闭；可燃物品不得贴靠电采暖装置。

⑬ 车辆电气绝缘应符合要求，漏电保护、电气接地等装置应匹配、有效。车辆电气绝缘测试、设备巡检和交接应有记录；严禁用水冲刷地板。

⑭ 餐车配备的电烤箱、微波炉、电磁炉等餐饮炉具使用时，操作人员不得离岗。

⑮ 发电车乘务员应严格执行操作规程，落实防火制度，确保柴油发电机组及附属设备状态良好，阀门、管路连接部位紧固，油箱及其他各部位不得有积油和油垢，禁止乱堆乱放物品，棉纱应放在指定容器内。

⑯ 客车取暖和蒸饭锅炉、茶炉应配件齐全、状态良好，落实点火试验和交接制度。使用中，乘务人员应按规定检查水位（压）表、水温表、验水阀、水循环状况，做到不漏水、不超温，严禁缺水、干烧。炉灰应先用水浸灭后再处置，炉室内不准堆放杂物，离人加锁。

⑰ 餐车炉灶、锅炉烟囱防火隔热装置应完好有效，餐车入库应压火。

⑱ 列车运行中，餐车严禁炼油，使用燃煤炉灶油炸食品和过油时，油量不得超过容器容积的三分之一。

⑲ 应定期对餐车炉灶台面、墙壁、抽油烟机、排烟罩、烟道、排风扇、车顶外表面和烟筒口、帽的油垢进行清除，保持清洁，并填写记录。

⑳ 循环水泵箱、检查孔、观察孔、煤厢、取暖器防护罩内部应保持清洁无杂物；停用的炉室应彻底清除可燃物，加固锁闭。

㉑ 邮政车、行李车货仓应留有安全通道，宽度不小于0.5m，不得堵塞端门、边门，货物堆码不得超高。邮政车、行李车严禁使用明火或电炉烧水做饭，未经铁道部车辆主管部门批准严禁擅自增设使用各种电器。

㉒ 乘务室、配电室、餐车储藏室、广播室、检车工具间、宿营车、行李车、邮政车、发电车禁止烟火。

禁烟车厢应有禁止吸烟标志，乘务人员要对在车厢内吸烟的旅客进行劝阻，提醒旅客不得乱扔烟头火种；吸烟处应有明显标志并配备烟灰盒，地板和壁板应保持完好，无孔洞和缝隙。

㉓ 列车上的通道必须保持畅通，不得堵塞车门。

㉔ 对查获或旅客交出的易燃易爆危险品应由乘警做好登记，交前方停车站处理。对烟花爆竹、火药等须用水浸湿；对判明不了性质的物品，严禁在车上进行试验。

㉕ 列车应通过图形标志、电子显示、广播宣传等多种方式，向旅客进行禁止吸烟、严禁携带易燃易爆危险品、逃生知识和灭火器、紧急破窗锤使用方法等消防安全宣传。

㉖ 客车车底在车站、车辆段、客车技术整备所及其他场所停放或停留时，客运、车辆部门应按规定组织人员看守。铁路运输企业应制定看守制度，明确责任，落实到人。保洁人员不得在车上留宿。

㉗ 客车灭火器配置和维修应符合下列规定：

a. 客车车厢（双层客车每层）配备2kg ABC干粉灭火器和2L水型灭火器各2具；灭火器应设置在车厢两端适当位置（每端各2具）。

b. 行李车、邮政车、餐车各配备4具4L水型灭火器，行李车配备35L推车式水型灭火器1具；行李车、邮政车的灭火器应设置在工作间内，餐车的灭火器应设置在餐厅。

c. 发电车配备4L水型灭火器8具，其中机房内6具，工作间2具；冷却间配备25kg推车式ABC干粉（或35L水型）灭火器1具。

d. 客车配备的灭火器应适应环境温度，适于扑救 A 类（固体）、B 类（液体）、C 类（气体）和 E 类（带电）火灾；挂具应采用套筒结构，安装牢固、便于取用，底部离地面一般不超过 1400mm。

e. 干粉灭火器维修期限为 1 年，水型灭火器为 3 年。灭火器应由专业维修企业按照国家有关规定进行维修，张贴维修标志，并在灭火器筒体上涂打到期时间（××××年××月到期）。

㉘ 做好灭火器日常维护保养和管理，保证处于良好状态。灭火器上不得搭挂物品，严禁挪作他用。

㉙ 空调客车应按有关规定配备紧急破窗锤；餐车厨房应配备 2 条灭火毯；发电车、行李车、邮政车各配备 2 具防烟毒面具。

㉚ 客车安装的火灾自动报警装置应定期检测、维修，保持作用良好。

㉛ 定期组织旅客列车消防安全检查。铁路运输企业每半年进行一次检查；主管部门每季度进行一次检查；客运段、车辆段每月进行一次检查。

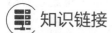
知识链接

ABC 干粉灭火器与水型灭火器

1. ABC 干粉灭火器

ABC 干粉灭火器是指可以扑灭 A 类、B 类、C 类火灾的干粉灭火器，适用范围比较广，但是不能用来扑灭轻金属材料火灾。其中 A 类火灾主要包括一些固体可燃物，如木材、纸张等；B 类火灾主要包括一些液体产品，如汽油、煤油、甲醇等；C 类火灾主要包括一些可燃气体，如煤气、天然气、氢气等。

罐体的有效期一般为 8 年，灭火剂的有效期一般为 1 年到 2 年左右。当罐体的有效期到期以后，就需要对 ABC 干粉灭火器自身进行详细的检测，看看是否还符合继续使用的标准，若不符合的话，则必须报废。当 ABC 干粉灭火器的使用年限超过了十年以后，就必须将 ABC 干粉灭火器强制报废，不可以再继续使用。另外，灭火器内部所充装的灭火剂超过了有效期以后，则需要更换成新的，而灭火器罐体的表面一般都会有贴有检测年限标签。

ABC 干粉灭火器每个月都要检查一次，检查一下压力表，如果压力表指针低于绿线区时，应及时补充灭火剂和驱动气体（氮气）。新买的 ABC 干粉灭火器要五年测试一次水压，以后每两年测试一次水压，合格后方可继续使用。

按照移动的方式来划分，干粉灭火器主要有手提式、推车式以及背负式三种。

① 使用手提式干粉灭火器灭火时，需要将灭火器翻转摇动数次，拔出保险销，在离火场有效距离内，手握胶管（有胶管情况下），将喷嘴对准火焰根部，按下压把，推进喷水，注意死角，以免复燃。灭火时器头朝上使用，倾斜角度不要太大，切勿放平或倒置使用。

② 使用推车式干粉灭火器灭火时，使用前将推车摇动数次；使用时需要两人一起将灭火器推或者拉到燃烧处，在离燃烧物 5~10 米左右停下；其中一人取下喷枪，展开喷带（喷带不可以弯折或者打圈），然后打开喷管处阀门；另一人拔出保险销，并且向上提起手柄，将手柄扳到正冲上位置；对准火焰根部，扫射推进；在灭火完成后，首先关闭灭火器阀门，再关闭喷管处阀门。

③ 使用背负式干粉灭火器灭火时，需要距离火源 5 米到 6 米左右，同时要用右手紧

握住握把（若为氮气动力，则只能握住木制把手，否则可能被低温气体冻伤），左手扳动转换开关到"3"号位置（喷射顺序为 3、2、1），并且打开灭火器的保险机，用喷枪对准火源的根部，扣扳机，就可以将里面的干粉喷出了。如喷完一瓶干粉未能将火扑灭，可将转换开关拨到 2 号或 1 号的位置，连续喷射，直到射完为止。

2. 水型灭火器

水型灭火器内部装有 AFFF 水成膜泡沫灭火剂和氮气，具有操作简单、灭火效率高、使用时不需倒置、有效期长、抗复燃、双重灭火等优点。既可扑灭 A、B、C、E（电气火灾）类物质的初期火灾，具有喷射距离远、灭火效率高、抗复燃能力强、对人体具有一定的抗烧伤能力且无毒副作用、无次生污染、无毒、无刺激性气味、无腐蚀性、易清洗等特点，是家庭和汽车、火车、商场、宾馆、饭店、医院、电影院、会议室、娱乐场所、飞机、船舶、车站、码头等人群密集公共场所，防火灭火最理想的消防产品。

水型灭火器的保质期为 6 年，灭火器出厂期满 3 年需首次维修，以后每满 1 年应送修。

五、火灾应急处置

旅客列车发生火灾时，事故现场的铁路运输企业工作人员或者其他人员应立即向邻近铁路车站、列车调度员和公安机关报告，有关部门接到报告后，应按规定逐级上报，拨打 119 报警。铁路运输企业应立即启动应急预案，迅速有效地进行处置。应采取下列应急处置措施：

（1）立即停车

列车运行中发生火灾威胁行车和旅客人身安全时，应立即停车（停车地点应尽量避开特大桥梁、长大隧道等）。电气化区段应立即通知牵引供电部门停电。

（2）疏散旅客

列车发生火灾时，乘务人员应迅速向列车长报告，组织起火车厢旅客向邻近车厢或地面安全地带疏散，采取措施稳定旅客情绪，同时要防止发生旅客跳车、趁火打劫等意外事件。

（3）迅速扑救

列车长接到火灾报告后，应立即组织指挥义务消防队，携带灭火器赶到起火车厢，确认火情，迅速扑救。

（4）切断火源

停车后，列车需要分隔时，司机、运转车长、车辆乘务员应迅速将起火车辆与列车分离，切断火源，防止蔓延。

（5）设置防护

对甩下的车辆，由车站值班员（在区间由司机、运转车长和车辆乘务员）负责采取防护措施。

（6）报告救援

列车长和乘警应立即向上级机关和行车调度报告事故情况，请求救援。

（7）抢救伤员

在疏散旅客、迅速扑救火灾的同时，如有被火围困或受伤人员应立即抢救。

（8）保护现场

在扑救火灾的同时，乘警应维护好秩序，防止发生混乱，禁止无关人员进入，保护好火灾现场。未经公安机关消防机构同意不得擅自清理火灾现场。

（9）协助查访

乘务人员应协助公安机关调查火灾情况，积极提供线索。

（10）认真取证

乘警应及时开展调查取证，注意发现肇事者并及时控制，妥善保管物证，为现场勘查、认定火灾原因创造有利条件。

旅客列车在区间发生火灾，当上级领导和公安消防队未到达时，火灾事故应急处置由列车长组织指挥。火灾扑灭后，列车长、乘警长、车辆乘务人员要对起火部位进行检查，确认火已完全熄灭，在确保安全的情况下，列车可继续运行。列车在区间被迫停车时，邻近车站应组织人员、消防器材赶赴现场救援。

列车在车站发生火灾或起火列车进站后，火灾事故应急处置由车站站长组织指挥，立即启动《车站处置旅客列车火灾事故应急预案》。公安消防队到达后，火灾扑救工作由公安消防队统一指挥。

各有关部门接到事故报告后，应立即按照预案响应程序，组织力量、调集救援物资装备赶赴现场，各尽其职，各负其责，保证事故救援高效、快速、有序进行。铁路公安机关要维护好现场秩序，开展火灾事故调查。

 知识链接1

列车火灾逃生法则

1. 利用车厢前后门逃生

火灾发生后，如果在车厢内，切勿慌张、拥挤，应利用车厢两头的出口，有序逃离。

2. 利用车厢窗户逃生

火车车厢内窗户一般为70厘米×60厘米，空间足够人员逃生。但是当车厢内火势不大时，应避免开启窗户逃生。这是因为大量新鲜空气涌入后，会加大火势蔓延速度。当车厢内火势较大时，请不要犹豫，破窗逃生。

3. 摘掉挂钩逃生

火车的每节车厢是由挂钩连接的。车厢内发生火灾后，在确保该车厢无人的情况下，可协助乘务人员，摘掉挂钩，让车厢脱节，使其他相邻车厢免受威胁，防止火势蔓延。

4. 速度下车，抛弃行李

车厢内发生火灾，由于道路狭窄且人流密集，旅客应按秩序下车，勿搬运大件行李逃生，以防阻塞逃生通道，避免缩短他人逃生时间。

知识链接2

火车上这些设备可救命

1. 紧急逃生窗

每节车厢中有4个紧急逃生窗（有红点的玻璃窗），旁边配备了安全锤。当出现意外的时候，握住紧急破窗锤把手，敲击紧急逃生窗红色圆圈提示位置，乘客可以很快疏散。

2. 紧急制动阀

紧急制动阀装在动车司机室，客室内若发生紧急情况，旅客可拉动紧急制动手把，实施紧急制动，司机室和乘务员室的显示屏会立马显示报警信息，进行处理。

3. 防护网

动车组列车为应对车门故障无法关闭的情况，配备了防护网。遇到有列车运行或停留，且车门悬挂防护网时，旅客应待在车厢内，不要靠近车门，以防跌落。

4. 火灾报警按钮、紧急制动按钮

动车组内每节车厢两感应式内端上方各设有一个火灾报警按钮、一个紧急制动按钮。按下按钮，司机室和乘务员室的显示屏立马会显示报警信息，且蜂鸣器报警。

5. 应急梯

动车组列车配备应急梯，用于列车出现特殊情况停靠于非站台处，旅客可以从动车组转移到地面上。

6. 安全渡板

主要用于将旅客从故障动车组转移至相邻线路的动车组。动车组在轨道上停稳后，启动车门，将安全渡板搭在两列列车对应车门之间，确认架设稳固后由专人进行防护。

7. 防火隔断门

列车一旦发生火灾，旅客可手动操作门板侧面拉手把隔断门拉出，将相邻的两节车厢隔断。避免浓烟呛到其他车厢的旅客，也能集中区域扑灭火苗。

8. 卫生间 SOS 按钮

当旅客在卫生间（包括残疾人专用卫生间）内发生突发情况时，可以按下 SOS 按钮求救。很多人错把 SOS 按钮当冲水按钮，千万要记得看标识。

第五节　食品安全管理

 案例导入

> **私自更改食品标签上的加工时间**
>
> 2019 年 4 月 3 日，某铁路监督所监督人员在 A 车站检查某公司站台货物时，发现该公司售货员周某正在私自更改售货车上 3 份盒装凉面皮标签上的加工时间，原标签标示加工时间为 4 月 3 日 13 时，保质期限 4 小时，涂改为 4 月 3 日 18 时。监督人员现场要求其立即改正违法行为，公司人员将 3 盒凉面皮收回销毁。
>
> 因本案无违法所得，对该公司处以罚款人民币 2000 元。
>
> 思考：铁路站车食品安全应符合哪些规定？

为加强铁路运营食品安全监督管理，保障旅客身体健康，要加强铁路运营食品安全管理。原国家食品药品监督管理总局负责指导铁路运营食品安全监督管理工作，中国铁路总公司负责组织铁路运营食品安全监督管理工作，铁路食品安全监督管理机构具体承担铁路运营食品安全监督管理工作，并接受所在地省级人民政府食品药品监督管理部门的业务指导。任何组织或者个人均可向铁路食品安全监督管理机构举报铁路运营食品安全违法行为，了解食品安全信息，对铁路运营食品安全监督管理工作提出意见和建议。

一、食品安全管理规定

铁路运营中的食品流通、餐饮服务经营者，应当经铁路食品安全监督机构许可后，凭许可文件证件到工商行政管理部门登记。

① 铁路运营中的食品生产经营者应当遵守国家食品安全法律、法规、食品安全标准和铁路运营食品安全管理要求，建立健全食品安全管理制度，开展食品安全自查，改善食品生产经营环境，落实进货查验记录和索证索票制度，建立食品安全追溯体系，加强从业人员培训和健康管理，建立食品召回制度，不得从事法律法规禁止的食品生产经营活动。

② 铁路站车食品销售应当实行统一采购、统一进货制度，加强食品销售台账管理，保持场所环境整洁，禁止销售变质或者超过保质期的食品。

③ 铁路餐车应当实行集中统一进货制度，净菜、冷热链食品配送上车，食品分类冷藏、即时加工；物品定位存放，餐饮具洗消合格，环境卫生整洁，避免交叉污染；食品加工设备齐全、功能完好，保证食品安全。

④ 铁路运营站段职工食堂应当建立开办者第一责任人制度，做到设施设备齐全、功能完好，食品分类冷藏、即时加工和餐饮具洗消合格。落实食品贮存、食品加工、通风防尘、防鼠防虫、垃圾处理等风险控制要求，实施食品留样制度，保证食品安全。

⑤ 铁路运营集中加工快餐盒饭的食品经营企业应当达到厂房洁净、封闭加工、流程合理等控制要求，落实原料检验、半成品检验、成品出厂检验等检验控制要求，实施食品留样措施，做到全程可追溯。盒饭应当标注生产日期，配送应当达到贮运温度、时间等控制要求。

⑥ 铁路站车生活饮用水应当符合国家生活饮用水卫生标准。

⑦ 铁路餐车使用餐料应当保持清洁，即时加工，隔餐食品必须冷藏。专供旅客列车的配送食品应当符合保质时间和温度控制等食品安全要求。

⑧ 食品运输车辆应当安全无害，保持清洁，标有清洗合格标识，防止食品污染。禁止承运不符合食品安全标准的食品，禁止食品与有毒有害物品混放、混装、混运。食品运输经营者发现可能受污染的食品，应当及时采取控制措施，并及时报告铁路食品安全监督机构。

课堂阅读

看铁路食品人如何保障旅客舌尖上的安全

提到列车上的安全，人们的第一反应往往是行车安全，然而在铁路人的眼里，他们关注的则是旅客舌尖上的安全。北京京铁列车服务有限公司列车快餐的年产量很高，目前研发出的快餐种类达到113种，而在公司成立的十余年间，没有发生一起食品安全事件，在所有的检测抽查产品中从未发现不合格现象。如何保证这样大数量、多品种快餐的安全？北京京铁列车服务有限公司副总经理田春林说出了其中的秘密。

首先要把食品安全作为企业的重心。围绕食品安全，公司严格划分污染区、半洁净区、洁净区，在生产过程中，严格执行原材料采购的索证索票、三方验收制度，做好生产人员和环境的消杀，生产人员必须经过专门的更衣室才能进入生产区域，环境要做到日清洁和定时消杀。北京京铁列车服务有限公司在生产区域安装了400个摄像头，实现了全覆盖的监控。

同时公司还严格做好温度控制，在生产过程中，菜肴熟制的中心温度必须达到85℃才能出锅，并且要在两小时内将温度降到0~8℃之间，以确保菜品营养物质不流失或少流失，同时也可以确保菌群不繁殖，保证品质和安全。此外，从运输到仓储，包括在列车上的销售过程中也都要保持0~8℃的温度，并利用GPS等技术实时跟踪监测冷藏车的路线和车厢温度。在产品售出时则要用微波炉将餐食的中心温度加热到75℃，以保证食品的安全。

在添加剂的把控上，公司严格执行国家标准和企业标准，并设置专人管理投放。同时，接受市场监管部门和铁路防疫站的双重监管，对餐食进行定时检测。

二、高铁、动车食品安全

目前高铁列车飞速发展，已成为人们长途出行的理想交通工具，高铁列车食品被食用的概率也相应增加，一旦食品卫生状况不佳发生群体性的食品安全事件，势必影响旅客生命安全和高铁声誉，造成恶劣的社会影响，所以高铁列车食品安全状况显得尤为重要。

1. 食品经营要求

① 列车餐饮服务由与铁路局签订餐饮服务合同的专业餐饮公司承担。为列车提供餐饮服务的企业必须通过 ISO 9000 或 HACCP 质量认证。列车上销售的食品、饮品应当为全国名优产品并应当有 QS 标志。

② 食品生产经营单位应当自觉遵守国家食品安全法律、法规和食品安全标准规范，建立食品安全责任制度，落实食品安全第一责任人，设置专（兼）职食品安全管理员，建立食品安全自检制度，采用先进技术设备，保证食品质量安全。

③ 食品经营者、专供动车组的食品配餐生产者，应按《铁路餐饮服务和食品流通许可管理办法》，向辖区铁路食品安全监督管理办公室申办食品餐饮流通许可证。

④ 经营过程中，发现食品感官性状异常、包装破损不洁、包装标签不符合要求或不清楚，应立即停止经营该食品。

⑤ 对国家、地方或铁路食品安全监督机构公布的不符合食品安全标准要求或存在食品安全隐患的食品，动车组食品经营单位应立即停止该食品经营。

⑥ 动车组食品经营单位应当制定食品安全事故应急处置方案。

2. 食品安全要求

① 实行烹调加工的配送食品，冷藏温度持续不高于10℃，供餐前应经充分加热，加热后食品中心温度应持续不低于60℃；无适当存放条件的，存放时间不得超过2小时。

② 预包装食品应标明生产厂名、厂址、生产时间、保质期和食用方法，符合国家卫生标准。

③ 一次性餐饮具必须符合《塑料一次性餐饮具通用技术要求》（GB 18006.1—2009）标准，达到绿色环保要求；餐饮具必须洗净消毒。

④ 为旅客提供餐饮服务的动车组应配备必要的食品储存、加热、冷藏或热藏、水池、餐饮具消毒保洁等设施设备，并做到安全无害、清洁卫生。餐饮具、食品应定位存放，避免

生熟混放混用。

3. 食品包装要求

① 餐饮外包装必须标明餐饮成分、食用方法、保质期、生产日期、质量安全图示等。

② 包装材料必须选择可重复使用、可回收利用或可降解的材料，确保印制或粘贴的标识标签无毒，且不直接接触食品。

③ CRH 商标的使用要严格按照《商标使用许可协议》施行，CRH 商标应印制在产品外包装的显著位置。未经许可，餐饮服务运营商不得标注自有商标标识。

4. 食品配送要求

① 配送过程应坚持全程冷链原则。准冷链配送时，必须严格控制时间，确保食品安全。

② 配送的食品包装应完好，交接流程规范。配送的物品、车辆应清洁卫生。配送人员应服装统一，整洁卫生。

③ 食品要及时送至站台，确保开车前 5 分钟所有餐食上车完毕。

5. 食品销售要求

① 列车上销售的食品和商品必须由餐饮公司统一采购。餐饮公司销售人员应将上车食品、商品的出库单交列车长以备检查。列车销售的食品和商品应当明码标价、一货一签，并有 CRH 标记。

② 移动售货在列车始发 5 分钟后方可开始，终到前 10 分钟停止。不得叫卖、兜售，不允许使用对讲系统，不得干扰旅客，服务过程中主动避让旅客。售货小推车应印有商标，具有良好的防撞、刹车性能，不得影响旅客通行。

③ 列车长对餐车上货单上的所有食品进行全面检查、监控，杜绝"三无"食品，通过检查配餐外包装是否完好无破损、生产日期打印清楚且不超过有效期来严防配餐变质。冷热链盒饭超过有效期必须销毁，冷链盒饭加热后 2h、热链盒饭生产出 4h 必须销毁。

④ 加热后未售出的食品严格实行定时报废制度。在列车上，报废的食品在处理前应醒目地标明"报废"字样存放。高铁动车组列车客运乘务人员必须对配餐公司列车食品安全和经营服务工作进行全面监管，发现问题立即制止，并做好信息反馈工作。

⑤ 动车组列车供应的食品、饮品应当品种丰富、价格合理。餐饮公司应当经常征求旅客对饮食服务的意见，并根据旅客的意见调整供应饮食的品质、品种，提高服务质量。

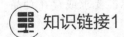知识链接1

应急餐食供应

始发站晚点 1h 以上的逢用餐时间，在车站候车的旅客由车站免费为其供餐；途中晚点 30min 以上的逢用餐时间，由途经局客调安排车站向列车提供食品，列车免费为旅客供餐。列车途经沿途较大车站应备有一定数量的矿泉水、饼干、糕点等应急食品，一般可在应急情况下满足 2 列车大编组列车的需求。在应急情况下，如果列车停在区间内，可启用动车组列车上的商品，先供应给老、幼、病、残、孕等重点旅客，列车长应与餐车做好签认，费用经铁路局确认后一般纳入客运段成本。

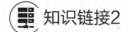 知识链接2

CRH

CRH 是 China Railway Highspeed 的英文缩写,即列车领域"中国高速铁路"的品牌标志,指中国铁路高速列车,是 2007 年中国铁道部对拥有自主知识产权的中国动车组列车 CRH 动车组建立的品牌名称和划定的时速等级,超越单动力的快速列车系列,划定为中国高速列车。

中国高速铁路有两层含义:《高速铁路设计规范》(TB 10621—2014)中的中国高速铁路是指中华人民共和国几次铁路大提速新建设计开行 250 公里/时(含预留)及以上动车组列车且初期运营速度不小于 200 公里/时的客运专线铁路;《中长期铁路网规划(2016 年)》中的中国高速铁路是指中华人民共和国境内所有设计速度达到 200 公里/时及以上的新线铁路和部分经改造达标后的既有线铁路。

至 2019 年底,中国高速铁路营业总里程达到 3.5 万千米,居世界第一。截至 2020 年年底,全国铁路营业里程 14.6 万公里,高速铁路运营里程达 3.79 万公里,稳居世界第一。截至 2021 年 12 月 30 日,中国高铁运营里程突破 4 万公里。截至 2022 年 6 月 20 日,中国已有近 3200 公里高铁常态化按时速 350 公里高标运营。

思考与练习

一、选择题

1. 新版《铁路安全管理条例》对在动车组列车上吸烟或者在其他列车的禁烟区域吸烟的危害铁路安全的行为做了明确规定。对违反规定的,由公安机关责令改正,对个人处( )的罚款。
   A. 1000 元以上 2000 元以下　　　　B. 500 元以上 1000 元以下
   C. 500 元以上 2000 元以下　　　　D. 1000 元以上 3000 元以下

2. 消防安全小组应认真贯彻执行上级有关消防工作的规定和要求,( )召开一次消防安全小组会议,总结安排消防工作。
   A. 每天　　　　B. 每周　　　　C. 每月　　　　D. 每年

3. 旅客列车火灾预防措施中,在运行中列车长、乘警、车辆乘务人员每( )小时应进行一次防火巡查,并在发电车、邮政车、行李车的巡查记录上签字。
   A. 1　　　　B. 2　　　　C. 3　　　　D. 12

4. 移动售货在列车始发 5 分钟后方可开始,终到前( )分钟停止。
   A. 5　　　　B. 10　　　　C. 15　　　　D. 30

5. 列车长对餐车上货单上的所有食品进行全面检查、监控,冷热链盒饭超过有效期必须销毁,冷链盒饭加热后( )h、热链盒饭生产出( )h 必须销毁。
   A. 2,2　　　　　　　　　　B. 4,4
   C. 2,4　　　　　　　　　　D. 4,2

6. 班组乘务人员提前（　　）分钟到达站台接车。
   A. 10　　　　　　B. 20　　　　　　C. 30　　　　　　D. 60
7. 列车乘务员对重点旅客应当做到"三知三有"，其中"三知"具体是指（　　）。
   A. 知需求　　　　B. 知座席　　　　C. 知到站　　　　D. 知困难

二、填空题

1. 重点旅客是指____、____、____、____、____旅客。
2. 高铁动车组列车终到后，由_____、_____、_____对全列进行检查，确认设备状态正常，无遗留火种和闲杂人员。
3. 旅客列车消防工作贯彻"_____，_____"的方针。
4. 按照移动的方式来划分，干粉灭火器主要有_____、_____以及_____三种。
5. 列车乘务员对重点旅客应当做到"三知三有"，其中"三有"具体是指_____、_____、_____。
6. 列车长在巡视车厢时，重点对_____、_____、_____进行检查。

三、判断题

1. 对重点旅客应当做到"三知三有"，具体是指知座席、知到站、知困难，有登记、有服务、有交接。（　　）
2. 铁路班组人员在公寓休息期间可以使用电器设备，在房间内吸烟。（　　）
3. 双班作业的班组，在车体停留期间乘务人员禁止吸烟。（　　）
4. ABC干粉灭火器可以用来扑灭轻金属材料火灾。（　　）
5. 加热后未售出的食品严格实行定时报废制度。在列车上，报废的食品在处理前应醒目地标明"报废"字样存放。（　　）
6. 对查获或旅客交出的易燃易爆危险品应由乘警做好登记，交前方停车站处理。对烟花爆竹、火药等须用水浸湿；对判明不了性质的物品，可以在车上进行试验。（　　）
7. 高铁、动车全列禁烟，不包括电子烟。（　　）

四、简答题

1. 简述铁路班组人员出、退乘安全管理的相关规定。
2. 简述消防安全中"三懂三会"的具体内容。
3. 简述列车长岗位防火职责。
4. 简述乘务安全管理的相关规定。
5. 简述儿童乘车"六不准"的具体内容。
6. 简述高铁、动车食品安全要求。

第三章

车站安全管理

内容导读：

车站作为铁路运输中旅客集散和乘降的重要区域，客流量大，人员成分复杂，一旦发生安全事件，必然会影响车站的正常运营秩序，甚至会影响全线的运营，同时也会给旅客的安全出行带来不同程度的影响。

本章主要介绍了车站安全管理的相关知识，具体包括铁路安全检查管理、乘降安全管理、消防安全管理。

素质目标：

① 培养学生良好的职业道德和创新精神。
② 使学生具备较强的安全意识和沟通协作能力。

知识目标：

① 掌握旅客携带品规定的具体内容，熟悉铁路旅客禁止、限制携带和托运物品目录。
② 掌握违禁品处置的基本规定。
③ 掌握平过道安全管理、车门乘降安全、始发站乘降安全、中途站乘降安全、旅客高站台乘降安全的具体内容。
④ 掌握铁路车站应当履行的消防安全职责。
⑤ 掌握铁路车站火灾预防的基本规定。
⑥ 掌握铁路车站火灾扑救与事故调查的处理规定。

能力目标：

① 能够根据相关规定对旅客进行安全检查，会正确处置违禁品。
② 具备将铁路车站乘降安全管理的理论知识应用于实践的能力。
③ 会正确使用消防器材进行火灾扑救。

第一节　铁路安全检查管理

 案例导入

> **旅客强行进站被制止**
>
> 2019年10月20日晚上，在武昌火车站的西进站口2号安检机处，一位单眼失明的旅客走近安检员时，空气中弥漫着刺鼻的死鱼气味，旅客随身携带的泡沫箱子引起了安检员的注意，当即要求旅客开箱检查。打开箱后，发现箱内装满了黑压压的虫种，引来工作人员和其他旅客的围观。车站安检人员告知旅客该件物品不允许携带进站上车。旅客顿时非常生气，强行要求进站，随后被移交站警。
>
> 思考：案例中安检人员的处理方法是否正确？

一、旅客携带品规定

每名旅客免费携带品的重量和体积是：儿童（含免费儿童）10kg，外交人员35kg，其他旅客20kg。每件物品外部尺寸长、宽、高之和不超过160cm。杆状物品不超过200cm，乘坐动车组列车不超过130cm，重量不超过20kg。残疾人代步所用的折叠式轮椅不计入上述范围。

根据国家铁路局、公安部最新公布的《铁路旅客禁止、限制携带和托运物品目录》（自2022年7月1日起施行），公益性"慢火车"可以允许旅客随身携带少量家禽家畜和日用工具农具。铁路运输企业与旅客另有约定的，按照其约定。军人、武警、公安民警、民兵、射击运动员等人员依法可以携带、托运枪支弹药或者管制器具的，按照国家有关规定办理。

在特定区域、特定时间，中央和国家有关部门根据需要依法决定提升铁路旅客禁止、限制携带和托运物品查控标准的，从其规定。铁路旅客进站乘车禁止和限制携带物品如下：

1. 禁止托运和随身携带的物品

(1) 枪支、子弹类（含主要零部件）

① 军用枪、公务用枪：手枪、冲锋枪、步枪、机枪、防暴枪等以及各类配用子弹。

② 民用枪：气枪、猎枪、运动枪、麻醉注射枪等以及各类配用子弹。

③ 道具枪、发令枪、钢珠枪、催泪枪、电击枪等以及各类配用子弹。

④ 上述物品的样品、仿制品。

(2) 爆炸物品类

① 弹药：炸弹、照明弹、燃烧弹、烟幕弹、信号弹、催泪弹、毒气弹、手雷、地雷、手榴弹等。

② 爆破器材：炸药、雷管、导火索、导爆索、震源弹、爆破剂等。

③ 烟火制品：礼花弹、烟花（含冷光烟花）、鞭炮、摔炮、拉炮、砸炮等各类烟花爆竹，发令纸、黑火药、烟火药、引火线，以及"钢丝棉烟花"等具有烟花效果的制品等。

④ 上述物品的仿制品。

(3) 管制器具

① 管制刀具：根据《管制刀具分类与安全要求》（GA 1334—2016），认定为管制刀具的专用刀具（匕首、刺刀、佩刀、三棱刮刀、猎刀、加长弹簧折叠刀等）、特殊厨用刀具（加长砍骨刀、加长西瓜刀、加长分刀、剔骨刀、屠宰刀、多用刀等）、开刃的武术与工艺礼品刀具（武术刀、剑等），以及其他管制刀具（超过GA/T 1335《日用刀具分类与安全要求》规定的尺寸规格限制要求的各种刀具）。

② 其他器具：警棍、军用或者警用匕首、催泪器、电击器、防卫器、弩、弩箭等。

(4) 易燃易爆物品

① 压缩气体和液化气体：氢气、甲烷、乙烷、环氧乙烷、二甲醚、丁烷、天然气、乙烯、氯乙烯、丙烯、乙炔（溶于介质的）、一氧化碳、液化石油气、氟利昂、氧气（供病人吸氧的袋装医用氧气除外）、水煤气等。

② 易燃液体：汽油（包括甲醇汽油、乙醇汽油）、煤油、柴油、苯、酒精、酒精体积百

分含量大于 70% 或者标志不清晰的酒类饮品、1,2-环氧丙烷、二硫化碳、甲醇、丙酮、乙醚、油漆、稀料、松香油等。

③ 易燃固体：红磷、闪光粉、固体酒精、赛璐珞、发泡剂 H、偶氮二异庚腈等。

④ 自燃物品：黄磷、白磷、硝化纤维（含胶片）、油纸及其制品等。

⑤ 遇湿易燃物品：金属钾、钠、锂、碳化钙（电石）、镁铝粉等。

⑥ 氧化剂和有机过氧化物：高锰酸钾、氯酸钾、过氧化钠、过氧化钾、过氧化铅、过醋酸、双氧水、氯酸钠、硝酸铵等。

（5）毒害品

氰化物、砒霜、硒粉、苯酚、氯、氨、异氰酸甲酯、硫酸二甲酯等高毒化学品以及灭鼠药、杀虫剂、除草剂等剧毒农药。

（6）腐蚀性物品

硫酸、盐酸、硝酸、氢氧化钠、氢氧化钾、有液蓄电池（含氢氧化钾固体、注有酸液或碱液的）、汞（水银）等。

（7）放射性物品

指含有放射性核素，并且其活度和比活度均高于国家规定豁免值的物品，详见《放射性物品分类和名录（试行）》。

（8）感染性物质

包括可感染人类的高致病性病原微生物菌（毒）种和感染性样本，详见《人间传染的病原微生物名录》中危害程度分类为第一类、第二类的病原微生物。

（9）其他危害列车运行安全的物品

① 可能干扰列车信号的强磁化物。

② 硫化氢及有强烈刺激性气味或者有恶臭等异味的物品。

③ 容易引起旅客恐慌情绪的物品。

④ 不能判明性质但可能具有危险性的物品。

（10）法律、行政法规、规章规定的其他禁止携带、运输的物品。

2. 禁止随身携带但可以托运的物品

① 锐器：菜刀、水果刀、剪刀、美工刀、雕刻刀、裁纸刀等日用刀具（刀刃长度超过 60 毫米）；手术刀、刨刀、铣刀等专业刀具；刀、矛、戟等器械。

② 钝器：棍棒、球棒、桌球杆、曲棍球杆等。

③ 工具农具：钻机、凿、锥、锯、斧头、焊枪、射钉枪、锤、冰镐、耙、铁锹、镢头、锄头、农用叉、镰刀、铡刀等。

④ 其他：反曲弓、复合弓等非机械弓箭类器材，消防灭火枪、飞镖、弹弓，不超过 50 毫升的防身喷剂等。

⑤ 持有检疫证明、装于专门容器内的小型活动物，铁路运输企业应当向旅客说明运输过程中通风、温度条件。但持工作证明的导盲犬和作为食品且经封闭箱体包装的鱼、虾、蟹、贝、软体类水产动物可以随身携带。

3. 限制随身携带的物品

① 包装密封完好、标志清晰且酒精体积百分含量大于或者等于 24%、小于或者等于 70% 的酒类饮品累计不超过 3000 毫升。

② 香水、花露水、喷雾、凝胶等含易燃成分的非自喷压力容器日用品，单体容器容积不超过 100 毫升，每种限带 1 件。

③ 指甲油、去光剂累计不超过 50 毫升。

④ 冷烫精、染发剂、摩丝、发胶、杀虫剂、空气清新剂等自喷压力容器，单体容器容积不超过 150 毫升，每种限带 1 件，累计不超过 600 毫升。

⑤ 安全火柴不超过 2 小盒，普通打火机不超过 2 个。

⑥ 标志清晰的充电宝、锂电池，单块额定能量不超过 100Wh，含有锂电池的电动轮椅除外。

⑦ 法律、行政法规、规章规定的其他限制携带、运输的物品。

二、安全检查

旅客应当接受并配合铁路运输企业在车站、列车实施的安全检查，不得违法携带或夹带违禁物品。铁路运输托运人托运行李、包裹时不得匿报、缓报货物品名、性质。旅客或托运人无正当理由拒绝检查时，车站安检人员可以拒绝其进站或托运，在列车上由列车工作人员通知乘警依法进行检查。因拒绝检查而影响运输的，由旅客或托运人负责。对被怀疑为危险物品，但受客观条件限制又无法认定性质的，旅客或托运人又不能提供该物品性质和可以经旅客列车运输的检测证明时，铁路可以不予运输。

铁路安检人员须提前 20 分钟到达执勤现场，按规范开展安检工作，了解"三品"的品名、性能、特征及危害性，知道发现"三品"的处理处置方法。发现不配合检查者，安检人员须立即上报组长，组长与其沟通无果的情况下，应上报安检当班负责人及现场公安人员，请求指示。经检查发现受检人携带疑似违禁物品的，安检人员立即请对方配合，进行复查，对于查出的违禁物品，安检人员须按规定妥善处理。

> **课堂阅读**

铁路乘车安检新规

2022 年 7 月 1 日，国家铁路局、公安部正式实施《铁路旅客禁止、限制携带和托运物品目录》，公告就危险违禁品范围作出部分调整，并对各类物品进站上车要求作出明确规定和细致补充，全方位加大对危险品、违禁品和限携带物品的查处力度，更加有利于保护列车运输和旅客人身安全。

新规定出台，限制随身携带的物品有了变化。充电宝和锂电池要在标志清晰的前提下，单块额定容量不超过 100W·h，大致相当于 27027 毫安；酒精浓度 24% 到 70% 之间的酒类饮品可以累计携带 3000 毫升，若大于 70% 则属于易燃易爆品，禁止托运和随身携带；香水、花露水等非自喷压力容器单体容积不超过 100 毫升，发胶、染发剂等自喷压力容器单体容积不超过 150 毫升且累计不超过 600 毫升，两者均限带 1 件。

广大旅客乘坐火车出行前提前对照新版《铁路旅客禁止、限制携带和托运物品目录》仔细清点携带的行李物品，自觉接受和配合安全检查，以防造成不必要的财物损失，避免因此耽误行程。如因个人疏忽导致携带的物品不能进站上车，可以让随行亲友帮助取回或者邮寄。

三、违禁品处置

违禁品一般分为限带违禁品和禁带违禁品。限带违禁品指不带有明显危险性的物品，如常见的气球、高度白酒、小刀、喷雾、小宠物、家禽，以及超长、超宽、超重物品。禁带违禁品指危险性物品，如汽油、硫酸、枪支弹药和管制刀具等。对于限带违禁品应劝携带人先行处理或自愿放弃后再进站乘车；对于禁带违禁品应上报警务室和车站值班室，请求协助处理（遇危险性物品须进行人物分离）。具体处置时遵循以下规定：

① 在车站发现超过旅客限量携带规定的少量有危险性质的生活用品，可以由旅客选择交由送站亲友带回或放弃该物品。

② 在车站发现属于严禁携带和托运的危险品、违禁物品时，应将物品及旅客或托运人交公共安全专家部门处理。

③ 列车检查发现的鞭炮、拉炮、摔炮、发令纸类的危险品应立即水浸销毁。

④ 发现危险品或国家禁止、限制运输的物品，妨碍公共卫生的物品，损坏或污染车辆的物品，按该件全部质量加倍补收乘车站至下车站四类包裹运费。危险物品交前方停车站处理，必要时移交公共安全部门处理。对有必要就地销毁的危险品应就地销毁，使其丧失危害力并且不承担任何赔偿责任。没收危险品时，应向被没收人出具书面证明。

⑤ 对携带、托运危险品情节严重，构成犯罪的，应依照《铁路法》和《刑法》的有关规定追究刑事责任。

⑥ 旅客进站上车后主动全部交出其携带的危险品的，对携带人可以从轻或免除处罚。

⑦ 对没收危险品或执行治安处罚的，检查人员均应向当事人告知诉权。当事人表示申请复议或提起诉讼时，不影响没收或处罚决定的执行。

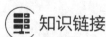
知识链接

中铁快运禁运品须知

中铁快运股份有限公司简称中铁快运，是中国铁路总公司直属控股企业。在中国大陆地区设有18个区域分公司、13个省市分公司（中心营业部）、7个控股子公司，在全国1564个县级以上城市设有3200多个营业机构，"门到门"服务网络覆盖所有市、县。

中铁快运依托遍布全国的高铁列车（动车组）、旅客列车行李车、铁路特快班列、快速班列、公路干支线、综合运用铁路、公路、航空各类运力资源以及经营网络、仓储与配送网络、电子商务平台，为广大客户提供高铁快运、普通快运、货物快运、物流总包、冷链运输、国际物流和行李包裹业务等。根据客户个性化需求，提供接取送达、货物包装、保价保险、签单返回、运费到付、信息追踪等增值服务。

中铁快运在全国开通使用95572客户服务电话和95572短信服务，建立起7×24小时统一客户服务网络和集信息追踪查询、业务办理、电子商务于一体的服务平台。

1. 爆炸品

烟花、鞭炮、摄影用闪光弹、发令纸、摄影用闪光粉、射钉枪子弹、爆炸式铆钉、子弹、炮弹、雷管、手榴弹、炸药、火药。

2. 气体

氢气球、发胶摩丝、气体杀虫剂、空气清新剂、碧丽珠、压缩气体的喷雾罐、打火机、充气罐、灭火器、液化气体、冷气罐、高压气瓶、氧气瓶、液化气罐。

3. 易燃液体

胶黏剂、汽油、柴油、石油制品、皮革光亮剂、皮革光滑剂、纽扣磨光剂、香精、香料、香水、指甲油、洗甲水、印刷油墨、记号笔墨水、氧化锌静电复印油墨、塑料油墨、影印油墨、传真纸黏合剂、打字蜡纸改正液、打字机洗字水、脱漆剂、地板油、油漆、涂料、底漆、填料、松香水、油画调色油、油画上光油、汽车防冻水、乙醇、乙醚、汽车门窗胶、汽缸床垫胶、刹车油、染皮鞋水、环氧树脂、有机硅树脂、酒精饮料、皮肤防护膜、鸡眼水、松节油、松香油、牙托水、癣药水、照相用显影液、照相红碘水、碘酒、镜头水、照相用清除液、涂底液、修像（相）油、贴糊胶、发动机冷起动液、引擎开导剂、电子数码管石墨乳、塑料印油、塑料薄膜油墨、电子束光刻胶、快干助焊剂、擦铜水、淡金水、发光油、鱼鳞光、FT-901堵固剂、聚氨酯化学灌浆料、乳香油、阳离子表面活性洗涤剂、尼龙丝网感光浆、二硫化钼润滑膜、桉叶油、氢化可的松涂膜剂、硫汞白癜风搽药、着色渗透剂、荧光探伤液、半干型防锈油、薄层防锈油、不饱和聚酯树脂、三聚氰胺树脂、无油醇酸树脂、硅钢片树脂。

4. 易燃固体、易于自燃的物质、遇水放出易燃气体的物质

固体酒精、锂电池、胶片、火补胶、铝银粉、蚊香料、木炭粉、安全火柴、冰片、塑料粒、湿棉花、干棉花、油布、油绸及其制品、樟脑、硅粉、易燃金属、生松香、废橡胶、拷纱、油麻丝、硝化棉、保险粉、碳。

5. 氧化性物质和有机过氧化物

双氧水、过醋酸、高锰酸钾、漂白粉、面粉增白剂、皮革鞣制剂、肉制品着色剂、化肥、土荆芥油。

6. 毒性物质和感染性物质

照相显影剂、生漆、大漆、服装干洗剂、消毒剂、一氧化铅、马钱子碱、烟碱、铅汞合金、砒霜、锌汞合金、镀铜、镀锌药水、粮库蒸熏剂、煤焦沥青、农药、除草剂。

7. 放射性物质

夜光粉、发光剂、放射性同位素。

8. 腐蚀性物质

蓄电池、酸铅蓄电池、甲醛溶液、汞、无机液体黏合剂、强酸、强碱、石灰。

9. 杂项危险物质和物品

石棉、蓖麻籽、蓖麻粉、化学品箱、急救箱。

10. 违禁品

非法出版书籍、非法音像制品、管制刀具、枪械、无准运证香烟（3条及以上）、无运输证明麻醉类药品、毒品、猛兽、超过20千克活动物、尸体、骨灰。

第二节 乘降安全管理

 案例导入

> **旅客扒车被制止**
>
> 2021年4月15日,一名旅客持当日武昌—北京西Z202次列车车票,进站检票乘车,该旅客在站台候车时,突然发现自己将iPad遗留在了送行家人的私家车上,遂立即联系家人,并让他们立即将iPad送至出站口。该旅客到出站口拿取iPad后,立即又跑回站台,发现列车已经关闭车门,即将启动。该旅客情急之下欲强行扒车,后被站台客运员发现,及时阻止。
>
> 思考:遇到此种行为异常的旅客扒车,站台工作人员应该怎么处理?

车站要加强旅客的乘降安全管理,防止旅客违章进出站造成人身伤害。在车站内相应位置要设置安全警示标志,如"禁止旅客由此出站""小心挤伤""禁止翻越跳窗""严禁横越股道"等警示标志。

一、平过道安全管理

车站站内跨越正线、到发线的平过道要严格按照相关规定进行管理,防止旅客在站内误入平过道导致的人身伤害。

① 平过道的安全管理主体单位为车站,各使用单位必须与车站签订平过道通行安全协议,并建立通行车辆发证和凭证通行平过道制度。站内其他平过道按照"谁使用、谁管理、谁负责"的原则,由使用单位与车站签订安全协议。

② 列车运行速度超过120千米/时区段及有动车组通行区段设置的平过道(不含行人专用过道及设备管理单位专用平过道),车站必须24小时派人看守,各直属站、车务段应明确平过道看守人员岗位职责,落实看守责任。

③ 平过道栏杆(栅门)以关闭为定位。需要开启栏杆(栅门)前,平过道看守人员须经信号楼(行车室)作业人员准许,得到准许的密码后方可开启栏杆(栅门),并将密码、要点时间计入专门簿册内;信号楼(行车室)作业人员在确认要点时间段内无列车、调车车列通行的情况下方可发出准许的密码。车辆通行结束后,平过道看守人员应立即关闭栏杆(栅门),并及时向信号楼(行车室)作业人员汇报。栏杆(栅门)钥匙或遥控器由车站平过道看守人员负责管理。动车组通过前,平过道看守人员须站立在规定地点,看守平过道。

④ 车辆在通行前,须经平过道看守人员同意,并严格执行"一停、二看、三引导、四通过"制度。

⑤ 平过道看守人员和引导人员应经过安全教育培训考试合格后,持证上岗,上岗时携带口笛,穿戴规定的服装和臂章,坚持立岗瞭望制度,不依赖电话、不依赖报警。

二、车门乘降安全管理

旅客上、下车时，如果客运人员对旅客乘降组织不到位，也可能引发旅客因拥挤而产生挤伤、摔伤、踩踏，甚至跌进轨道进入车底的悲惨事故，所以要重点加强旅客上、下车的组织工作。在始发和途中站组织旅客乘降时，列车长要督促列车工作人员加强安全宣传提示，对重点旅客进行帮扶，防止旅客摔伤，严格控制车门管理。

① 车门管理做到"停开、动关、锁"，出站台四门检查、瞭望、相邻车厢互检车门；进站提前到岗试开车门（塞拉门除外），停稳开门；运行中车门加双锁管理，严禁擅自开启车门。

② 车门口严禁堆放物品，堵塞车门。

③ 临时停车时，列车员站在通过台中部，坚守车门，监控车内，未经列车长统一组织不准开启车门，列车启动后检查四门，防止抓车。

④ 变更到发线时，确认站台方向；进入无站台股道乘降时，应开启靠近站台一侧车门；非正常停车需疏散旅客时，应开启列车运行方向左侧车门；确认临线无列车通过、不危及安全时，方可组织旅客下车。

⑤ 列车停站锁闭卧车端门，乘坐旅客的车厢与机车、发电车、行李车、邮政车等相连接时，内、外端门和尾部车辆后部的内、外端门锁闭。

⑥ 列车尾部车门、内端门无论有无车辆检车员作业，按谁作业谁负责的原则加锁管理，开车后由本节车厢乘务人员检查，列车长在巡视中进行检查。

三、始发站乘降安全管理

① 始发站发车前，列车长与车站值班员和客运乘务人员确认旅客乘降完毕后，听到车站打铃或哨声停止，使用无线对讲机通知司机关闭车门，用语为"动车××次司机，旅客乘降完毕，请关闭车门"。

② 车门组织乘降必须进行安全宣传，先下后上，扶老携幼，防止对流、拥堵，要及时清除车梯、翻板和通过台积冰积雪、杂物，防止旅客滑倒摔伤。

③ 始发站车门关闭后，当特殊情况需要重新开启时，列车长应先确认列车未启动，然后用对讲机通知司机，用语为"动车××次司机，因××原因，请打开车门"。再次关闭车门时，通知司机的程序、用语与第一次相同。

④ 动车组列车重联时，前进方向后组列车长确认本组旅客乘降完毕后，向前组列车长报告；前组列车长在确认本组旅客乘降完毕，并得到后组列车长乘降完毕的报告后，使用对讲机通知司机关闭车门。

四、中途站乘降安全管理

① 列车启动后，乘务人员要立即巡视检查责任车厢车门锁闭情况。列车长在广播后要立即对全列车门进行巡视检查，重点检查非客运人员监控的车厢车门，发现故障要立即通知机械师到场处理。

② 动车组列车在到达中途停车站前10分钟，列车长、乘务人员应提示下车旅客做好下车准备，引导重点旅客到车门处等候下车；到站前2分钟，列车工作人员按分工到岗监控车门，当下车旅客比较集中时，按分流预案组织旅客均衡下车。

③ 动车组列车到达停车站前，列车工作人员需根据停车站的站台方向，按照规定时间和分工检查车门状态；动车组列车到站停稳后，按分工监控车门开启状态。

④ 在中途停车站，列车工作人员（列车长、乘务人员、随车机械师、随车保洁人员）按照动车组列车车门监控分工，到岗监控车门使用开启和锁闭状态。列车长要严格掌握车门状态，对故障车门和隔离车门位置做到心中有数，当确定故障车门不能开启时，要指派乘务人员在故障车门相邻的另一车门出场，重点监控该出场车门的开启和旅客乘降情况，及时向列车长报告，防止该车门发生故障而将旅客拉过站。列车到站停稳后车门未开启时，乘务员采取手动开门，同时向列车长或机械师、司机通报有关情况，做好安全宣传，保证旅客乘降安全。

⑤ 在中途站，乘务人员确认监控车厢旅客乘降完毕后，应用对讲机向列车长报告；列车长在确认全列旅客乘降完毕后，按规定的程序用语通知司机关闭车门。

⑥ 当中途停车站为低站台时，乘务人员在到站前按分工打开翻板锁，在列车停稳后组织旅客安全乘降；在旅客上下完毕，动车启动后，乘务人员要立即巡视检查车梯处是否有杂物和烟头，清理干净后锁闭翻板。

⑦ 在夜间或乘降所组织旅客乘降完毕后，要执行安全喊号制度，防止未乘降完毕而开车，造成旅客伤害。无站台组织旅客乘降时，乘务人员必须下车组织，扶上扶下，避免旅客受伤。

五、旅客高站台乘降安全管理

高站台是指车站内供乘客上、下车的地方，站台高度与火车车厢地板高度基本保持水平的火车站站台，通常高于铁轨面1.25m。高站台方便旅客上、下车，加快了旅客上、下车的速度，减少了火车停站时间。高站台的使用要注意以下几点：

① 当始发站为高站台时，乘务员要按规定悬挂安全警示带。

② 在列车进入高站台车站前，乘务员要提前准备好安全渡板和止卡器，并确认站台方向。

③ 在列车停稳后，乘务员要弯腰安放安全渡板，严禁直接将渡板扔在站台上，并且安全渡板要安放平稳牢固。

④ 如高站台与翻板高度差较大（高差大于10厘米），乘务人员必须用内侧脚踩住安全渡板一角（以脚掌部踩住为宜），防止安全渡板串动而发生意外。高站台与翻板高度差较小时，可以不用脚踩安全渡板。

⑤ 在列车出站台后，乘务员要立即将安全渡板和止卡器放回规定位置。

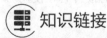知识链接

旅客乘降工作组织

为了更好地完成旅客乘降工作组织，保证旅客乘降安全，应注意以下几点：

① 细化完善旅客乘降组织方案及应急预案。根据实际情况制定验票、放行、停检、引导、乘降、清站等环节的细化卡控措施，做到环环相扣，确保旅客运输安全。

② 加强站台乘降作业。根据旅客组织方案，严格实行人定岗、岗定区、区定责。组织旅客有序乘降，确认乘降完毕后，由客运值班员联系外勤发车，确保站台安全有序。

人定岗：站台分段设人定岗，固定人员立岗地点。

岗定区：按人员岗位分工、划定安全管理责任管辖区域。

区定责：负责区域范围内的接送列车、旅客上下车组织及宣传，重点旅客服务及引导。

③ 加强旅客乘降组织。组织旅客先下后上、按车厢排队等候，及时进行安全宣传和防护；列车未停稳严禁旅客随车跟走；列车停稳后组织旅客有序上下车。乘降作业期间，客运员要坚守岗位，并做到车走人清。

④ 加大关键环节组织力度和人员分工。针对重点车站、重点车次的旅客乘降，要派专人重点进行盯控，加强联系，杜绝旅客漏乘、错降问题的发生。

⑤ 加强岗位联控，客运值班员、广播室、进出站口工作人员必须携带对讲机，遇有紧急情况迅速联系汇报。

第三节 消防安全管理

 案例导入

上街车站开展消防安全相关活动提高消防安全保障能力

2021年9月，为了使职工掌握"四懂四会"的消防知识，提高秋季预防火灾的能力，郑州铁路局上街车站开展了消防知识培训、消防安全专项整治、消防器材使用演练等活动积极提高秋季消防安全保障能力。

首先，车站结合实际情况调整接地气、贴近生活的培训内容，通过播放宣传视频、讲解火灾案例、提示日常防火常识、演示灭火器使用等方式，以喜闻乐见的视觉、听觉、触觉体验式培训提高职工对生活用火、电线老化、电器集中使用等火灾隐患的认识和防范火灾发生的能力。

其次，车站组织消防安全专项整治活动，排查票房、运转室、车站食堂、货场仓库、库房、职工宿舍等区域的消防隐患，检查所有生产生活场所灭火器的使用状态，及时更新替换，确保灭火器材时刻在"随拿随用"的使用状态。

最后，车站开展消防大练兵，职工参加消防演练执行签到制度，收集演练内容优化建议，及时进行调整完善，做到有记录、有反馈、有落实，保证消防器材使用演练全员覆盖，使消防安全应知应会的知识内化于心、外化于行。

思考：铁路车站应当履行哪些消防安全职责？

维护消防安全、保护消防设施、预防火灾、报告火警、扑救火灾是铁路单位及职工的责任和义务。铁路消防工作贯彻"预防为主，防消结合"的方针，按照"国家铁路局统一领导，运输企业全面负责，业务部门依法监管，职工群众积极参与"的原则，实行消防安全责任制。

一、消防安全基本管理规定

铁路车站消防安全基本管理规定内容如下：

① 铁路车站应建立防火安全委员会或防火安全领导小组，定期召开会议，组织、协调本车站的消防工作，研究解决消防安全重大问题。

② 铁路车站各部门应结合业务工作履行消防安全管理和监督职能，做好本车站消防工作。

宣传、培训部门应将消防安全内容纳入宣传、教育、培训工作，做到经常化、制度化、规范化。有针对性地开展消防宣传教育。

③ 铁路车站应当履行下列消防安全职责：

a. 贯彻执行消防法律、法规、规章和有关规定，落实逐级消防安全责任制和岗位防火责任制，建立健全消防规章制度，制定安全操作规程。

b. 保证消防工作与生产经营和基本建设同计划、同布置、同检查、同考核、同奖惩。

c. 按照国家标准、行业标准配备消防设施、器材，设置消防安全标志，并定期组织检验、维修，确保完好有效。

d. 对火灾自动报警、自动灭火等建筑消防设施委托有法定资质的检测机构每年至少进行一次全面检测，确保完好有效，检测记录应当完整准确，存档备查。

e. 保障疏散通道、安全出口、消防车通道畅通，保证防火防烟分区、防火间距符合消防技术标准。

f. 组织防火检查，建立重大火灾隐患督促整改工作制度，组织落实重大火灾隐患整改，及时处理涉及消防安全的重大问题。

g. 制定火灾事故应急预案。

h. 法律、法规规定的其他消防职责。

④ 铁路车站应确定本车站的消防安全管理人。消防安全管理人可由分管领导担任，负责日常消防管理工作。

消防安全管理人对本单位的消防安全责任人负责，实施并组织落实下列消防安全管理工作：

a. 制定年度消防工作计划，组织实施日常消防安全管理工作。

b. 组织制定消防安全管理制度和保障消防安全的操作规程，并检查督促落实。

c. 制订消防资金投入计划和组织实施保障方案。

d. 组织实施消防安全检查和火灾隐患整改工作。

e. 组织实施对消防设施、灭火器材和消防安全标志的维护、保养，确保完好有效，确保疏散通道和安全出口畅通。

f. 组织管理义务消防队。

g. 组织开展职工消防知识、技能的宣传教育和培训，组织火灾事故应急预案的实施和演练。

h. 消防安全责任人委托的其他消防安全管理工作。

消防安全管理人应当定期向消防安全责任人报告消防安全管理情况，及时报告涉及消防安全的重大问题。

铁路运输企业法定代表人或主要负责人是消防安全责任人，对本单位的消防安全工作全面负责。

⑤ 消防安全责任人和消防安全管理人应定期接受消防安全专门培训。

对职工进行经常性的消防安全知识培训教育。

定期对车站专（兼）职消防管理人员和消防设施操作人员，电工、电气焊等特种作业人员，以及车站客货运工作人员、机车司机进行消防安全培训，达到"三懂三会"，即懂得本岗位的火灾危险性、懂得预防火灾的措施、懂得火灾的扑救方法，会报警、会使用灭火器、会扑救初起火灾，经考试合格，持证上岗。

新职工、其他从业人员和改变工种人员应经过消防安全知识教育，考试合格后，方可上岗。

⑥ 执行防火巡查、检查制度。

a. 车站应对执行消防安全制度和落实消防安全管理措施的情况进行巡查和检查，落实防火巡查、检查人员，填写巡查、检查记录。

b. 车站义务消防队负责实施日常防火巡查，及时发现火灾隐患，督促、落实火灾隐患整改措施。巡查人员及其主管人员应在巡查记录上签字，存入车站消防档案。

c. 义务消防队负责每月至少组织一次全面的定期防火检查，节假日放假前后也应当组织一次全面的定期防火检查，以落实火灾隐患整改工作。定期检查前，应确定检查人员、部位、内容。检查后，检查人员、被检查部门的负责人应在检查记录上签字，存入车站消防档案。

d. 日常防火巡查应以候车室、售票室、宿舍、食堂、锅炉房、配电室等消防安全重点部位为重点，包括下列主要内容：

用火、用电有无违章情况，安全出口、疏散通道是否畅通，安全疏散指示标志、应急照明是否完好，消防设施、器材是否保持正常工作状态，消防安全标志是否在位、完整。

e. 定期防火检查应包括下列主要内容：

火灾隐患的整改情况以及防范措施的落实情况，安全疏散通道、疏散指示标志、应急照明和安全出口情况，消防车通道、消防水源状况，灭火器材配置及有效情况，用火、用电有无违章情况，消防安全重点部位的管理情况，易燃易爆危险品和场所防火防爆措施的落实情况以及其他重要物资的防火安全情况。

⑦ 铁路车站是人员密集场所，一旦发生火灾可能造成人员重大伤亡和财产重大损失及严重影响铁路运输，由铁路公安机关消防机构确定为消防重点单位，并由铁路运输企业定期公布。

消防重点单位除应当履行上述第③条规定的职责外，还应当履行下列消防安全职责：

a. 确定消防工作的归口管理职能部门，配备专（兼）职消防管理人员。

b. 建立消防档案，确定消防安全重点部位，设置防火标志，实行严格管理。

c. 实行每日防火巡查制度，建立巡查记录。

d. 定期对职工进行消防安全培训，重要工种岗位职工必须经消防知识培训合格后持证上岗。

⑧ 铁路宾馆、饭店、招待所、公寓、文化宫、俱乐部、歌舞厅、网吧等人员密集场所的耐火等级、防火分隔、安全疏散、防烟排烟、电气设备及消防设施，必须符合国家消防技术标准。严禁使用易燃可燃材料装修，严禁擅自改变建筑结构和用途。

⑨ 各单位应有计划地逐步改善消防基础设施，适应预防和扑救火灾的需要。

对消防设施不符合国家有关消防技术标准的既有车站、编组站及客车存放场所，应制定整改计划，逐步完善。

⑩ 逐步建立铁路消防安全信息管理系统，运用现代化管理手段，实现消防安全重点单位的实时监测和预警监控。

⑪ 站区内和线路两侧的枕木、可燃材料应及时清理，按规定堆放。站区和线路两侧的枯草、可燃垃圾应及时清除。

二、火灾预防

车站消防工作贯彻"预防为主，防消结合"的方针，铁路车站火灾预防主要做到以下几点：

① 担当旅客运输的机车、客车、动车组必须符合《铁路机车车辆检修规程》《铁路客车运用维修规程》和《铁路动车组运用维修规程》等有关质量标准要求。

② 铁路车站应建立防火组织，实行岗位防火责任制，严格火源、电源管理，落实防火措施。

③ 新建、改建旅客车站的平面布置、防火分隔、耐火等级、安全疏散、防烟排烟及消防设施、器材的配备，应严格执行有关消防技术标准。

④ 旅客车站集散厅、售票厅和候车室区域内严禁开设公共娱乐场所，站房其他区域开设公共娱乐场所应设置独立的防火分区。站房内设置的餐饮、售货等营业性场所，应符合消防安全规定。

⑤ 旅客车站的电气设备、线路必须符合国家有关电气安全技术标准，并由持有合格证的专业人员负责安装、维修。严禁违章使用电热器具，严禁超负荷用电，严禁擅自拉接临时电气线路。

⑥ 车站行包房按货物仓库严格消防管理，车站应加强监督检查。站台临时堆放行包应在指定区域，不得堵塞消防通道，不得埋压、圈占、遮挡消防设施。

⑦ 站区内进行机车、空调车加油以及电焊、气割等火灾危险性作业，应划定安全区域、配备灭火器材、实施专人监护。

⑧ 车站应严格落实易燃易爆危险物品查堵措施。车站配置的危险品检查仪，应保持状态良好，运转正常。

⑨ 车站应向旅客宣传铁路站车防火防爆的规定。严禁携带易燃易爆危险物品进站上车，严禁在候车室等禁烟场所吸烟，不得在通道处堆放行李物品，不得擅自动用消防设施、器材。

⑩ 候车室、集散厅、售票厅、旅客通道内应设置应急照明灯和疏散指示标志，疏散通道应保持畅通。

⑪ 铁路运输企业应当落实消防工作责任制，对所属各部门履行消防安全职责的情况进行监督检查。

各部门应当结合铁路运输和季节特点，有针对性地组织消防安全检查和开展消防安全专项整治活动，及时整改火灾隐患。

⑫ 铁路公安机关消防机构对各单位遵守消防法律、法规情况依法进行监督检查。并根据铁路火灾规律、运输生产特点和重大节日、重大活动等消防安全需要，进行重点抽查。

三、火灾扑救和事故调查

列车在车站发生火灾或起火列车进站后,火灾事故应急处置由车站站长组织指挥,立即启动《车站处置旅客列车火灾事故应急预案》。公安消防队到达后,火灾扑救工作由公安消防队统一指挥。

各有关部门接到事故报告后,应立即按照预案响应程序,组织力量、调集救援物资装备赶赴现场,各尽其职,各负其责,保证事故救援高效、快速、有序进行。铁路公安机关要维护好现场秩序,开展火灾事故调查。具体规定如下:

① 应当制定火灾事故应急预案,建立应急响应和处置机制,为灭火救援工作提供保障。定期组织火灾应急处置实战演练,每年不少于2次。

发生火灾的单位应立即向上级主管部门和公安机关报告。上级主管部门和铁路公安机关接到火灾报告后,应启动相应级别的火灾事故应急预案,及时组织有关人员赶赴现场。

发生火灾事故,铁路运输企业和铁路公安机关应立即向主管部门报告。

② 车站应制定接入和扑救起火列车的应急预案,相关内容应列入车站《工作细则》。有关行车人员发现列车发生火灾时应立即向车站报警。车站接到报警后应启动火灾事故应急预案,同时向上级调度报告,并向119报警。

列车在区间发生火灾必须停车时,按照《铁路技术管理规程》中"列车在区间被迫停车规定"办理。

起火列车在区间停车时的扑救工作,在邻近车站站长和公安消防人员赶到前,旅客列车由列车长负责,货物列车由运转车长负责,没有运转车长的由牵引机车司机负责。

车站站长为扑救列车火灾,有权调用站内各单位的人员、车辆、灭火器材和工具。

③ 铁路公安消防队、专职消防队、义务消防队接到火灾报警后,必须立即赶赴火灾现场,救助遇险人员,排除险情,扑灭火灾。

④ 火灾事故原因调查按《中华人民共和国消防法》及公安部《火灾事故调查规定》执行,由铁路公安机关消防机构负责实施。

因火灾事故造成的铁路交通事故按火灾事故调查。

⑤ 凡发生火灾事故,都应本着"四不放过"的原则,查明原因,认定责任,严肃处理。

⑥ 火灾事故统计按《火灾统计管理规定》执行。因铁路交通事故造成的火灾,也列为火灾事故统计,火灾直接财产损失只计算被烧毁部分。

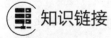
知识链接

列车在区间被迫停车不能继续运行时的规定

列车在区间被迫停车不能继续运行时,司机应立即使用列车无线调度通信设备通知列车调度员(车站值班员)及随车机械师(车辆乘务员),报告停车原因和停车位置,根据需要迅速请求救援。

① 随车机械师(车辆乘务员)、客运乘务组均应听从司机指挥,处理有关行车、列车防护和事故救援等事宜。

②列车调度员（车站值班员）接到司机通知后，应将区间内列车运行情况通知司机，并立即使用列车无线调度通信设备通知区间内后续列车停车，在停车原因消除前不得再向区间内放行列车。

③对已请求救援的列车，不得再行移动，并按规定对列车进行防护。

④列车在区间被迫停车后，应保证就地制动，防止列车溜逸。如遇自动制动机故障，动车组以外的旅客列车司机应通知车辆乘务员立即组织列车乘务人员拧紧全列人力制动机；其他列车司机应立即采取安全措施，并向列车调度员报告。

⑤需要防护时，列车前方由司机负责，列车后方由随车机械师（车辆乘务员）负责，配备列车防护报警装置的列车应首先使用列车防护报警装置进行防护。单班单司机值乘的列车防护作业办法由铁路局规定。

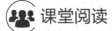 课堂阅读

南京站候车室茶座电线路老化短路造成重大火灾

1. 事故经过

1999年11月12日凌晨1时10分，上海局南京车站候车室茶座5号包房突然起火，火势迅速蔓延，南京市消防部门出动30辆消防车，大火于2时15分被扑灭。车站候车室1841平方米的屋顶坍塌，是一起重大火灾事故。

2. 事故原因

车站候车室茶座5号包房吊顶内电线路老化，绝缘破损短路，引燃周围可燃物所致。

3. 教训与措施

①加强车站消防安全管理，实行每日防火巡查制度，并建立巡查记录，及时发现和消除火灾隐患。

②严格车站用电安全管理，严禁使用电炉，严禁擅自拉接临时电线，杜绝违规使用大功率电器设备的现象。

③车站站房内设置商场、旅馆、饭店、售货摊位和公共娱乐场所应符合消防安全规定，报经铁路公安消防机构批准。

④加强车站候车室等人员聚集场所的防火安全专项整治工作，定期检查电线路和消防器材，加强在站作业工作人员的安全教育和管理。

⑤要进一步完善火灾爆炸应急预案，定期组织消防演练，提高职工扑救火灾事故的能力，将损失控制在最低程度。

思考与练习

一、选择题

1. 每名旅客免费携带品的重量是（　　）。

A. 儿童（含免费儿童）5千克，外交人员30千克，其他旅客10千克
B. 儿童（含免费儿童）10千克，外交人员35千克，其他旅客20千克
C. 儿童（含免费儿童）10千克，外交人员30千克，其他旅客20千克
D. 儿童（含免费儿童）15千克，外交人员35千克，其他旅客30千克

2. 铁路旅客进站乘车限制携带物品中，香水、花露水、喷雾、凝胶等含易燃成分的非自喷压力容器日用品，单体容器容积不超过（　　）毫升，每种限带1件。
A. 20　　　　　B. 50　　　　　C. 100　　　　　D. 200

3. 铁路旅客进站乘车限制携带物品中，标志清晰的充电宝、锂电池，单块额定能量不超过（　　）W·h，含有锂电池的电动轮椅除外。
A. 50　　　　　B. 100　　　　　C. 300　　　　　D. 500

4. 铁路旅客进站乘车限制携带物品中，包装密封完好、标志清晰且酒精体积百分含量大于或者等于24%、小于或者等于70%的酒类饮品累计不超过（　　）毫升。
A. 1000　　　　　　　　　　B. 2000
C. 3000　　　　　　　　　　D. 5000

5. 铁路安检人员须提前（　　）分钟到达执勤现场，按规范开展安检工作。
A. 10　　　　　B. 15　　　　　C. 20　　　　　D. 30

6. 列车运行速度超过（　　）千米/时区段及有动车组通行区段设置的平过道（不含行人专用过道及设备管理单位专用平过道），车站必须24h派人看守，各直属站、车务段应明确平过道看守人员岗位职责，落实看守责任。
A. 100　　　　　B. 120　　　　　C. 250　　　　　D. 300

7. 动车组列车在到达中途停车站前（　　）分钟，列车长、乘务人员应提示下车旅客做好下车准备，引导重点旅客到车门处等候下车；到站前（　　）分钟，列车工作人员按分工到岗监控车门，当下车旅客比较集中时，按分流预案组织旅客均衡下车。
A. 30，10　　　　　　　　　　B. 30，5
C. 10，5　　　　　　　　　　D. 10，2

8. 车站定期组织火灾应急处置实战演练，每年不少于（　　）次。
A. 2　　　　　B. 3　　　　　C. 5　　　　　D. 10

二、填空题

1. 违禁品一般分为_____和_____。

2. 车辆在平过道通行前须经平过道看守人员同意，并严格执行"一_____、二_____、三_____、四_____"制度。

3. 列车尾部车门、内端门无论有无车辆检车员作业，按_____的原则加锁管理，开车后由本节车厢乘务人员检查，列车长在巡视中进行检查。

4. _____是指车站内供乘客上、下车的地方，站台高度与火车车厢地板高度基本保持水平的火车站站台，通常高于铁轨面1.25米。

5. 消防安全培训中的"三懂三会"，即懂得_____、懂得_____、懂得_____，会_____、会_____、会_____，经考试合格，持证上岗。

6. 候车室、集散厅、售票厅、旅客通道内应设置_____和_____，疏散通道应保持畅通。

7. 起火列车在区间停车时的扑救工作，在邻近车站站长和公安消防人员赶到前，旅客列车由＿＿＿＿＿＿＿＿负责，货物列车由＿＿＿＿＿＿负责，没有运转车长的由＿＿＿＿＿＿＿负责。

三、判断题

1. 每名乘坐动车组列车的旅客免费携带品的体积是：每件物品外部尺寸长、宽、高之和不超过 160cm，杆状物品不超过 200cm。（　　）
2. 旅客可以随身携带道具枪乘坐动车组列车时。（　　）
3. 发令纸属于爆炸物品类。（　　）
4. 酒精体积百分含量大于 70％或者标志不清晰的酒类饮品属于禁止随身携带乘坐列车的物品。（　　）
5. 限带违禁品指不带有明显危险性的物品，如常见的气球、高度白酒、小刀、喷雾。（　　）
6. 在车站发现属于严禁携带和托运的危险品、违禁物品时，应将物品及旅客或托运人交公共安全专家部门处理。（　　）
7. 凡发生火灾事故，都应本着"四不放过"的原则，查明原因，认定责任，严肃处理。（　　）
8. 旅客车站集散厅、售票厅区域内严禁开设公共娱乐场所，候车室、站房其他区域开设公共娱乐场所应设置独立的防火分区。（　　）

四、简答题

1. 简述禁止托运和随身携带的物品种类。
2. 限制随身携带物品具体包括哪些？
3. 简述违禁品处置时应遵循的规定。
4. 简述旅客高站台的使用注意事项。
5. 简述始发站乘降安全管理的具体内容。
6. 简述铁路车站应当履行的消防安全职责内容。

第四章

铁路交通事故处理

内容导读：

铁路交通事故具有中断交通时间长、紧急救援难度大、易产生连锁反应、救援环境条件受限、伤亡和经济损失大、影响社会和谐稳定等特点。铁路交通事故的处理是铁路客运安全管理中不可缺少的重要内容，合理、恰当、适时地处理可以防止安全事故的扩大化和二次伤害，及时止损，最大限度地保障生命和财产安全。

本章主要介绍了铁路交通事故的相关知识，具体包括铁路交通事故等级分类、铁路交通事故调查处理、铁路交通事故救援。

素质目标：

① 培养学生爱岗敬业、恪尽职守的精神。
② 培养学生严格遵守规章制度和劳动纪律。

知识目标：

① 掌握铁路交通事故的相关概念。
② 掌握铁路交通事故的等级划分。
③ 掌握铁路交通事故报告和调查。
④ 掌握铁路交通事故责任判定和损失认定的具体内容。
⑤ 掌握铁路交通事故统计的基本要求。
⑥ 掌握事故救援的相关规定。
⑦ 掌握事故救援紧急处置与救援组织的内容。
⑧ 掌握救援列车的请求、派遣和开行。

能力目标：

① 能够根据铁路交通事故案例，准确判断事故等级。
② 能够根据有关资料拟写《铁路交通事故调查报告》。

第一节　铁路交通事故

案例导入

铁路十大安全事故

铁路客运事故往往会造成重大人身伤亡，我国也发生过一些十分惨烈的铁路运输安全事故，如表 4-1 所示。

表 4-1　我国铁路十大安全事故一览表

序号	事故	发生时间	原因与后果
1	京广铁路马田墟火灾事故	1988 年 1 月	① 旅客携带油漆，引发火灾 ② 34 人死亡，30 人受伤

续表

序号	事故	发生时间	原因与后果
2	京广铁路七里营客货列车追尾事故	1993 年 7 月	① 司机违章,玩忽职守 ② 40 人死亡,48 人受伤,中断行车 11 小时 15 分
3	京广铁路列车相撞事故	1997 年 4 月	① 信号工违章作业,致使信号机错误显示 ② 126 人死亡,重伤 45 人,轻伤 185 人
4	长大线列车追尾事故	2005 年 7 月	① 电缆盒被盗,造成信号机非正常显示 ② 6 人死亡,30 人受伤
5	京九铁路列车追尾事故	2006 年 4 月	① 机车乘务员违章作业、电务部门对信号故障处理不及时 ② 2 人死亡,18 人受伤,中断行车 9 小时 58 分
6	南疆线列车脱轨事故	2007 年 2 月	① 暴风突袭 ② 7 人死亡,2 人重伤,47 人轻伤
7	山东胶济铁路事故	2008 年 4 月	① 列车严重超速 ② 72 人死亡,416 人受伤,中断行车 21 小时 22 分
8	京广铁路郴州站列车相撞事故	2009 年 6 月	① 列车制动失效,挤坏另一道岔,造成机车脱轨 ② 死亡 3 人,受伤 63 人,其中重伤 6 人
9	甬温线列车追尾事故	2011 年 7 月	① 列控中心设备存在严重设计缺陷和重大安全隐患 ② 40 人死亡,172 人受伤,中断行车 32 小时 35 分
10	永兴火车侧翻事故	2020 年 3 月	① 司机瞭望距离不足,停车不及撞上滑坡山体 ② 1 人死亡,4 人重伤,123 人轻伤

思考:根据表格给出的信息分别判断上述十大事故的事故等级。

《铁路交通事故应急救援和调查处理条例》(以下简称《条例》)是经 2007 年 6 月 27 日国务院第 182 次常务会议通过,2007 年 7 月 11 日中华人民共和国国务院令第 501 号公布的文件;根据 2012 年 11 月 9 日中华人民共和国国务院令第 628 号公布、自 2013 年 1 月 1 日起施行的《国务院关于修改和废止部分行政法规的决定》修正。该《条例》共 8 章 40 条,自 2007 年 9 月 1 日起施行。《条例》是我国第一部全面规范铁路交通事故调查处理的行政法规,对于规范铁路交通事故调查处理工作,保障铁路运输安全通畅,维护人民生命财产安全,保持铁路运输安全持续稳定发展,具有十分重要的意义。

《铁路交通事故调查处理规则》(以下简称《事规》)于 2007 年 8 月 28 日经原铁道部令第 30 号公布,自 2007 年 9 月 1 日起施行。《事规》是严格按照《铁路交通事故应急救援和调查处理条例》的规定而制定的,体现了防范为主、从严管理的目的;《事规》是调查和处理铁路交通事故的基本依据,对铁路交通事故的调查处理、定性、定责和统计分析具有鲜明的法规性和权威性。

一、铁路交通事故的相关概念

1. 铁路交通事故

铁路交通事故是指铁路机车车辆在运行过程中发生冲突、脱轨、火灾、爆炸等影响铁路正常行车的事故,包括影响铁路正常行车的相关作业过程中发生的事故,或者铁路机车车辆在运行过程中与行人、机动车、非机动车、牲畜及其他障碍物相撞的事故,均为铁路交通事故(以下简称"事故")。

2. 机车车辆

机车车辆包括铁路机车、客车、货车、动车、动车组及各类自轮运转特种设备等。

自轮运转特种设备：是指在铁路营业线上运行的轨道车及铁路施工、维修专用车辆（包括轨道起重机、架桥机、铺轨机、接触网架线车、放线车、检修车、大型养路机械等）。

3. 列车

是指编成的车列并挂有机车及规定的列车标志。单机、自轮运转特种设备，虽未完全具备列车条件，亦应按列车办理。

客运列车：是指旅客列车（含动车组）、按客车办理的回送空客车车底及其他列车。

货运列车：是指客运列车以外的其他列车。

军用列车：除有特殊通知外，均视为货运列车。

列车与其他调车作业的机车车辆等互相冲撞而发生的事故，定列车事故。列车在站内以调车方式进行摘挂或转线而发生的事故，定调车事故。

客运列车或客运列车摘下本务机车后的车列，被货运列车、机车车辆冲撞造成的事故，以及客运列车在中途站进行摘挂（包括摘挂本务机车）或转线作业发生的事故，均定客运列车事故。

区间调车作业、机车车辆溜入区间，发生冲突、脱轨事故时，定列车事故。在封锁区间内调车作业发生事故，定调车事故。

4. 运行过程中

运行过程中是指铁路机车车辆运行的全过程，也包括在其运行中的停车状态。

5. 行人

行人是指在铁路线路上行走、停留的自然人（包括有关铁路作业人员）。

6. 其他障碍物

其他障碍物是指侵入铁路限界及线路，并影响铁路行车的动态及静态物体。

7. 相撞

相撞是指铁路机车车辆在运行过程中与行人、机动车、非机动车、牲畜及其他障碍物相互碰、撞、轧，造成人员伤亡、设备设施损坏。

8. 冲突

冲突是指列车、机车车辆互相间或与轻型车辆、设备设施（如车库、站台、车挡等）发生冲撞，致使机车车辆、轻型车辆、设备设施等破损。

在列车运行中由于人为失职或设备不良等原因，将车辆挤坏或拉坏构成中破及其以上程度，或在调车作业中由于人为失职或设备不良等原因，将车辆挤坏或拉坏构成大破以上程度时，亦按冲突论。

由于机车车辆冲撞造成货物窜动将车辆撞坏、挤坏时，定冲突事故，并根据所造成的后果，确定事故等级。

9. 脱轨

脱轨是指机车车辆的车轮落下轨面（包括脱轨后又自行复轨），或车轮轮缘顶部高于轨面（因作业需要的除外）。

每辆（台）只要脱轨 1 轮，即按 1 辆（台）计算。

10. 列车发生火灾

列车发生火灾是指列车起火造成机车车辆破损影响行车设备设施正常使用，或发生人员伤亡、货物、行包烧毁等。

11. 列车发生爆炸

列车发生爆炸是指机车车辆在运行过程中发生爆炸，造成其设备损坏，墙板、车体变形或出现孔洞，影响正常行车。

12. 正线

正线是指连接车站并贯穿或直股伸入车站的线路。

13. 繁忙干线

繁忙干线是指京哈（不含沈山线）、京沪、京广、京九（含广州至深圳段）、陇海、沪昆（不含株洲至昆明段）线及客运专线。

繁忙干线单线：是指连接繁忙干线的联络线。

14. 其他线路

其他线路是指繁忙干线以外的线路。

新交付使用的线路等级分类，在交付时公布。

在连接不同等级线路的车站发生事故时，按繁忙干线算。

15. 中断铁路行车

中断铁路行车是指不论事故发生在区间或站内，造成铁路单线、双线区间或双线区间之一线不能行车。中断行车的时间，由事故发生时间起（列车火灾或爆炸由停车时间算起）至恢复客货列车原牵引方式连续通行时止。

如列车能在站内其他线通行，又回到原正线上进入区间的，不按中断行车算。

施工封锁区间发生冲突或脱轨的行车中断时间，从事故发生前原计划开通的时间起计算。

16. 耽误列车

耽误列车是指列车在区间内停车；通过列车在站内停车；列车在始发站或停车站晚开、在运行过程中超过图定的时间（局管内）或调度员指定的时间；列车停运、合并、保留。

17. 客运列车中途摘车

客运列车中途摘车是指编挂在客运列车中的车辆发生冲突、脱轨、火灾、爆炸、相撞未达到中破及以上程度，不能运行，必须在途中摘下（不包括始发站和终到站）。

18. 占用区间

占用区间包括以下几种情况：

① 区间内已进入列车。

② 区间已被列车取得占用的许可（包括准许时间内未收回的出站、跟踪调车凭证）。

③ 封锁的区间（属于《铁路技术管理规程》第 265、第 302、第 310 条的情况下除外）。

④ 区间内有停留或溜入的机车车辆、施工作业车辆。列车发出后溜入的亦算。

⑤ 发出进入正线的列车而区间内道岔向岔线开通。

⑥ 邻线已进入禁止在区间交会的列车。

列车前端越过出站信号机或警冲标即算。

办理越出站界调车后，没有取消手续，也没有办理列车闭塞手续，就用该调车手续将列车开出，亦按本项论。

19. 占用线

占用线是指车站内已办理进路的线路或停有机车车辆的线路或已封锁的线路。

列车前端越过进站（进路）信号机或站界标即构成"向占用线接入列车"。按《铁路技术管理规程》第283条规定办理的列车除外。

20. 未准备好进路

进路是指：

① 接入停车列车时，由进站信号机起至接车线末端计算该线有效长度的警冲标或出站信号机止的一段线路。

② 发出列车时，由列车前端起至相对进站信号机或站界标为止的一段线路。

③ 通过列车时，为该列车通过线两端进站信号机或站界标间的一段线路。

未准备好进路是指：

① 进路上的道岔未扳、错扳、临时扳动或错误转动。

② 进路上有轻型车辆（包括拖车）、小车及其他能造成脱轨的障碍物（不包括其他交通车辆）。

③ 邻线的机车车辆越过警冲标。

④ 违反《铁路技术管理规程》第279条禁止办理相对方向同时接车和同方向同时发接列车的规定而办理同时接车或发接列车。

⑤ 超限列车（包括挂有超限货物车辆的列车）、客运列车由于错误办理造成进入非固定股道。

接入停车或通过的列车，列车前端进入进站（进路）信号机或站界标以及发出的列车起动均算。

设有进路信号机的车站，分段接发列车时，按分段算。如果每段都发生，每段各定1件事故；如果一次准备的全通路，为一个进路，定1件事故。

凡由于信号联锁条件错误或有关人员违章作业，致使信号错误升级显示进行信号或强行开放进行信号，造成耽误列车或列车已按错误显示的进行信号运行，虽未造成后果，均定事故。

21. 未办或错办闭塞发出列车

未办或错办闭塞发出列车是指未和邻站、线路所、车场办理闭塞手续，或办理闭塞的区间与列车运行的区间不一致而发出的列车。列车前端越过出站信号机（包括线路所通过信号机）或警冲标即构成。客运列车，错办闭塞的区间虽与列车的运行区间一致，亦按本项论。

没有调度命令，擅自改变或错办列车运行径路，亦按本项论。

未按规定办理手续而越出站界调车时，亦按本项论。

22. 列车冒进信号或越过警冲标

列车冒进信号或越过警冲标是指列车前端任何一部分越过地面固定信号显示的停车信

号；停车列车越过到达线末端计算该线有效长度的警冲标或轧上线路脱轨器（是指用于接发列车起隔开作用的脱轨器）时亦算。双线区间反方向运行，列车冒进站界标，亦按本项论。

在制动距离内，由于误碰、错办或维修设备，致使临时变更信号显示、信号关闭或临时灭灯，造成列车冒进信号时，不论联锁条件是否解锁，亦按本项论。

在制动距离内信号自动关闭或临时灭灯，在进路联锁条件不解锁的情况下，列车冒进信号时，不按本项论。

23. 机车车辆溜入区间或站内

机车车辆溜入区间或站内是指以进站信号机或站界标为界，机车车辆由站内溜入区间或由区间、专用线溜入站内，在区间岔线内停留的机车车辆溜往正线越过警冲标，亦按本项论。

24. 断轴

机车车辆出段、出厂或由固定停放地点开出后，发生断轴即算。列车中的车辆在运行、停留或始发、到达检查时发现断轴即算。

25. 关闭折角塞门发出列车或运行中关闭折角塞门

列车前端越过出站信号机或警冲标即算关闭折角塞门发出列车或运行中关闭折角塞门。采用双管供风的列车因错接风管发出列车，按本项论。

26. 电力机车、动车组带电进入停电区

电力机车、动车组带电进入停电区是指电力机车、动车组未降弓断电进入已经停电的接触网区。

27. 发生冲突、脱轨的机车车辆，未经检查鉴定编入列车运行

未按规定通知检查或未按规定检查，擅自编入列车，按本项论。

28. 自轮运转设备

无须铁路货车装运，能依靠自有轮对在铁路上运行，但须按货物向铁路办理托运手续的机械和设备。包括编入列车的自轮运转特种设备、无火回送机车等。

29. 无调度命令施工、超范围施工、超范围维修作业

包括未按规定在车站登记要点进行施工、维修作业的，施工点前超范围准备的，未按规定施工维修作业内容进行作业的，均按本项论。

30. 漏发、错发、漏传、错传调度命令导致列车超速运行

列车运行监控装置未输或错输限速指令、机车出库后司机未接到线路限速命令，致使车超过规定限速运行，按本项论。

31. 挤道岔

挤道岔是指车轮挤过或挤坏道岔。

32. 错办或未及时办理信号导致列车停车

错办或未及时办理信号导致列车停车指以下几个方面：
① 因办理不及时或忘办、错办信号使列车在站外或站内停车；
② 禁止同时接车的车站或不准同时接入站内的列车，误使两列车均在站外停车；

③ 接发列车人员未及时或错误显示手信号，使列车停车。

33. 错误办理行车凭证发车或耽误列车

错误办理行车凭证发车或耽误列车是指与邻站已办妥闭塞手续，但由于未交、错交、未拿、错拿、漏填、错填行车凭证；自动闭塞、自动站间闭塞、半自动闭塞区间未开放出站（进路）信号机发车或耽误列车。

行车凭证交与司机或运转车长显示发车手信号后（车站直接发车时为发车人员显示手信号后），发现行车凭证错误，亦为错误办理行车凭证发车。

填写的行车凭证，错填、漏填电话记录号码、车次、区间、地点时，按本项论。

自动闭塞、自动站间闭塞、半自动闭塞区间未开放出站（进路）信号机，列车起动停车未越过信号机或警冲标时，视同一般 D 类事故情形。越过关闭的停车信号或警冲标时，视同一般 C 类事故情形。

34. 调车作业碰轧脱轨器、防护信号或未撤防护信号动车

脱轨器是指固定脱轨器及移动脱轨器。

防护信号是指防护施工、装卸及机车车辆检修整备作业的固定信号或移动信号。

机车车辆碰上、轧上脱轨器或防护信号即算。对插有停车信号的车辆，碰上车钩及未撤防护信号动车，按本项论。

35. 施工、检修、清扫设备耽误列车

如因特殊情况需要延长施工时间时，须提前通知车站值班员、列车调度员，经列车调度员承认后（发布调度命令）耽误列车时，不定事故。

施工、检修、清扫设备人员躲避不及时，造成列车停车，按本项论。

36. 滥用紧急制动阀耽误列车

滥用紧急制动阀耽误列车是指违反《铁路技术管理规程》第 271 条第 4 款的规定使用紧急制动阀。

37. 擅自发车、开车、停车、错办通过或在区间乘降所错误通过

擅自发车是指车站发车人员未确认出站信号，运转车长未得到发车人员的发车指示信号，车站发车人员未确认运转车长发车手信号直接发车。

擅自开车是指司机未得到车站发车人员或运转车长的发车信号而开车。

擅自停车是指在正常情况下，不应停车而停车。

错办通过是指应停车的客运列车而错办通过（不包括列车调度员按照列车运行情况临时调整变更通过的列车）。

38. 错误操纵、使用行车设备耽误列车

错误操纵、使用行车设备耽误列车是指作业人员违反操作规程耽误列车或使用方法不当造成机车车辆等行车设备损坏耽误列车。

39. 列车运行中碰撞轻型车辆、小车、施工机械、机具、防护栅栏等设备设施或路料、坍体、落石

刮上、碰上或轧上即算本项。

小车是指人工推行的作业车、检测车、梯车等。

路料是指钢轨、道砟、轨枕、道口铺面板等。

施工机械是指起道机、捣固机、螺栓紧固机、弯轨器、撞轨器、切轨机、轨缝调整器、拨道器等。

机具是指施工、维修作业中使用的动力扳手、撬杠等。

列车运行中碰撞道砟未造成机车车辆损坏或人员伤亡，不按本项论。

40. 应安装列尾装置而未安装发出列车

有规定或调度命令的不按本项论。

41. 行包、邮件装卸作业耽误列车

行包、邮件装卸作业耽误列车是指在装卸作业过程中因组织不当耽误列车，包括超载偏载、侵限或机动车（包括平板车）侵限、掉进股道、抢越平过道耽误列车。

42. 作业人员伤亡

作业人员伤亡是指在铁路行车相关作业过程中发生的，与企业管理、工作环境、劳动条件、生产设备等有关的，违反劳动者意愿的人身伤害，含急性工业中毒导致的伤害。

43. 作业过程

作业过程是指作业人员在本职工作岗位上或领导临时指派的工作岗位上，在工作时间内，从事铁路企业生产经营活动的全过程。作业人员请假离开、返回工作岗位、下班离岗、退勤退乘等，尚未离开其作业场所的，均视为作业过程。

工作时间原则上以现行各种班制、乘务交路规定的工作时间和铁路综合计算工时工作制为依据。若不在规定的工作时间内，但属于因生产经营、工作需要而临时占用的时间，也视为工作时间。

44. 事故伤害损失工作日

事故伤害损失工作日是指作业人员在事故中导致伤残、死亡，造成劳动能力损失的程度，以工作日为度量单位。"事故伤害损失工作日"，与实际歇工天数不同。确定某种伤害的事故伤害损失工作日数的具体数值，应以《事故伤害损失工作日标准》（GB/T 15499—1995）为依据查定。

45. 作业人员重伤

作业人员重伤是指造成作业人员肢体残缺或某些器官受到严重损伤，致使人体长期存在功能障碍或劳动能力有重大损失的伤害。按照《事故伤害损失工作日标准》（GB/T 15499—1995）查定，其伤害部位及受伤害程度对应的事故伤害损失工作日或多处负伤其损失工作日合并计算等于或超过300个工作日的，属于重伤。该标准未作规定的，按实际歇工天数确定，实际歇工天数超过299天的，按299天统计；各伤害部位计算数值超过6000天的，按6000天统计。作业人员死亡，其事故伤害损失工作日按6000个工作日统计。

46. 急性工业中毒事故

急性工业中毒事故是指生产性毒物一次或短期内，通过人的呼吸道、消化道或皮肤大量进入体内，使人体在短时间内发生病变，导致中断工作，须进行急救处理，甚至死亡的事故。中毒程度通常分为轻度、中度和重度中毒。按照有关规定，凡是住院治疗的急性工业中毒，均按重伤报告、统计和处理。

47. 伤亡人数发生变化

伤亡人数发生变化是指轻伤发展成重伤，重伤发展成死亡，以及伤亡人数发生变化等情况。

48. 作业人员

作业人员是指参加铁路行车相关作业的所有从业人员，含已参加铁路企业生产经营活动，与铁路用人单位形成事实劳动关系的人员。

49. 职业禁忌证

职业禁忌证是指某个工作岗位因其特殊性而对从业人员患有的可能造成事故的疾病作出限制的范围。如视力减退对于机车乘务员；恐高症、高血压对于电力工、架子工；高血压、心脏病对于巡道工、调车人员等均属职业禁忌证。

50. 事故责任待定

事故责任待定是指事故原因、责任尚未查清，需待认定的情况。事故件数暂时统计在发生月，若最后认定为非责任事故，则予以变更。

51. 人员失踪

人员失踪是指发生事故后找不到尸体，如在河流湖泊中沉溺、泥石流中掩埋等，与出走不归等情况不同，无需经法院认定。

52. 交叉作业

交叉作业是指分别属于两个或两个以上企业的作业区域相互重叠，从业人员在同一作业场所各自作业，包括铁路作业人员在专用线内取送车等作业。

53. 因正常手术治疗而加重伤害程度

因正常手术治疗而加重伤害程度是指从业人员在事故中受伤后，为避免伤势恶化而必须实施截肢、器官摘除等手术措施，致使伤害程度加重的情况。

二、铁路交通事故等级分类

根据事故造成的人员伤亡、直接经济损失、列车脱轨辆数、中断铁路行车时间等情形，铁路交通事故分为特别重大事故、重大事故、较大事故和一般事故四个等级（注意：文中所称的"以上"包括本数，所称的"以下"不包括本数）。

1. 特别重大事故

有下列情形之一的，为特别重大事故：
① 造成 30 人以上死亡。
② 造成 100 人以上重伤（包括急性工业中毒，下同）。
③ 造成 1 亿元以上直接经济损失。
④ 繁忙干线客运列车脱轨 18 辆以上并中断铁路行车 48 小时以上。
⑤ 繁忙干线货运列车脱轨 60 辆以上并中断铁路行车 48 小时以上。

2. 重大事故

有下列情形之一的，为重大事故：
① 造成 10 人以上 30 人以下死亡。

② 造成 50 人以上 100 人以下重伤。
③ 造成 5000 万元以上 1 亿元以下直接经济损失。
④ 客运列车脱轨 18 辆以上。
⑤ 货运列车脱轨 60 辆以上。
⑥ 客运列车脱轨 2 辆以上 18 辆以下，并中断繁忙干线铁路行车 24 小时以上或者中断其他线路铁路行车 48 小时以上。
⑦ 货运列车脱轨 6 辆以上 60 辆以下，并中断繁忙干线铁路行车 24 小时以上或者中断其他线路铁路行车 48 小时以上。

3. 较大事故

有下列情形之一的，为较大事故：
① 造成 3 人以上 10 人以下死亡。
② 造成 10 人以上 50 人以下重伤。
③ 造成 1000 万元以上 5000 万元以下直接经济损失。
④ 客运列车脱轨 2 辆以上 18 辆以下。
⑤ 货运列车脱轨 6 辆以上 60 辆以下。
⑥ 中断繁忙干线铁路行车 6 小时以上。
⑦ 中断其他线路铁路行车 10 小时以上。

4. 一般事故

造成 3 人以下死亡，或者 10 人以下重伤，或者 1000 万元以下直接经济损失的，为一般事故。

一般事故分为：一般 A 类事故、一般 B 类事故、一般 C 类事故、一般 D 类事故。
① 有下列情形之一，未构成较大以上事故的，为一般 A 类事故：
A1. 造成 2 人死亡。
A2. 造成 5 人以上 10 人以下重伤。
A3. 造成 500 万元以上 1000 万元以下直接经济损失。
A4. 列车及调车作业中发生冲突、脱轨、火灾、爆炸、相撞，造成下列后果之一的：
A4.1 繁忙干线双线之一线或单线行车中断 3 小时以上 6 小时以下，双线行车中断 2 小时以上 6 小时以下。
A4.2 其他线路双线之一线或单线行车中断 6 小时以上 10 小时以下，双线行车中断 3 小时以上 10 小时以下。
A4.3 客运列车耽误本列 4 小时以上。
A4.4 客运列车脱轨 1 辆。
A4.5 客运列车中途摘车 2 辆以上。
A4.6 客车报废 1 辆或大破 2 辆以上。
A4.7 机车大破 1 台以上。
A4.8 动车组中破 1 辆以上。
A4.9 货运列车脱轨 4 辆以上 6 辆以下。
② 有下列情形之一，未构成一般 A 类以上事故的，为一般 B 类事故：

B1. 造成 1 人死亡。

B2. 造成 5 人以下重伤。

B3. 造成 100 万元以上 500 万元以下直接经济损失。

B4. 列车及调车作业中发生冲突、脱轨、火灾、爆炸、相撞，造成下列后果之一的：

B4.1 繁忙干线行车中断 1 小时以上。

B4.2 其他线路行车中断 2 小时以上。

B4.3 客运列车耽误本列 1 小时以上。

B4.4 客运列车中途摘车 1 辆。

B4.5 客车大破 1 辆。

B4.6 机车中破 1 台。

B4.7 货运列车脱轨 2 辆以上 4 辆以下。

③ 有下列情形之一，未构成一般 B 类以上事故的，为一般 C 类事故：

C1. 列车冲突。

C2. 货运列车脱轨。

C3. 列车火灾。

C4. 列车爆炸。

C5. 列车相撞。

C6. 向占用区间发出列车。

C7. 向占用线接入列车。

C8. 未准备好进路接、发列车。

C9. 未办或错办闭塞发出列车。

C10. 列车冒进信号或越过警冲标。

C11. 机车车辆溜入区间或站内。

C12. 列车中机车车辆断轴，车轮崩裂、制动梁、下拉杆、交叉杆等部件脱落。

C13. 列车运行中碰撞轻型车辆、小车、施工机械、机具、防护栅栏等设备设施或路料、坍体、落石。

C14. 接触网接触线断线、倒杆或塌网。

C15. 关闭折角塞门发出列车或运行中关闭折角塞门。

C16. 列车运行中刮坏行车设备设施。

C17. 列车运行中设备设施、装载货物（包括行包、邮件）、装载加固材料（或装置）超限（含按超限货物办理超过电报批准尺寸的）或坠落。

C18. 装载超限货物的车辆按装载普通货物的车辆编入列车。

C19. 电力机车、动车组带电进入停电区。

C20. 错误向停电区段的接触网供电。

C21. 电气化区段攀爬车顶耽误列车。

C22. 客运列车分离。

C23. 发生冲突、脱轨的机车车辆未按规定检查鉴定编入列车。

C24. 无调度命令施工、超范围施工、超范围维修作业。

C25. 漏发、错发、漏传、错传调度命令导致列车超速运行。

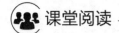 课堂阅读

发布命令不规范，列车冒进信号

1. 事故经过

2004年6月20日，包兰线包头段捣固机在甲站至乙站间区间线路捣固。列车调度员发布捣固机作业的调度命令："准许甲站开57861次进入甲站至乙站间12km230m至12km665m处进行捣固作业，限2时30分到达乙站。"57861次运行至甲站至乙站间12km310m处，因其中一台捣固机故障，而乙站方向为上坡。司机向乙站值班员汇报请求返回甲站，值班员立即将情况汇报了列车调度员，调度员同意了司机的请求，而未通知甲站值班员，致使57861次冒进甲站显示红灯进站信号机后进入站内Ⅱ道停车。

2. 事故定性

《铁路交通事故调查处理规则》（简称《事规》）第十四条列车冒进信号或越过警冲标，构成一般C类事故。

3. 违反规章

《铁路运输调度规则》（简称《调规》）第56条：列车调度员应熟悉主要行车人员和机车、车辆、线路、通信信号、桥隧、牵引供电等设备情况，掌握天气变化对行车工作影响的规律，组织行车有关人员协调动作，保证列车按列车运行图正点运行。《调规》第58条：调度指挥，必须坚持安全生产。各级调度人员应做到：熟悉有关站段及列车的技术设备、作业过程、各项技术作业标准及各站接发列车的有关规定，正确地指挥列车运行。第60条：调度命令发布前，应详细了解现场情况，听取有关人员的意见，书写命令内容、受令处所必须正确、完整、清晰。第61条：铁路局列车调度员发布行车调度命令，要一事一令，不得发布无关内容。

《铁路技术管理规程》（简称《技规》）第181条：指挥列车运行的命令和口头指示，只能由列车调度员发布。列车调度员在发布命令之前，应详细了解现场情况，并听取有关人员意见。

4. 存在问题

① 简化了作业程序以口头指示代替调度命令，调度命令的发布未做到一事一令。
② 列车调度员得知捣固机需返回甲站时，未按规定发布返回甲站的调度命令。
③ "安全第一，预防为主"的思想不牢固。

5. 吸取教训

① 树立安全第一的思想，规范作业标准，不得以口头指示代替调度命令。
② 列车调度员下达调度命令时，对涉及的受令处所应同时发给，不得遗漏。
③ 轨道车在区间停车或返回时，列车调度员必须按规定发布调度命令。
④ 列车调度员下达调度命令用语要规范，要做到一事一令，避免现场作业人员误解。

6. 思考问题

① 调度人员怎样提高自身对突发事件的处理水平？

② 下达调度命令有哪些规定?
③ 有下列情形之一,未构成一般 C 类以上事故的,为一般 D 类事故:

D1. 调车冲突。

D2. 调车脱轨。

D3. 挤道岔。

D4. 调车相撞。

D5. 错办或未及时办理信号致使列车停车。

D6. 错办行车凭证发车或耽误列车。

D7. 调车作业碰轧脱轨器、防护信号,或未撤防护信号动车。

D8. 货运列车分离。

D9. 施工、检修、清扫设备耽误列车。

D10. 作业人员违反劳动纪律、作业纪律耽误列车。

D11. 滥用紧急制动阀耽误列车。

D12. 擅自发车、开车、停车、错办通过或在区间乘降所错误通过。

D13. 列车拉铁鞋开车。

D14. 漏发、错发、漏传、错传调度命令耽误列车。

D15. 错误操纵、使用行车设备耽误列车。

D16. 使用轻型车辆、小车及施工机械耽误列车。

D17. 应安装列尾装置而未安装发出列车。

D18. 行包、邮件装卸作业耽误列车。

D19. 电力机车、动车组错误进入无接触网线路。

D20. 列车上工作人员往外抛掷物体造成人员伤害或设备损坏。

D21. 行车设备故障耽误本列客运列车 1 小时以上,或耽误本列货运列车 2 小时以上;固定设备故障延时影响正常行车 2 小时以上(仅指正线)。

铁路总公司可对影响行车安全的其他情形,列入一般事故。

因事故死亡、重伤人数 7 日内发生变化,导致事故等级变化的,相应改变事故等级。

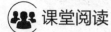 课堂阅读

违章指挥,造成旅客列车追尾事故

2005 年 7 月 31 日 19 时 45 分,K127 次旅客列车运行至沈阳局哈大线新城子-新台子间,越过关闭的 4333 号通过信号机,于 19 时 49 分与前行的 33129 次货物列车追尾冲突脱轨,K127 次机车和机次 1 至 3 位颠覆,4、5 位脱轨,其中 1、2 位脱轨车辆侵入上行线,中断上行线行车 9 小时 57 分,中断下行线行车 16 小时 59 分。造成旅客死亡 5 人,重伤 3 人,轻伤 42 人,机车大破 1 台,客车报废 2 辆、大破 1 辆、中破 2 辆,货车报废 1 辆、中破 6 辆。

思考:根据上述信息判断事故等级?

第二节 铁路交通事故调查处理

案例导入

违章通过平交道口造成人身伤残

2004年11月17日,邢某在石太铁路上行线12公里处从南侧向北侧穿越时,被正以每小时28公里速度由西向东运行至此的D31044次重载列车撞伤。邢某被撞伤倒在道心,位于石太铁路12公里120米处。列车司机在发现机车前50米处有人抢过铁路线路时,立即采取了鸣笛、减速措施,并在事故发生后,立即向石家庄西站二场值班员做了报告,但却没有停车。经鉴定,邢某左前臂截肢属6级伤残,肋骨骨折属10级伤残,左髋关节脱位、髋臼骨折属10级伤残。法院经审理认为,邢某是成年人,对横穿铁路的危险性及可能发生的严重后果应当有足够的认知能力。邢某横穿铁路违反了《中华人民共和国铁路法》第五十一条"禁止在铁路线路上行走、坐卧"的规定。对于横穿铁路可能遭受严重伤害的后果,邢某采取放任的态度,其自身具有过错,应当承担责任。虽然被告司机在事故发生时采取了鸣笛、减速等措施,但并没有停车,显属处理不当,存在着一定过错,被告应当对损害后果承担民事责任。井陉车务段是北京铁路局的下属单位,不具备法人资格,应由北京铁路局对原告的损失承担50%的民事赔偿责任。

思考:铁路交通事故定责的具体内容有哪些?

国家铁路、合资铁路、地方铁路以及专用铁路、铁路专用线等发生事故的调查处理,可以依照《铁路交通事故应急救援和调查处理条例》与《铁路交通事故调查处理规则》进行。事故调查处理应坚持以事实为依据,以法律、法规、规章为准绳,认真调查分析,查明原因,认定损失,定性定责,追究责任,总结教训,提出整改措施。事故处理的主要工作包括:事故报告、事故调查、事故责任判定和损失认定、事故统计分析、后续处理等。

国家铁路局、地区铁路监督管理局要加强铁路运输安全监督管理,建立健全铁路交通事故调查处理工作制度,发生事故后应当按照法定的权限和程序,及时组织、参与、协调本辖区内事故的调查处理。

国务院其他有关部门和有关地方人民政府应当按照各自的职责和分工,组织、参与事故的应急救援和调查处理工作。铁路运输企业和其他有关单位、个人应当遵守铁路运输安全管理的各项规定,防止和避免事故的发生。事故发生后,铁路运输企业和其他有关单位应当及时、准确地报告事故情况,积极开展应急救援工作,减少人员伤亡和财产损失,尽快恢复铁路正常行车。任何单位和个人不得干扰、阻碍事故应急救援、铁路线路开通、列车运行和事故调查处理。

一、铁路交通事故报告和调查

1. 铁路交通事故报告

事故发生后,事故现场的铁路运输企业工作人员或者其他人员应当立即向邻近铁路车站、列车调度员、公安机关或者相关单位负责人报告。有关单位和人员接到报告后，应立即将事故情况向企业负责人和事故发生地铁路监督管理局安全监察值班人员报告，事故发生地铁路监督管理局安全监察值班人员按规定向事故发生地铁路监督管理局负责人报告。

铁路运输企业列车调度员要认真填写《铁路交通事故概况表》，分别向事故发生地铁路监督管理局安全监察值班人员、中国铁路总公司列车调度员报告。

事故发生地铁路监督管理局安全监察值班人员接到《铁路交通事故概况表》或现场事故报告后，要立即填写《铁路交通事故基本情况表》，并向国家铁路局安全监察司值班人员报告。报告后要进一步了解事故情况，及时补报。

涉及其他铁路监督管理局辖区的事故，发生地铁路监督管理局安全监察值班人员应及时将《铁路交通事故基本情况表》传送至相关铁路监督管理局的安全监察部门。

发生特别重大事故、重大事故，由中国铁路总公司负责向国务院办公厅报告，并通报国家安全生产监督管理局、国家铁路局等有关部门。

发生特别重大事故、重大事故、较大事故或者有人员伤亡的一般事故，地区铁路监督管理局应向事故发生地县级以上地方人民政府及其安全生产监督管理部门通报。

事故报告的主要内容如下：

① 事故发生的时间、地点、区间（线名、公里、米）、线路条件、事故相关单位和人员。
② 发生事故的列车种类、车次、机车型号、部位、牵引辆数、吨数、计长及运行速度。
③ 旅客人数、伤亡人数、性别、年龄以及救助情况，是否涉及境外人员伤亡。
④ 货物品名、装载情况、易燃、易爆等危险货物情况。
⑤ 机车车辆脱轨辆数、线路设备损坏程度等情况。
⑥ 对铁路行车的影响情况。
⑦ 事故原因的初步判断，事故发生后采取的措施及事故控制情况。
⑧ 应当立即报告的其他情况。

事故报告后，人员伤亡、脱轨辆数、设备损坏等情况发生变化时，应及时补报。

事故现场通话按"117"立接制应急通话级别办理。（铁路电话"117"人工台为应急通信电话，实施"立接制"服务。）

2. 铁路交通事故调查

（1）事故调查组的权限

特别重大事故按《条例》规定由国务院或国务院授权的部门组织事故调查组进行调查。重大事故由铁路安全监管部门组织事故调查组进行调查。调查组组长由铁路安全监管部门负责人或指定人员担任，安全监察司、运输局、公安局等部门和铁路安全监管部门派出机构、地区安全监管部门和相关铁路局安全监管部门（单位）派员参加。

较大事故和一般事故由事故发生地铁路安全监管部门组织事故调查组进行调查。调查组组长由安全监管部门负责人或指定人员担任，安全监管部门、有关业务处室、公安机关等部门派员参加。

根据事故的具体情况，事故调查组还可由工会、监察机关有关人员以及有关地方人民政府、公安机关、安全生产监督管理部门等单位派人组成，并应当邀请人民检察院派人参加。事故调查组认为必要时，可以聘请有关专家参与事故调查。

发生一般B类以上、重大以下事故（不含相撞的事故），涉及其他安全监管办辖区时，事故发生地安全监管部门应当在事故发生后 12 小时内发出电报通知相关安全监管部门。相关安全监管部门接到电报后，应当立即派员参加事故调查组。

自事故发生之日起 7 日内，因事故伤亡人数变化导致事故等级发生变化，依照《条例》规定由上级机关调查的，原事故调查组应当及时报告上级机关。

(2) 事故调查组的职责

事故调查组的基本职责包括以下几个方面：

① 查明事故发生的经过、原因、人员伤亡情况及直接经济损失。
② 认定事故的性质和事故责任。
③ 提出对事故责任者的处理建议。
④ 总结事故教训，提出防范和整改措施建议。
⑤ 提交事故调查报告。

事故调查组在事故发生后应当及时通知相关单位和人员；一般 B 类以上、重大以下的事故（不含相撞的事故）发生后，应当在 12 小时内通知相关单位，接受调查。

事故调查组到达现场前，组织事故调查组的机关可指定临时调查组组长，组成临时调查组，勘查现场，掌握人员伤亡、机车车辆脱轨、设备损坏等情况，保存痕迹和物证，查找事故线索及原因，做好调查记录，及时向事故调查组报告。

事故调查组到达后，发生事故的有关单位必须主动汇报事故现场真实情况，并为事故调查提供便利条件。事故发生单位的负责人和有关人员在事故调查期间应当随时接受事故调查组的询问，如实提供有关资料和物证。

事故调查组有权向有关单位和个人了解与事故有关的情况，并要求其提供相关文件、资料，有关单位和个人不得拒绝。

(3) 事故调查专业小组调查取证

事故调查组根据需要，可组建若干专业小组，进行调查取证。具体内容如下：

① 搜集事故现场物证、痕迹，测量并按专业绘制事故现场示意图，标注现场设备、设施、遗留物的名称、尺寸、位置、特征等。

需要搬动伤亡者、移动现场物体的，应做出标记，妥善保存现场的重要痕迹、物证；暂时无法移动的，应予守护，并设明显标志。

② 询问事故当事人及相关人员，收取口述、笔述、笔录、证照、档案，并复制、拍照。不能书写书面材料的，由事故调查组指定人员代笔记录并经本人签认。无见证人或者当事人、相关人员拒绝签字的，应当记录在案。

③ 对事故现场全貌、方位、有关建筑物、相关设备设施、配件、机动车、遗留物、致害物、痕迹、尸体、伤害部位等进行拍照、摄像。及时转储、收存安全监控、监测、录音、录像等设备的记录。

④ 收取伤亡人员伤害程度诊断报告、病理分析、病程救治记录、死亡证明、既往病历和健康档案资料等。

⑤ 对有涂改、灭失可能或以后难以取得的相关证据进行登记封存。

⑥ 查阅有关规章制度、技术文件、操作规程、调度命令、作业记录、台账、会议记录、安全教育培训记录、上岗证书、资质证书、承（发）包合同、营业执照、安全技术交底资料等，必要时将原件或复印件附在调查记录内。

⑦ 对有关设备、设施、配件、机动车、器具、起因物、致害物、痕迹、现场遗留物等

进行技术分析、检测和试验，组织笔迹鉴定，必要时组织法医进行尸表检验或尸体解剖，并写出专题报告。

⑧ 脱轨事故发生后，在全面调查的基础上，必要时应对事故地点前后一定长度范围内的线路设备进行检查测量，并调阅近期内该段线路质量检测情况；对事故地点前方（列车运行相反方向）一定长度的线路范围内，有无机车车辆配件脱落、刮碰行车设备的痕迹等进行检查，对脱轨列车中有关的机车车辆进行检查测量，并调阅脱轨机车车辆近期内运行情况监测记录。

事故调查中需要对相关的铁路设备、设施进行技术鉴定或者对财产损失状况以及中断铁路行车造成的直接经济损失进行评估的，事故调查组应当委托具有国家规定资质的机构进行技术鉴定或者评估。技术鉴定或者评估所需时间不计入事故调查期限。

各专业小组应按调查组组长的要求，及时提交专业小组调查报告。调查组组长应组织审议专业小组调查报告，并研究形成《铁路交通事故调查报告》，由调查组所有成员签认。调查组成员意见不一致时，应在事故报告中分别进行表述，报组织调查的机关审议、裁定。事故调查中发现涉嫌犯罪的，事故调查组应当及时将有关证据、材料移交司法机关。

（4）事故调查报告内容

《铁路交通事故调查报告》应包括下列内容：

① 事故概况。
② 事故造成的人员伤亡和直接经济损失。
③ 事故发生的原因和事故性质。
④ 事故责任的认定以及对事故责任者的处理建议。
⑤ 事故防范和整改措施建议。
⑥ 与事故有关的证明材料。

（5）事故调查期限

事故调查组应在下列期限内向组织事故调查组的机关提交《铁路交通事故调查报告》：

① 特别重大事故的调查期限为 60 日。
② 重大事故的调查期限为 30 日。
③ 较大事故的调查期限为 20 日。
④ 一般事故的调查期限为 10 日。

事故调查期限自事故发生之日起计算。

事故调查组形成《铁路交通事故调查报告》，报组织事故调查的机关同意后，事故调查组的工作即告结束。铁路安全监管部门应在事故调查组工作结束后 15 日之内，根据事故报告，制作《铁路交通事故认定书》，经批准后，送达相关单位。

一般 B 类以上、重大以下事故（相撞事故为较大事故）的档案材料，应报铁路安全监管部门备案（3 份）。

事故调查组成员在事故调查工作中应诚信公正、恪尽职守，遵守事故调查组的纪律，保守事故调查的秘密。未经事故调查组组长允许，调查组成员不得擅自发布有关事故的调查信息。

调查事故应配备必要的调查设备和装备，保证调查工作顺利进行。调查设备和装备包括通信设备、摄影摄像设备、录音设备、绘图制图设备、便携电脑以及其他必要的装备。

（6）事故认定书的制作

《铁路交通事故认定书》是事故赔偿、事故处理以及事故责任追究的依据。《铁路交通事

故认定书》应按照铁路监管部门规定的统一格式制作,内容包括:
① 事故发生的原因和事故性质。
② 事故造成的人员伤亡和直接经济损失。
③ 事故责任的认定。
④ 对有关责任单位及人员的处理决定或建议。

事故责任单位接到《铁路交通事故认定书》后,于 7 日内,填写《铁路交通事故处理报告表》(如表 4-2 所示),按规定报送《铁路交通事故认定书》制作机关,并存档。

表 4-2 铁路交通事故处理报告表

铁路交通事故处理报告表　　　　（保管 3 年）

报告单位:(公章)　　　　　　　　　　上报时间:　　年　　月　　日

《铁路交通事故认定书》编号							
事故类别				责任程度			
发生时间地点							
事故概况							
原因							
防止措施							
承担的经济损失费用							
主要责任者 关系责任者	职务	姓名	年龄	文化	路龄	现职龄	处分情况

注:原因分析和防范措施及责任者可另附页。

二、铁路交通事故责任判定和损失认定

1. 事故责任判定

铁路交通事故分为责任事故和非责任事故。事故责任分为全部责任、主要责任、重要责任、次要责任和同等责任五种类型。事故定责具体内容如下:

① 铁路运输企业或相关单位发布的文电,违反法律法规、铁路规章或相关技术标准、作业标准等,直接导致事故发生的,定发文电单位责任。

② 因设备管理不善造成的事故,定设备管理单位责任。

③ 因产品质量不良造成事故,属设计、制造、采购、检修等单位责任的,定相关单位责任;应采用经行政许可或强制认证的产品而采用其他产品的,追究采用单位责任;采购不合格或不达标产品的,追究采购单位责任。

④ 自然灾害原因导致的事故,因防范措施不到位,定责任事故。确属不可抗力原因导致的事故,定非责任事故。

⑤ 营业线施工中发生责任事故,属工程建设、设计、监理、施工等原因造成的,定上述相关单位责任;同时追究设备管理单位责任。

⑥ 已经竣工验收的设备，因质量问题发生责任事故，确属工程建设、设计、施工、监理等单位责任的，定上述相关单位责任；属设备管理不善的，定设备管理单位责任。

⑦ 涉嫌人为破坏造成的事故，在公安机关确认前，定发生单位责任事故；经公安机关确认属人为破坏原因造成的，定发生单位非责任事故。

⑧ 机车车辆断轴造成事故，由于探测、监测工作人员违章违纪或设备不良、管理不善等原因造成漏报、误报或预报后未及时拦停列车的，定相关单位责任。由于货物超载、偏载造成车辆断轴事故，定装车站或作业站责任。

⑨ 因列车折角塞门关闭造成事故，无法判明责任的定发生地铁路运输企业责任事故。

⑩ 错误办理行车凭证发车或耽误列车事故的责任划分：司机起动列车，定车务、机务单位责任；司机发现未动车，定车务单位责任；通过列车司机未及时发现，定车务、机务单位责任；司机发现及时停车，定车务单位责任。

⑪ 应停车的客运列车错办通过，定车站责任；在区间乘降所错误通过，定机务单位责任。

⑫ 因断钩导致列车分离事故，断口为新痕时定机务单位责任（司机未违反操作规程的除外），断口旧痕时定机车车辆配属或定检单位责任；机车车辆车钩出现超标的砂眼、夹渣或气孔等铸造缺陷定制造单位责任。

未断钩造成的列车分离事故根据具体情况进行分析定责。

⑬ 因货物装载加固不良造成事故，定货物承运单位责任；属托运人自装货物的，定托运人责任，货物承运单位监督检查失职的，追究货物承运单位同等责任。因调车作业超速连挂和"禁溜车"溜放等造成货物装载加固状态破坏而引发的事故，定违章作业站责任；因押运人员在运输途中随意搬动货物和降低货物装载加固质量而引发的事故，定押运人员所在单位责任，货物承运单位管理失职的，追究同等责任；货检人员未认真履行职责的，追究货检人员所在单位同等责任。因卸车质量不良造成事故，定卸车单位责任，同时追究负责检查的单位责任。

⑭ 自轮运转设备编入列车因质量不良发生事故时，定设备配属单位责任；过轨检查失职的，定检查单位责任；违规挂运的，定编入或同意放行的单位责任。

⑮ 因临时租（借）用其他单位的设备设施、人员，发生事故，定使用单位责任。

产权单位委托其他单位维修设备设施，因维修质量不良造成事故，定维修单位责任；产权单位管理不善的，追究其同等责任。

⑯ 凡经中国铁路总公司批准或铁路运输企业批准并报中国铁路总公司核备后的技术革新项目、科研项目在运营线上试验时，在限定的试验期限内确因试验项目本身原因发生事故，不定责任事故；但由于违反操作规程以及其他人为因素造成的事故，定责任事故。

⑰ 事故发生后，因发生单位未如实提供情况，导致不能查明事故原因和判定责任的，定发生单位责任。

⑱ 事故涉及两个以上单位管理的相关设备，设备质量均未超过临修或技术限度时，按事故因果关系进行推断，确定责任单位。

⑲ 事故调查组未及时通知有关单位接受事故调查，不得定有关单位责任。有关单位接到通知后，应派员而未派员接受事故调查的，事故调查组可以直接定责。

⑳ 铁路作业人员在从事与行车相关的作业过程中，不论作业人员是否在其本职岗位，由于违反操作规程、作业纪律，或铁路运输生产设备设施、劳动条件、作业环境不良，或安

全管理不善等造成伤亡，定责任事故。具体情形按以下规定办理。

　　a. 乘务人员及其他作业人员在企业内候班室、外地公寓、客车宿营车等处候班、间休期间，因违章违纪、设备设施不良等造成伤亡，定有关单位责任。

　　b. 作业人员在疏导道口、引导或帮助旅客上下车、维持站车秩序过程中被列车撞轧而伤亡的，定作业人员所在单位责任。

　　c. 事故发生过程中，作业人员在避险或进行事故抢险时因违章作业再次发生伤亡，应按同一件事故定责；事故过程已终止，在事故救援、抢修、复旧及处理中又发生事故导致伤亡的，按另一件事故定责。

　　d. 铁路运输企业所属临管铁路发生的责任伤亡事故，定该企业责任事故。

　　e. 作业人员在工作或间歇时间擅自动用铁路运输设备设施、工具等导致伤亡的，定该作业人员所在单位责任事故，同时追究设备设施配属（或管理）单位的责任。

　　f. 作业人员因患有职业禁忌证而导致行为失控，造成伤亡的，定该作业人员所在单位责任。

　　g. 两个及以上铁路运输企业在交叉作业中发生伤亡，定主要责任单位事故；若各方责任均等，定伤亡人员所在单位责任，同时追究其他相关单位责任。若各方责任均等且均有人员伤亡，分别定责任事故。

　　㉑ 作业人员发生伤亡，经二级以上医院、急救中心诊断或经法医检验、解剖，证明系因脑出血、心肌梗死、猝死等突发性疾病所致，并按事故处理权限得到事故调查组确认的，不定责任事故。医院等级不够的，须经法医进行尸表检验或尸体解剖鉴定。法医尸检或解剖鉴定报告结论不确定的，定责任事故。

　　㉒ 作业人员伤亡事故原因不清，或公安机关已立案但尚无明确结论的，定责任事故。暂时不能确定事故性质、责任的，按待定办理。若跨年度仍不能确定或处理时间超过法定期限的，定伤亡人员所在单位责任。在年度统计截止前，该事故已查清并作出与原处理决定相反结论的，可向原处理部门申请更正。

　　㉓ 铁路机车车辆与行人、机动车、非机动车、牲畜及其他障碍物相撞造成事故，按以下规定判定责任：

　　a. 事故当事人违章通过平交道口或者人行过道，或者在铁路线路上行走、坐卧造成人身伤亡，定事故当事人责任。

　　b. 事故当事人逃逸或者有证据证明当事人故意破坏、伪造现场、毁坏证据，定事故当事人责任。

　　c. 事故当事人违反国家法律法规，有明显过失的，按过错的严重程度，分别承担责任。

　　㉔ 铁路安全监管部门及其人员未能依法履行职责，发生下列情形之一的，应当追究其行政责任。涉嫌犯罪的，移送司法机关处理。

　　a. 违反国家公布的技术标准或铁道部颁布的规章、技术管理规程和作业标准，擅自公布部门技术标准，导致事故发生的，追究相关部门及其人员的责任。

　　b. 在实施行政许可、强制认证、技术审查或鉴定，以及产品设备验收等监督管理职责的过程中，违反法定权限、法定程序和有关规定，或对相关产品设备等监督检查不力，造成不合格、不达标产品设备等投入运用，导致事故发生的，追究相关部门及其人员的责任。

2. 事故损失认定

　　事故相关单位要如实统计、申报事故直接经济损失，制作明细表，经事故调查组确认后，在《铁路交通事故认定书》中认定。

铁路交通事故损失认定细则如下：

① 有作业人员伤亡的，直接经济损失统计范围、计算方法等按《企业职工伤亡事故经济损失统计标准》（GB 6721—1986）执行。

② 负有事故全部责任的，承担事故直接经济损失费用的100%；负有主要责任的，承担损失费用的50%以上；负有重要责任的，承担损失费用的30%以上、50%以下；负有次要责任的，承担损失费用的30%以下。

③ 有同等责任、涉及多家责任单位承担损失费用时，由事故调查组根据责任程度依次确定损失承担比例。

④ 负同等责任的单位，承担相同比例的损失费用。

下列费用列入事故直接经济损失：

① 铁路机车车辆、线路、桥隧、通信、信号、供电、信息、安全、给水等设备设施的损失费用。报废设备按报废设备账面净值计算，或按照市场重置价计算；破损设备设施按修复费用计算。

② 铁路运输企业承运的行包、货物的损失费用。

③ 事故中死亡和受伤人员的处理、处置、医治等费用（不含人身保险赔偿费用）。

④ 被撞机动车、非机动车、牲畜等财产物资，造成的报废或修复费用。

⑤ 行车中断的损失费用。

⑥ 事故应急处置和救援费用。

⑦ 其他与事故直接有关的费用。

三、铁路交通事故统计、分析

铁路交通事故统计的具体要求如下：

① 铁路安全监管部门、铁路运输企业及基层单位应按照规定建立事故统计分析制度，健全统计分析资料，并按规定及时报送。

② 各级安全监察部门负责事故统计分析报告的日常工作，并负责监督指导有关部门（单位）做好事故统计分析报告工作。

③ 事故的统计报告应当坚持及时、准确、真实、完整的原则。

④ 事故的统计应按照事故类别、等级、性质、原因、部门、责任等项目分别进行统计。

⑤ 每日事故的统计时间，由上一日18时至当日18时止。但填报事故发生时间时，应以实际时间为准，即以零点改变日期。

⑥ 责任事故件数统计在负全部责任、主要责任的单位，非责任事故和待定责事故件数统计在发生单位，相撞事故统计在发生单位。

⑦ 负同等责任或追究同等责任的，在总数中不重复统计件数。

⑧ 一起事故同时符合两个以上事故等级的，以最高事故等级进行统计。

⑨ 发生人员伤亡的事故应按以下规定统计：

a. 人员在事故中失踪，至事故结案时仍未找到的，按死亡统计。

b. 事故受伤人员因正常手术治疗而加重伤害程度的，按手术后的伤害程度统计。

c. 事故受伤人员经救治无效，在7日内死亡，按死亡统计；经医疗事故鉴定委员会确认为医疗事故的，或7日后死亡的，按原伤害程度统计。

d. 事故受伤人员在 7 日内由轻伤发展成重伤的，按重伤统计。

e. 未经医疗事故鉴定委员会确认为医疗事故的伤亡，按责任事故统计。

f. 相撞事故发生后，经调查确认为自杀、他杀的，不在伤亡人数中统计。

铁路各级安全监察部门应建立《铁路交通事故登记簿》《铁路交通事故统计簿》《铁路运输企业安全天数登记簿》《铁路作业人员伤亡登记簿》和《铁路交通事故分析会记录簿》；铁路运输企业专业部门、各基层站段应分别填记《铁路交通事故登记簿》，并建立《铁路交通事故分析会记录簿》。以上台账长期保存。

四、法律责任

铁路运输企业及其职工违反法律、行政法规的规定，造成事故的，由铁路安全监管部门依法追究行政责任。构成犯罪的，依法追究刑事责任。

① 铁路运输企业及其职工迟报、漏报、瞒报、谎报事故的，对单位，由铁路安全监管部门处 10 万元以上 50 万元以下的罚款；对个人，处 4000 元以上 2 万元以下的罚款；属于国家工作人员的，依法给予处分；构成犯罪的，依法追究刑事责任。

② 地区铁路安全监管部门迟报、漏报、瞒报、谎报事故的，由国家铁路安全监管部门对直接负责的主管人员和其他直接责任人员依法给予处分；构成犯罪的，依法追究刑事责任。

③ 干扰、阻碍事故调查处理的，对单位，由铁路安全监管部门处 4 万元以上 20 万元以下的罚款；对个人，处 2000 元以上 1 万元以下的罚款；情节严重的，对单位，处 20 万元以上 100 万元以下的罚款；对个人，处 1 万元以上 5 万元以下的罚款；属于国家工作人员的，依法给予处分；构成违反治安管理行为的，由公安机关依法给予治安管理处罚；构成犯罪的，依法追究刑事责任。

④ 在事故调查中，调查人员索贿受贿、借机打击报复或不负责任，致使调查工作有重大疏漏的，由组成事故调查组的机关给予处分，构成犯罪的，依法追究刑事责任。

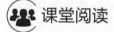
课堂阅读

铁路运输人身损害责任纠纷

1. 案情概况

原告孙某于 2019 年 12 月 20 日通过互联网购买了 2019 年 12 月 22 日 14 时 36 分从天津站始发的 K567 次列车（天津-齐齐哈尔）7 车 6 号上铺软卧，票价为 504.5 元。2019 年 12 月 22 日原告在天津站上车，列车在塘沽站经停后启动时，原告坠下列车，被列车车辆碾压，后该次列车正常驶离。塘沽站的站台工作人员在列车启动时发现该次列车八车厢车门异常后用电台进行了汇报，在发现原告受伤后拦停后续进站列车，并通过 120 救护车将原告送至天津市第五中心医院进行治疗，并分别于 2019 年 12 月 27 日、2019 年 12 月 28 日、2020 年 1 月 2 日、2020 年 1 月 7 日各预交垫付医药费 20000 元，共计 80000 元。2019 年 12 月 22 日至 2020 年 2 月 18 日期间原告共计支出医药费用 849428.98 元。事故发生后，塘沽站派出所民警接警并至现场处理，由北京铁路局天津公安处铁路交通事故卷宗记载处理情况。2020 年 1 月 15 日，北京铁路安全监督管理办公室出具编号为 03B2019011 的《铁路交通事故认定书》，事故原因记载为："根据公安部门事故现场勘验材料分析，孙某与其丈夫持有当日

K567 次天津站至齐齐哈尔站 7 号车厢软卧车票，当列车在塘沽站停车办理客运作业再次启动时，强行由 7 车一位端门跳下，被车辆撞轧，致其重伤。"该次列车归中国铁路哈尔滨局集团有限公司所有，当时由齐齐哈尔客运段负责值乘。

2. 责任分析

根据法律规定，使用高速轨道运输工具造成他人损害的，经营者应当承担侵权责任，但被侵权人对损害的发生有过失的，可以减轻经营者的责任。K567 次列车归中国铁路哈尔滨局集团有限公司所有，由齐齐哈尔客运段负责值乘，使用过程中造成他人损害的，应当由其承担侵权责任。中铁北京局对事故发生地塘沽站站台负有安全管理义务，事发站台边缘设有警示标线、站台安置有隔离栅栏等警示标识，站台工作人员在列车启动时发现该次列车八车厢车门异常后用电台进行了汇报；在发现原告受伤后拦停后续进站列车，进行积极救助，并先行垫付部分医疗费用，在事故发生过程中已尽到相应的安全警示、防护义务，故不应承担事故责任。在本案中原告在列车已启动但车门尚未完全关闭的情况下，拽开列车员下车的行为具有极大危险性，原告应当预测到其行为可能存在的危险，但其未尽到应有的安全注意义务，具有重大过错，是事故发生的主要原因。列车员在组织乘客正常乘降时并未违反相关操作规程，本次事故的发生属于突发事件，不属于原告主张的《普速旅客列车车门管理规定》中第十条的相关情形，同时该事故发生时列车员试图救助原告未果后，阻止其他旅客在列车运行的情况下迈向站台以防止出现其他伤害，已尽到了相应的防护义务，综合考虑到本案情况及案件事实，法院认为齐齐哈尔客运段对本案事故以承担 10% 责任为宜。

对原告请求的损失作如下认定：

① 医药费共计 849428.98 元，符合法律规定；

② 残疾赔偿金，按照相关规定应为 $46119 \times 20 \times 74\% = 682561.2$ 元，符合法律规定；

③ 护理费，原告本案中主张十年符合法律规定。定残前应为 $60912 \text{ 元} \div 365 \text{ 天} \times 310 \text{ 天} = 51733.48$ 元；定残后依据鉴定结论为大部分护理依赖，$60912 \text{ 元} \div 365 \text{ 天} \times (365-310) \text{ 天} + 60912 \text{ 元} \times 9$ 年的 80%，即 445909.22 元，符合法律规定；

④ 营养费按照鉴定结论计算为 50 元/天 $\times$ 90 天 = 4500 元，住院伙食补助费按照鉴定结论计算为 100 元/天 $\times$ 58 天 = 5800 元，符合法律规定；

⑤ 误工费，被告认可至定残前一日，符合法律相关规定，194.47 元/天 $\times$ 310 天 = 60285.7 元；

⑥ 交通费原告未提供相应票据，本院结合原告住院就诊情况酌定 500 元。

上述各项费用，齐齐哈尔客运段应当在确定的责任比例，即原告前款损失的 10% 范围内（即 210071.86 元）进行赔偿。另外，因侵权致人精神损害，原告作为受害人一方依法请求判令被告赔偿精神损害抚慰金 37500 元，予以支持。

综上，对原告孙某主张的医药费、残疾赔偿金、护理费、住院伙食补助费、营养费、误工费、交通费共 210071.86 元的部分及精神损害抚慰金 37500 元的诉讼请求予以支持，超出部分不予支持。

3. 判决结果

① 被告中国铁路哈尔滨局集团有限公司齐齐哈尔客运段于本判决生效后十日内给付原告孙某医药费、残疾赔偿金、护理费、住院伙食补助费、营养费、误工费及交通费，共计 210071.86 元；

② 被告中国铁路哈尔滨局集团有限公司齐齐哈尔客运段于本判决生效后十日内给付原告孙某精神损害抚慰金37500元；

③ 驳回原告的其他诉讼请求。

如果未按本判决指定的期间履行给付金钱义务，应当按照《中华人民共和国民事诉讼法》第二百五十三条之规定，加倍支付迟延履行期间的债务利息。

案件受理费24951元，由原告孙某负担22230元，由被告中国铁路哈尔滨局集团有限公司齐齐哈尔客运段负担2721元。鉴定费5100元，由被告中国铁路哈尔滨局集团有限公司齐齐哈尔客运段负担。

第三节　铁路交通事故救援

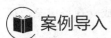 案例导入

列车脱轨侧翻事故救援

2020年3月30日11时40分，受连日降雨影响，湖南省郴州市永兴县境内京广线马田墟至栖凤渡站下行K1855+778处发生塌方，T179次（济南-广州）旅客列车行驶至该处时撞上滑方体脱轨。机后第一节车厢空调发电车起火，第二至六节车厢脱线倾覆。事故发生后，交通运输部、国家铁路局、应急管理部、国铁集团等组成联合工作组赶赴现场，指导开展应急处置工作。当地迅速组织消防救援队伍147名指战员、28辆消防车和铁路救援力量到场处置。救援人员成立2个灭火攻坚组、4个破拆救人组，迅速出枪灭火，及时疏散抢救人员，对每节车厢进行三轮搜救。经过全力奋战，搜救和疏散128名人员，妥善转运525名旅客，明火于3月30日13时50分被扑灭，铁路于3月31日9时48分恢复运行。

铁路部门接报后迅速启动应急响应机制，第一时间调集联动部门赶往现场处置。针对现场火势发展和人员被困情况，及时组织开展救人、破拆和灭火行动，全力营救被困人员，有效扑灭火灾。各救援力量按照救人控火、伤员救治、铁路排险等重点救援任务，各司其职、分工协作，提高了综合救援能力。

思考：事故发生后，列车司机或者运转车长等现场铁路工作人员应如何紧急处置？事故救援队的任务是什么？

国家铁路、合资铁路、地方铁路、专用铁路和铁路专用线发生事故，造成人员伤亡、财产损失、中断行车及其他影响铁路正常行车，需要实施应急救援。事故应急救援工作应当遵循"以人为本、逐级负责、应急有备、处置高效"的原则。

铁路运输企业应当相应成立事故应急救援领导小组并设工作机构，建立健全工作制度，制定和完善事故应急救援预案，加强救援队、救援列车的建设，负责事故应急救援的人员培训、装备配置、物资储备、预案演练等基础工作，积极开展事故应急救援。

公安机关应当参与事故应急救援，负责保护事故现场，维护现场治安秩序，进行现场勘查和调查取证，依法查处违法犯罪嫌疑人，协助抢救遇险人员。

一、事故救援规定

铁路交通事故发生后，相关救援处理作业规定如下：

① 事故发生后，列车司机或者运转车长应当立即停车，采取紧急处置措施；对无法处置的，应当立即报告邻近铁路车站、列车调度员进行处置。

为保障铁路旅客安全或者因特殊运输需要不宜停车的，可以不停车；但是，列车司机或者运转车长应当立即将事故情况报告邻近铁路车站、列车调度员，接到报告的邻近铁路车站、列车调度员应当立即进行处置。

② 事故造成中断铁路行车的，铁路运输企业应当立即组织抢修，尽快恢复铁路正常行车；必要时，铁路运输调度指挥部门应当调整运输径路，减少事故影响。

③ 事故发生后，国务院铁路主管部门、铁路管理机构、事故发生地县级以上地方人民政府或者铁路运输企业应当根据事故等级启动相应的应急预案；必要时，成立现场应急救援机构。

④ 现场应急救援机构根据事故应急救援工作的实际需要，可以借用有关单位和个人的设施、设备和其他物资。借用单位使用完毕应当及时归还，并支付适当费用；造成损失的，应当赔偿。

有关单位和个人应当积极支持、配合救援工作。

⑤ 事故造成重大人员伤亡或者需要紧急转移、安置铁路旅客和沿线居民的，事故发生地县级以上地方人民政府应当及时组织开展救治和转移、安置工作。

⑥ 国务院铁路主管部门、铁路管理机构或者事故发生地县级以上地方人民政府根据事故救援的实际需要，可以请求当地驻军、武装警察部队参与事故救援。

⑦ 有关单位和个人应当妥善保护事故现场以及相关证据，并在事故调查组成立后将相关证据移交事故调查组。因事故救援、尽快恢复铁路正常行车需要改变事故现场的，应当做出标记、绘制现场示意图、制作现场视听资料，并做出书面记录。

任何单位和个人不得破坏事故现场，不得伪造、隐匿或者毁灭相关证据。

事故中死亡人员的尸体经法定机构鉴定后，应当及时通知死者家属认领；无法查找死者家属的，按照国家有关规定处理。

二、事故救援报告

事故应急救援实行逐级报告制度。铁路安全监管部门和铁路运输企业应当明确报告程序、方式和时限，公布接受报告的各级事故应急救援部门及电话。

事故发生后，有关单位、部门应当按规定程序向上级单位和部门报告。

事故发生后，现场铁路工作人员或者其他有关人员应当立即向邻近铁路车站、列车调度员、公安机关或者相关单位负责人报告。

接到报告的单位、部门应当根据需要立即通知救援队和救援列车。

遇有人员伤亡或者发生火灾、爆炸、危险货物泄漏等事故时，接到报告的单位、部门应当根据需要采取防护措施，并立即通知当地急救、医疗卫生部门或者公安消防、环境保护等部门。

铁路运输企业列车调度员接到事故报告后，应当立即按规定程序报告本企业负责人，并向本区域的安全监管部门和中国铁路总公司列车调度员报告。

中国铁路总公司列车调度员接到事故报告后，应当立即按规定程序上报。发生特别重大事故时，应当立即向国务院报告。

救援报告的主要内容：

① 事故发生的时间、地点（站名）、区间（线名、公里、米）、线路条件、事故相关单位和人员。

② 发生事故的列车种类、车次、机车型号、部位、牵引辆数、吨数、计长及运行速度。

③ 旅客人数，伤亡人数、性别、年龄以及救助情况，是否涉及境外人员伤亡。

④ 机车车辆脱轨数量及型号、线路设备损坏程度等情况。

⑤ 货物品名、装载情况，易燃、易爆等危险货物情况。

⑥ 对铁路行车的影响情况。

⑦ 事故原因的初步判断，事故发生后采取的措施及事故控制情况。

⑧ 需要应急救援的其他事项。

事故应急救援过程中，人员伤亡、脱轨辆数、设备损坏等情况发生变化时，应及时补报。

三、紧急处置

事故发生后，列车司机或者运转车长等现场铁路工作人员应当立即采取停车措施，并按规定对列车进行安全防护。遇有人员伤亡时，应当向邻近车站或者列车调度员请求施救，并将伤亡人员移出线路、做好标记，有能力的应当对伤员进行紧急施救。

为保障铁路旅客安全或者因特殊运输需要不宜停车的，可以不停车。但是，列车司机或者运转车长等现场铁路工作人员应当立即将事故情况报告邻近车站、列车调度员，接到报告的邻近车站、列车调度员应当立即组织处置。

客运列车发生事故造成车内人员伤亡或者危及人员安全时，列车长应当立即组织车上人员进行紧急施救，稳定人员情绪，维护现场秩序，并向邻近车站或者列车调度员请求施救。

救援队接到事故救援通知后，救援队长应当召集救援队员以最快速度赶赴事故现场。

到达事故现场后，应当立即组织紧急抢救伤员，利用既有设备起复脱轨的机车车辆，清除各种障碍，搭设必要的设备设施，为进一步实施救援创造条件。

发生列车火灾、爆炸、危险货物泄漏等事故时，现场铁路工作人员应当尽快组织疏散现场人员并采取必要的防护措施。

事故发生后影响本线或者邻线行车安全时，现场铁路工作人员应当立即按规定采取紧急防护措施。

现场救援工作实行总指挥负责制，按照事故应急救援响应等级，由相应负责人担任总指挥，或者视情况由上级事故应急救援工作机构指定人员担任临时总指挥，统一指挥现场救援工作。

各工作组及参加事故应急救援的单位、部门应当确定负责人。救援列车进行起复作业时，由救援列车负责人或者指定人员单一指挥。现场总指挥以及参加事故应急救援的各工作组负责人、各单位和部门负责人、作业人员应当区别佩戴明显标志。

现场指挥部应当在全面了解人员伤亡以及机车车辆、线路、接触网、通信信号等行车设备损坏、地形环境等情况后，确定人员施救、现场保护、调查配合、货物处置、救援保障、起复救援、设备抢修等应急救援方案，并迅速组织实施。

在实施救援过程中，各单位、部门应当严格执行作业规范和标准，防止衍生事故。

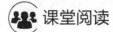 课堂阅读

旅客列车脱轨重大事故救援案例分析

1. 事故概况

2010年5月23日2时10分，K859次旅客列车（编组17辆，载客568人，总重942吨，换长40.4）运行至沪昆线余江区至东乡县间K698+945处，即东乡县孝岗镇时，由于铁路线路护坡上方简易道路一侧山体因持续强降雨突然下滑，8000余立方米的坍体越过简易道路、铁路三级平台、两级护坡，侵入沪昆上行线，列车以108公里的时速与坍体相撞，造成机车脱轨、机后1~5位车辆颠覆、6~8位车辆脱轨。

事故造成19名旅客死亡，旅客及列车工作人员重伤11人、轻伤60人；造成机车大破1台，客车报废8辆；损坏P60钢轨150米、Ⅲ型混凝土枕300根、扣件1200套；损坏接触网600米、支柱4根；损坏信号电缆接线盒2个、扼流变压器1个、无源应答器2个。其构成重大铁路交通事故。事故中断沪昆上行线19小时6分、下行线19小时15分。

2. 救援过程

① 高度重视，快速反应。事故发生后，中央领导在第一时间做出重要批示，指导事故救援和善后处置工作。

② 密切配合，通力协作。根据救援现场需要，调集各方力量，合理安排任务，明确责任分工。

③ 紧急疏散，快速抢通。经连续奋战10多个小时，沪昆上行线于当日21时16分开通，下行线于当日21时25分开通，运输设备恢复正常。

3. 善后处理

① 迅速成立应对工作组。为切实做好事故善后处理，南昌铁路局、江西省卫生厅和抚州市政府迅速成立6个工作组（死亡旅客处置组、受伤旅客安抚组、运输组织组、治安维稳组、后勤保障组、宣传报道舆情组）进行相关事项处理。

② 全力救护伤员。事故发生后，江西省卫生厅立即启动医疗救援应急预案，省、市、县卫生部门共调集救护车53辆，出动医务人员145名，迅速赶赴现场救护伤员。

③ 依法组织理赔。开展事故适用有关法律条款的宣传，把相关法律条文复印给伤亡旅客家属，争取理解和支持；对谈判人员进行速培，要求严格遵守谈判纪律，讲观点，不争辩，不激化矛盾；统一政策规定，统一补偿标准，制定相关工作标准，依法规范地开展工作。

④ 积极维护稳定。在抢险救援和善后处理过程中，始终注重做好死伤旅客家属接待接访和宣传报道工作，及时安置滞留旅客，做好旅客财物登记和伤亡人员家属的接待安抚工作。

4. 事故启示

① 加强监测预警巡查。各级气象部门要切实做好气象灾害的监测、预报，及时发布预

警信息，为领导决策和启动应急预案提供科学依据。

② 抓好设施装备建设。要高度重视应急设施装备建设，坚持"防患未然、平战结合、优化装备、加强储备"的原则，对需要建设的应急设施和大型装备进行合理安排和分工，使有限的财力充分发挥效用。

③ 建立健全联动机制。对于重、特大突发事件的发生，有效的应急处置涉及各级各有关部门，涉及队伍、装备、机制等各个方面，只有通过协调统一的联合行动，才能做出及时的反应和高效的应对。

④ 依法快捷组织理赔。充分发挥经济补偿和社会管理职能，对维护社会稳定具有重要意义。

四、救援组织

我国铁路事故救援组织由机务部门负责管理，各铁路局机务处均设专人负责事故救援工作。在铁路规定地点（主要干线上的技术站所在地）设置适当等级的救援列车，在无救援列车的技术站或较大的中间站组织救援队。

1. 事故救援列车

各局救援列车的增设、调整应报中国铁路总公司审批，并在《行车组织规则》中公布。救援列车为当地机务段独立车间一级单位，受机务段段长的直接领导。

救援列车设主任一名，领导救援列车的全部工作。救援列车专业人员为救援工作的骨干力量，由机务段挑选身体健康、责任心强、具有一定技术业务水平的人担任，无特殊理由不得变动。救援列车职工应集中居住于救援列车附近的住宅，具有较为方便的通信工具，以保证迅速集结与出动。休班时间应尽量在家休息，必须离开住宅时应向主任说明去向。

救援列车的基本任务是：

① 担负救援列车管辖区域的交通事故救援，及时起复机车车辆，清除线路上的障碍，开通线路，保证迅速恢复行车。

② 负责救援列车管辖区域内各救援队的技术训练和业务指导，以及工具备品的配置、改进、修理和补充工作。

③ 经常不断地改革救援工具，研究改进救援方法，并做好救援列车设备的维修工作。

④ 不断分析和总结救援工作的先进经验，改进事故救援方法，提高救援能力。

2. 事故救援班

救援班是救援列车的后备力量，在救援列车所在地，由各站、段、医院挑选有救援经验的职工 10 到 15 名，分别组成不脱产的救援班。救援班的任务是补充救援列车专业人员和技术力量的不足，以保证救援任务的顺利完成。

① 救援班班长由各单位领导者担任，报上级领导批准之后，告知救援列车主任。

② 各单位救援班的具体人数和召集办法由救援列车主任考虑，并征得各单位领导同意确定。救援班的人员素质除身体健康外，还应注意技术专长的搭配，人员有变动时应及时补充并告知救援列车主任。

③ 各救援班按调度命令出动。事故救援班所属单位值班人员接到出动的调度命令后，

救援班长应立即召集本单位救援班人员,迅速赶到救援列车处报到,听从救援列车主任指挥,与救援列车协同行动。

3. 事故救援队

在铁路局局长批准的无事故救援列车的车站上组织事故救援队,救援队是不需要出动救援列车时处理轻微脱轨事故的组织。遇有重大事故,有必要时也应参加救援列车的救援工作。

救援队设队长一名,救援队员15到20名,队员由车站、机务、车辆、工务、电务、供电、水电、卫生等部门的人员组成。救援队所在地设有电话所或电话总机的,救援队长所在单位接到救援调度命令后,立即用电话通知电话所领班,由电话员直接通知救援队有关单位。在无电话所的车站,由车站值班员直接通知有关单位。有关单位接到出动调度命令后,立即通知救援队长并召集本单位的救援队员,在30min内迅速赶到指定地点集合。救援队长赶到集合地点后,立即了解事故情况,提出初步救援方案,向列车调度员汇报,征得同意后携带救援工具和备品赶赴事故现场进行救援工作。

救援队的任务是积极抢救负伤人员或将其送附近医院抢救治疗;采取一切措施,起复机车车辆,清除线路上的一切障碍物,迅速恢复行车;如事故严重时,应于救援列车到达前做好救援准备工作;保护铁路财产及运输物资(行李、包裹、货物)的安全。

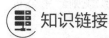
知识链接

事故救援设备

为了及时处理行车事故,清除线路故障,保证迅速恢复行车,在指定地点,应备有各种救援设备,并应经常处于整备待发状态。其工具备品均应保持齐全整洁,作用良好。除执行任务外,日常不准动用,执行任务后短缺的工具备品,应及时补齐。

事故救援设备有事故救援列车、电线路修复车、接触网检修车和其他设备。

① 事故救援列车是用以及时起复机车车辆脱轨、颠覆等事故而设置的专用列车。为了保证发生事故后救援列车能迅速出动,救援列车应停放在固定线路上,要求两端均能开入区间。救援列车应编成完整的列车,所有车辆应全部连接完好并接通制动软管,制动机作用保持良好。救援列车的编组中应有:轨道起重机,装载钢轨、枕木、拖拉机的平车,发电车,工具车,炊事车,宿营车,器材车,水罐车等。动车组运行区段,救援列车应配备与动车组相适应的救援设备。

② 电线路修复车是为了修复自然灾害或其他原因造成损坏的信号、通信电线路而设的专用车辆。电线路修复车可随时编入救援列车开往事故现场。

③ 接触网检修车是用于电气化区段,为修复接触网断线、电杆及铁塔倒损等情况而设置的专用设备。

④ 其他设备:除上述三种救援设备外,为使发生轻微脱轨的机车车辆及时起复,根据运输生产需要,铁路局应在无救援列车的编组站、区段站和二等以上车站成立事故救援队,配备简易起复设备和工具。机车、动车、重型轨道车上均应备有复轨器和铁鞋。大型养路机械需配备专门起复装备及铁鞋。

五、救援列车的请求、派遣和开行

1. 请求

救援列车的请求一般由运转车长、司机或工务、电务部门人员通过车站值班员或直接向列车调度员请求。当区间发生行车事故、自然灾害及线路故障需请求救援时,运转车长、司机或工务、电务部门人员应迅速报告列车调度员或车站值班员,车站值班员接到运转车长、司机或工务、电务部门人员的救援请求后,应立即报告列车调度员。请求救援时,应报告事故、灾害或故障概况,并说明救援所需器材。列车调度员应向有关车站发布命令封锁区间。

2. 派遣

列车调度员接到请求开行救援列车的报告后,及时报告领导,根据领导指示,向事故区间两端站发布封锁区间的调度命令,并根据具体情况向有关单位发布调度命令,并派出救援列车。

救援列车依调度员发布的救援列车的出动命令出动,一般规定救援列车在接到救援列车的出动命令后 30min 内出动,开往事故现场。发生行车事故后,在派出的救援列车到达前,列车调度员应根据需要,指示将事故列车前部或尾部完好的车辆拉至车站,以便于救援列车到达后的事故起复。

3. 开行

(1) 开行救援列车的凭证

救援列车运行在非封锁区间时,仍使用原区间基本闭塞法规定的行车凭证。各站优先办理接发,尽可能使其在站通过,任何人不得耽误和拖延时间。

救援列车进入封锁区间时,不办理行车闭塞手续,以列车调度员的调度命令作为进入封锁区间的凭证。命令中应包括往返车次、运行速度、事故地点、工作任务及注意事项等。当列车调度电话不通时,应由接到救援请求的车站值班员根据救援请求办理,救援列车以车站值班员的命令,作为进入封锁区间的许可。

(2) 救援列车进出封锁区间的联系

救援列车每次进入封锁区间或返回车站,均应报告列车调度员并通知对方车站。其内容为到发时刻、拉回车数、救援进度及要求等,以便列车调度员及对方车站安排救援人力、材料等。司机接到救援命令后,机车乘务员必须认真确认。命令不清、停车位置不明确时,不准动车。

较复杂的事故救援,为了及时与列车调度员联系,加快救援速度,两端车站同时向事故现场开行救援列车时,可在事故现场设立临时线路所。区间设临时线路所时,列车进入区间的行车凭证仍为调度命令。该所值班员即为该区间向两端站办理行车的指挥员。此时,车站每次向线路所开行救援列车时,必须取得线路所值班员的同意,以便及时作好接车前的准备和防护工作。救援列车向临时线路所运行时,应在防护地点外停车,待防护人员将事故地点及注意事项告知司机及有关人员,撤销防护后,救援列车再按调车办法进入指定地点。临时线路所值班员每次向事故两端站发车时,也要征得车站值班员或列车调度员的同意,撤除防护后方能发车。

思考与练习

一、选择题

1. 客运列车或客运列车摘下本务机车后的车列，被货运列车、机车车辆冲撞造成的事故，以及客运列车在中途站进行摘挂（包括摘挂本务机车）或转线作业发生的事故，均定（　　）事故。
   A. 货运列车　　B. 客运列车　　C. 调车　　D. 相撞

2. 一次铁路交通事故造成 20 人死亡，100 人重伤，直接经济损失 6000 万元，根据以上信息判断这次交通事故属于（　　）。
   A. 一般事故　　B. 较大事故　　C. 重大事故　　D. 特别重大事故

3. 一次铁路交通事故造成 8 人死亡，40 人重伤，直接经济损失 3000 万元，繁忙干线客运列车脱轨 18 辆，中断铁路行车 24 小时，根据以上信息判断这次交通事故属于（　　）。
   A. 一般事故　　B. 较大事故　　C. 重大事故　　D. 特别重大事故

4. 一次铁路交通事故造成 1 人死亡，3 人重伤，直接经济损失 500 万元，根据以上信息判断这次交通事故属于（　　）。
   A. 一般 A 类　　B. 一般 B 类　　C. 一般 C 类　　D. 一般 D 类

5. 特别重大事故的调查期限为（　　）日。
   A. 10　　B. 20　　C. 30　　D. 60

6. 重大事故的调查期限为（　　）日。
   A. 10　　B. 20　　C. 30　　D. 60

7. 铁路安全监管部门应在事故调查组工作结束后（　　）日之内，根据事故报告，制作《铁路交通事故认定书》，经批准后，送达相关单位。
   A. 5　　B. 10　　C. 15　　D. 20

8. 事故责任单位接到《铁路交通事故认定书》后，于（　　）日内，填写《铁路交通事故处理报告表》，按规定报送《铁路交通事故认定书》制作机关，并存档。
   A. 3　　B. 7　　C. 10　　D. 20

9. 救援列车依调度员发布的救援列车的出动命令出动，一般规定救援列车在接到救援列车的出动命令后（　　）min 内出动，开往事故现场。
   A. 10　　B. 20　　C. 30　　D. 60

二、填空题

1. 我国第一部全面规范铁路交通事故调查处理的行政法规是_____。

2. 施工封锁区间发生冲突或脱轨的行车中断时间，从_____计算。

3. 根据事故造成的人员伤亡、直接经济损失、列车脱轨辆数、中断铁路行车时间等情形，铁路交通事故分为_____、_____、_____和_____四个等级。

4. 铁路交通事故分为_____事故和_____事故。事故责任分为_____、_____、_____、_____和_____五种类型。

5. 负有事故全部责任的，承担事故直接经济损失费用的_____；负有主要责任的，承担损失费用的＿＿＿＿以上；负有重要责任的，承担损失费用的＿＿＿＿＿＿；负有次要责任的，承担损失费用的＿＿＿＿＿＿。

6. 事故的统计报告应当坚持＿＿＿、＿＿＿、＿＿＿、＿＿＿的原则。

7. 事故应急救援工作应当遵循"＿＿＿、＿＿＿、＿＿＿、＿＿＿＿"的原则。

8. ＿＿＿＿＿＿是不需要出动救援列车时处理轻微脱轨事故的组织。

9. 救援列车进入封锁区间时，不办理行车闭塞手续，以＿＿＿＿＿＿的调度命令作为进入封锁区间的凭证。

三、判断题

1. 铁路机车车辆在运行过程中与行人、机动车、非机动车、牲畜及其他障碍物相撞的事故，均为铁路交通事故。（　　）

2. 区间调车作业、机车车辆溜入区间，发生冲突、脱轨事故时，定调车事故。在封锁区间内调车作业发生事故，定列车事故。（　　）

3. 如列车能在站内其他线通行，又回到原正线上进入区间的，不按中断行车算。（　　）

4. 事故调查组有权向有关单位和个人了解与事故有关的情况，并要求其提供相关文件、资料，有关单位和个人不得拒绝。（　　）

5. 事故发生后，因发生单位未如实提供情况，导致不能查明事故原因和判定责任的，定发生单位责任。（　　）

6. 负同等责任或追究同等责任的，在总数中重复统计件数。（　　）

7. 一起事故同时符合两个以上事故等级的，以最高事故等级进行统计。（　　）

8. 铁路运输企业及其职工迟报、漏报、瞒报、谎报事故的，对单位，由铁路安全监管部门处 20 万元以上 100 万元以下的罚款；对个人，处 4000 元以上 2 万元以下的罚款；属于国家工作人员的，依法给予处分。（　　）

9. 救援列车每次进入封锁区间或返回车站，均应报告列车调度员并通知对方车站。（　　）

四、简答题

1. 占用区间包括哪几种情况？
2. 未准备好进路包括哪几种情况？
3. 简述事故报告的主要内容。
4. 简述事故调查组的基本职责。
5. 哪些费用可以列入事故直接经济损失？
6. 简述发生人员伤亡事故的统计规定。
7. 简述事故救援报告的主要内容。
8. 简述救援列车的基本任务。

第五章

非正常情况下的铁路客运安全管理与应急处理

第五章　非正常情况下的铁路客运安全管理与应急处理　**113**

内容导读：

在铁路旅客运输过程中，异常情况类别多样，原因复杂，但一般在机车、车辆运行中发生，并在运行中不断向恶化方面发展。如果处理不及时、不果断，很有可能酿成严重后果。参与铁路旅客运输服务的司机、列车乘务人员和车站有关人员，都应监视旅客运输的安全状态，一旦发现危及旅客安全的异常情况，应按程序迅速进行处理，以防止安全事故的扩大和二次伤害，及时止损，最大限度地保障生命和财产安全。

本章主要介绍了几种异常情况下的铁路客运安全管理与应急处理的相关知识，具体包括发生火灾时的安全管理与应急处理，列车晚点时的安全管理与应急处理，线路中断时对被阻旅客、行包的处理，动车组设备异常时的安全管理与应急处理，突发重大疫情时的安全管理与应急处理，旅客食物中毒事件时的安全管理与应急处理，旅客人身伤害及突发伤急病事件时的安全管理与应急处理，发生安全综治事件时的安全管理与应急处理。

素质目标：

① 培养学生良好的心理素质与应变能力。
② 强化学生应对突发事件的危机意识。

知识目标：

① 掌握列车、车站发生火灾事件时的应急处理方法。
② 掌握列车晚点时的应急处理方法。
③ 掌握线路中断时对被阻旅客、行包的应急处理方法。
④ 掌握动车组设备异常时的应急处理方法。
⑤ 掌握列车、车站突发重大疫情时的应急处理方法。
⑥ 掌握旅客食物中毒事件的应急处理方法。
⑦ 掌握旅客人身伤害及突发伤急病事件时的应急处理方法。
⑧ 掌握列车、车站安全综治事件发生时的应急处理方法。

能力目标：

① 能够进行列车各种非正常情况下的应急处理。
② 能够进行车站各种非正常情况下的应急处理。
③ 具备将列车安全管理与应急处理的理论知识应用于实践的能力。
④ 具备将车站安全管理与应急处理的理论知识应用于实践的能力。

第一节　发生火灾时的安全管理与应急处理

 案例导入

陇海线旅客列车火灾重大事故

2000年10月5日21时40分，兰州局担当银川、上海西398次旅客列车，运行在陇海线上行线咸阳站 2 道进站前着火,于 22 时 40 分将火扑灭。事故导致餐车烧损报废,影响本列 1 小时 28 分,造成经济损失 77.86 万元,构成责任旅客列车火灾重大事故。

思考:当列车发生重大火灾时,铁路相关工作人员应立即进行应急处理,具体的应急处理流程包括哪些?

一、列车发生火灾时的安全管理与应急处理

导致旅客列车火灾的原因主要有设备故障、自然灾害、人为原因等,火灾不仅会给铁路运输安全造成巨大威胁,还会使线路损毁、行车中断,严重影响铁路正常运输秩序。如发生火灾,控制不及时,火势极易蔓延,损失更大。因此,各级行车人员一旦发现列车火情,就要迅速、正确地组织与指挥好灭火工作。

列车发生火灾的处理是一个比较复杂的问题,涉及列车性质、货物性质、天气风向、地理位置、设备条件等多种因素,应根据不同条件的具体情况进行处理。处理列车火灾时应采取措施,使列车尽快停车;防止火势蔓延,减少损失;并组织一切力量进行扑灭。

1. 发生初起火灾时的处理

当列车上发生初起火灾时,应立即采取措施进行扑救,以防止火势蔓延,将火灾扼杀在初期阶段,具体处理流程包括现场扑救、彻底排查、调查取证、及时报告等四个部分。

(1) 现场扑救

当乘务员发现初起火灾时,应因地制宜采取脚踏、灭火器灭火等方法进行扑救,同时报告列车长,若发生电气设备起火,则应立即断电。列车长接到通知后,会同随车机械师、乘警到现场确认,根据现场实际情况进行处置。列车长指挥扑救,随车机械师、乘警、乘务员等列车工作人员积极配合,稳定乘客情绪。

(2) 彻底排查

火情消除后,列车长、乘警、随车机械师共同调查起火原因,并采取有效措施彻底排查,确认车上无火险火情后,列车长通知司机恢复供电。

(3) 调查取证

列车长、乘警向目击旅客了解起火情况,取 3 份以上旅客证言。

(4) 及时报告

列车长应及时向段调度室汇报情况,包括起火部位、起火时间、车体状况、旅客情况等。

2. 发生重大火灾时的处理

当火灾不能立即扑灭时,铁路相关工作人员应立即进行应急处理,处理流程包括赶赴现场、紧急停车、疏散旅客、报告救援、设置防护标志、地面疏散、抢救伤员、保护现场、协助查访、认真取证等十个部分。开展灭火救援行动时,必须坚持"救人第一"原则,正确处理救人和其他灭火救援行动的关系,把保障乘客的生命安全放在首位。

(1) 赶赴现场

动车组列车运行途中发生重大火灾时,最先发现或到达现场的乘务人员应立即使用灭火器或可用于灭火的物品进行扑救。发现情况的乘务员应迅速报告列车长和乘警,传递信息时

应注意避免引起旅客恐慌，防止事态扩大。列车长、乘警、随车机械师接到报告后，应立即赶赴现场确认，在列车长统一指挥下，分工负责，各司其职，切断电源实施扑救。

（2）紧急停车

如果火势无法控制或继续蔓延，在扑救的同时，列车乘务组应立即启动紧急停车装置（或按下火灾报警按钮），司机应立即采取停车措施并断电降弓，并向列车调度员或车站值班员报告。列车长组织随车机械师、乘警、保洁人员、餐车服务员就近携带灭火器材迅速赶到火灾报警车厢，疏散旅客，迅速扑救。同时立即报告路局客调、段调度室。

动车组重联时，未着火一组内的列车工作人员停车后除留两名列车员看守外，其余工作人员应迅速到达起火车厢协助疏散旅客。随车机械师负责根据现场情况切断电源，停止车内通风，并做好停车准备。餐车服务员及保洁人员主要负责火灾扑救工作。停车时应注意避开长大坡道、桥梁、隧道、油库、重要建筑物和长大下坡道，选择便于疏散旅客和救援的地点停车。

（3）疏散旅客

在扑救火灾的同时，列车长迅速组织列车员疏散旅客，将旅客紧急疏散到其他安全车厢，迅速关闭防火隔断门，防止火势蔓延。同时做好现场秩序维护工作，注意做好宣传，稳定旅客的情绪，以免发生混乱，严防旅客在列车运行中串车、跳车、趁火打劫等意外事件。疏散旅客时，列车员应向旅客告知疏散方向和位置。向邻近的安全车厢疏散，不携带行李物品，弯腰快速通过，有浓烟时用水打湿布掩住口鼻。对于仍处在危险中的旅客，要优先抢救使其脱离险境。对已经疏散的旅客，严禁返回起火事故车厢。起火车厢旅客全部疏散完毕后，列车长应立即通知司机、随车机械师或其他列车工作人员关闭起火车厢及相邻车厢靠近起火车厢一端的客室隔门、端门，有防火隔断门的应当关闭防火隔断门。

（4）报告救援

在扑救火灾与疏散旅客的同时，列车长和乘警应该立即向上级机关和行车调度报告事故情况，请求救援。站长（在区间为列车长）应当尽快向事故发生地铁路局集团公司列车和客运调度报告情况。报告内容为：火灾发生时间、地点、车次，牵引辆数，起火车辆所处位置，起火部位，起火物，人员伤亡、车辆线路损坏情况，灭火救援情况，是否需要救援等。铁路局集团公司应当根据事故等级及时向上级和地方政府报告。

（5）设置防护标志

在区间停车后需要防护时，列车前方由司机负责，尾部由随车机械师负责。对甩下的车辆，由车站值班员（在区间由司机、运转车长和车辆乘务员）负责采取防护措施。可能妨碍邻线时，列车长、随车机械师按规定听从司机指挥，处理有关行车、列车防护事宜。发现邻线有列车开来时，司机应急速鸣示紧急停车信号。列车长应当对司机、运转车长的要求予以配合，防止扩大事故影响和损失。

（6）地面疏散

火势无法控制需向地面疏散旅客时，列车长应立即通知司机，司机根据列车长的请求向列车调度员报告，请求向地面疏散，现场救援。列车停稳后，打开指定车门（若未能及时接到已扣停邻线列车的命令，双线区间应打开前进方向左侧车门，客运专线打开无邻线一侧的车门），无法集控开门时，应立即通知列车员手动开启车门，使用应急梯组织旅客下车，向地面安全地带有序疏散旅客。车内产生浓烟危及生命安全时或疏散通道被火封堵的情况下，列车员可在列车停稳后使用安全锤砸开应急逃生窗玻璃解救车厢内的旅客。注意逃生的安全宣传和现场秩序的维护。列车停在高架桥时，列车长、列车员组织引导旅客向上风头方向有秩序撤离，避免发生旅客摔伤、挤伤等伤害。

（7）抢救伤员

在疏散旅客、迅速扑灭火灾的同时，列车长要组织乘务人员和旅客中的医护人员积极抢救伤员，本着"先伤后亡，先重后轻"的原则，积极抢救旅客伤员，及时拨打120请求救护。发动旅客中的医务人员一道对伤员采取止血、简易包扎等初期救护措施。对伤势较重的旅客要首先抢救，并提前安置在便于救护车停车的地点，为医院快速救治创造条件。同时，认真清点疏散旅客和伤员人数及了解伤员伤害程度，登记旅客姓名、性别、年龄、单位、地址、国籍、车票、身份证号码、其他证件及随身携带品，尽量做到真实、可靠。列车乘务人员应发动和组织旅客（车厢内的党政工作人员、军警、干部、战士等社会力量）开展自助。

（8）保护现场

在扑救火灾过程中，注意保护现场，配合公安部门调查事故原因。乘警要采取多种措施维护现场秩序，视情况设置警戒线，灭火后禁止任何人（持机要证件、抢救机要文件的人员除外）进入保护区。未经公安机关消防机构同意，不得擅自清理火灾现场。除了救护伤员、开动列车等需要外，不得擅自移动现场任何物品。因上述原因必须移动现场物品时，应当绘制现场原状草图或者拍摄照片。对火灾痕迹和物证，应采取保护措施。乘务员要积极配合乘警，共同维护秩序，保护现场，稳定旅客情绪，以免发生混乱。

（9）协助查访

列车乘务人员应通力协助做好现场保护，协助乘警做好调查取证工作，积极帮助公安人员了解情况，提供线索，协助调查；同时，要认真清点疏散旅客和伤员人数，确认伤员受伤程度，登记旅客姓名、性别、年龄、单位、地址、车票、身份证号码、其他证件及其随身携带物品等信息。

（10）认真取证

乘警应及时开展调查取证，及时发现并控制肇事者，妥善保管物证，为现场勘查、认定火灾原因创造有利条件。

3. 列车火灾的预防控制

为了避免列车发生火灾事件，铁路相关部门应采取有效的预防控制措施，具体内容如下：

① 加强对乘务员和旅客的消防安全教育。如通过广播或张贴布告声明禁止旅客携带易燃易爆品进站上车。

② 加强火灾监控，注意各车厢烟感器、热感器等监控设备的运转是否正常。

③ 加强设施设备的检查与维修。

④ 保持车厢卫生，注意防鼠防虫，定时定点巡查，防止电线被咬断，引发漏电起火。

⑤ 加强易引发火灾场所的安全防范，加强检查监督，保障消防安全。

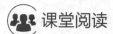

湘桂线旅客列车火灾重大事故

1. 事故经过

2001年1月11日5点21分，由郑州开往昆明的1337次旅客列车运行至柳州局管内湘桂线军田村至大蓉江站间 K314+358 处（机车停车位置），机后10位餐车（CA2392116）因人为放火，列车乘务员拉紧急制动阀停车。停车后，机车、车辆乘务员共同配合，将着火车辆与列车前、后部车辆分离。大溶江车站值班员接到运转车长的报告后，立即向列车调度员汇报，并及时通知当地消防部门于 7 时 10 分将火扑灭。着火餐车甩在大溶江车站，10 时 27 分，1337 次列车欠编从大溶江站开出。事故延误本列 5 小时 6 分，中断正线行车 2 小时 21 分；造成餐车报废 1 辆，软卧车小破 1 辆；直接经济损失 28.378 万元。其构成旅客列车火灾重大事故。

2. 原因分析

经原铁道部认定，这起旅客列车火灾重大事故，系列车工作人员失职，未能及时采取果断有效措施予以制止所致。

3. 事故责任

责任单位：郑州客运段。

4. 采取措施

① 重点剖析，深查隐患。

② 强化"三乘一体"管理。一是按照"统一管理，同酬、同责"的原则，加大改革力度，逐步建立新的"三乘一体"管理模式，提高"三乘一体"的工作质量。二是加大对乘务人员的管理力度，建立"竞争上车"机制，定期对乘务人员进行考核，对达不到标准的乘务人员，要坚决要求其下岗。三是加大对乘警的考核力度，禁止不具备乘警条件的人员上车，对在值乘中严重失职、不能尽职尽责的人员要严肃处理。

③ 提高乘务人员业务素质。客运、车辆部门要强化在岗职工技术业务培训，把政治思想教育摆在重要位置，加强职业道德和"两纪"教育；以列车突发事件的应急处理知识为重点，加强模拟实战演练，提高乘务人员的应急处理能力。公安部门要坚持从实战出发，在各警种中组织相关预案的考试考核、模拟演练，提高民警处置突发事件的能力。

④ 规范列车经营行为。严格落实部、局有关开设列车经营项目的规定，不断提高经营服务质量。同时，加大监督检查力度，杜绝变相经营茶座的现象，坚决取缔不符合规定的经营项目。

⑤ 进一步转变干部作风。客运部门要对添乘干部的工作内容进行细化、量化，严格落实干部考核机制；添乘干部要加强途中巡视，及时处理发现具有倾向性的问题，并针对存在的问题制定切实可行的措施。

⑥ 加强对客车薄弱环节的检查督导。车辆段成立整顿乘务"两纪"检查组，不定点、不定期到局管外重点线路、重点区间检查乘务员的标准化作业情况，并对客车防火、安全管理进行指导、帮助，督促乘务人员贯彻落实好各项安全措施。

二、车站发生火灾时的安全管理与应急处理

由于车站内空间封闭、可燃物多，一旦发生火灾，火势极易蔓延，且容易产生大量有毒烟气，严重威胁人们的生命财产安全。另外，部分车站设在地下，空间密闭，能见度低，内部结构复杂，一旦发生火灾，疏散救援十分困难。

1. 车站发生火灾事件的处理

车站发生火灾时,铁路相关工作人员应立即进行紧急处理,具体处理流程包括立即报警、赶赴现场、现场救援、调查取证四个部分。

(1) 立即报警

车站工作人员发现或旅客反映站内有冒烟、明火、爆炸或消防设施报警时,应向客运值班员报告。客运值班员接到通知后,立即拨打火警电话119,并向值班干部报告。

(2) 赶赴现场

值班干部通知公安部门等有关人员立即到现场确认和处置,同时赶赴现场。在确认发生火灾后,值班干部负责现场指挥救援,并将事故情况上报铁路局客运调度,之后再逐级上报。

(3) 现场救援

车站工作人员应迅速切断火灾区域的电源,防止火势蔓延;及时打开进出站检票机闸门和安全应急通道门,组织疏散旅客(广播室应开启应急广播反复向旅客播报疏散信息),使其撤离到站外安全区域;同时做好受伤人员的紧急救护和重点旅客的服务工作。

(4) 调查取证

车站工作人员应配合公安部门保护好事故现场,积极协助调查取证。

2. 车站火灾的预防控制

为了避免车站发生火灾事件,铁路相关部门应采取有效的预防控制措施,具体内容如下:

① 广泛开展车站防火宣传工作,如禁止旅客携带易燃易爆品进站,禁止旅客在候车室、售票厅吸烟等。

② 加强日常设备的检查与维修,如不乱接电源、乱拉电线。

③ 车站增设监控设备,加强火灾监督。

 知识链接

车站发生火灾的原因

车站发生火灾的原因主要有电气设备故障、人为因素、环境因素和外部因素。

电气设备故障:车站电气设备较多,若其质量不过关、被违规操作或长期缺乏维护,就有可能发生短路、过热等情况,进而引发火灾。

人为因素:旅客不遵守规定在车站内吸烟,引发火灾;工作人员违章操作、用火不慎,引发火灾,如精神异常者纵火、恐怖分子纵火袭击等。

环境因素:通风不畅、散热不良等外界环境引发火灾,地震、雷击等自然灾害引发火灾。

外部因素:某些铁路线路附近的商业建筑、厂房、住宅等一旦发生火灾,很有可能波及车站。

第二节　列车晚点时的安全管理与应急处理

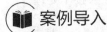案例导入

因强降雨设备故障　长沙南高铁大面积晚点

2019年4月21日16时，京广高铁赤壁北站强降雨造成设备故障，使得经过该区段的列车大面积晚点。受此影响，截至21日23时，长沙南站逾50趟高铁列车晚点，最长晚点时间近6小时；少量列车停运。

为了高效应对突发事件，确保凌晨到站的旅客平安回家，当天22点，火车南站地区综管办再次组织站区相关单位召开紧急调度会，宣布启动旅客滞留三级应急响应，现场成立指挥调度组、东广场值守组、西广场值守组三个应急小组，做好运力调配、交通疏导、秩序维护等工作，站区全体值班人员彻夜坚守，安全送走最后一名旅客。

思考：针对列车晚点，列车各岗位工作人员应如何正确应对？可以从哪些方面对列车晚点进行预防控制？

列车晚点是指列车开出或到达晚于规定时间。无论在平常还是在客流高峰期都有可能出现列车晚点。列车晚点不仅会使旅客滞留，耽误旅客出行，还可能引发旅客身体和心理不适，导致旅客情绪激动，焦躁不安，危及旅客人身及财产安全。

造成列车晚点的原因很多，如恶劣天气（暴雨、暴雪、大雾等）、设备故障、突发大客流、司机未按规定驾驶等。

1. 列车晚点的紧急处理

当列车晚点时，铁路相关工作人员应立即进行紧急处理，其流程包括广播致歉、加强巡视、转乘登记、办理交接、信息上报等五个部分。

(1) 广播致歉

发生列车晚点时，列车长应及时与司机联系，了解列车晚点原因和列车运行情况，晚点超过10分钟时，要及时向段派班室及车队汇报情况，听从指示。同时，列车长要求做好对外解释工作。

当列车晚点超过15分钟时，列车长应通过广播向旅客致歉，说明晚点原因和预计晚点时间，安抚和稳定旅客情绪。广播时应严格按照规定的通报用语播报，每次广播间隔时间不得超过30分钟。

(2) 加强巡视

乘警应与列车长密切配合，加强对车厢的巡视，随时掌握旅客动态，做好宣传解释工作，提供优质服务，维持好车内秩序。列车乘务员应加强车内巡视和宣传解释工作，掌握旅客动态，安抚旅客情绪，不得以任何理由回避旅客，不能以"不知道""不清楚"回答旅客的问询。

(3) 转乘登记

乘务员在车内巡视时，要及时了解旅客需求，为需要转乘的旅客做好登记工作，并集中

报列车长。列车长应根据登记情况及时上报,以确保旅客后期能顺利乘车。

(4) 办理交接

当旅客提出赔偿或退票时,列车长要根据现行法律法规和铁路规章做好解释工作,力求取得旅客的理解和配合。若旅客情绪激动,列车长可提前通知前方停车站派人接车处理。

(5) 信息上报

列车长应及时将列车晚点的处置情况上报。

2. 列车晚点的预防控制

为了避免出现列车晚点的情况,铁路相关部门应采取有效的预防控制措施,具体如下:

① 提高对列车正点的重视程度,将列车正点作为行车安全考核指标与树立现代化铁路形象的目标,加强对列车正点的技术攻关研究,提高列车正点率水平。

② 建立逐级责任考核制度,将列车正点率作为各铁路局的重要考核指标,把列车正点和各铁路局、站段的经济效益挂钩,不断改进工作,努力减少或消除列车晚点因素。

③ 提高列车正晚点统计的真实性和权威性,努力解决列车正点统计工作中的虚假不实问题。

④ 加强行车设备的维修与保养,尽可能降低设备的故障率。

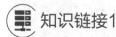
知识链接1

动车组列车不同晚点时长的处理

(1) 动车组列车在始发站晚点 30 分钟及以上时

当动车组列车在始发站晚点 30 分钟及以上时,动车车队应指派干部添乘,指导班组做好旅客乘降及解释、安抚工作,特别是要照顾好重点旅客,稳定旅客的情绪。动车组列车途中晚点时,列车长要及时联系运行所在局客调和司机,了解晚点原因等,同时向运行所在局客调、本局客调报告车内情况和请求协助解决的问题,组织乘务员积极主动地做好服务和宣传解释工作。

(2) 列车晚点 15 分钟以上时

当列车在途中晚点 15 分钟以上时,应向旅客说明情况,做好安全宣传工作,并按规定用语向旅客广播致歉,每次广播致歉间隔时间不超过 30 分钟。乘警应与列车长密切配合,经常巡视车厢,维持好车内治安秩序。列车乘务员应加强车内巡视和宣传解释工作,掌握旅客动态,安抚旅客情绪,不得以任何理由回避旅客,不能以"不知道""不清楚"回答旅客的问询,不发牢骚,不讲不利于铁路运输企业的话,禁止使用可能激怒旅客情绪的语言。当旅客提出赔偿要求时,列车长要根据现行法规和铁路规章做好解释,及时解答旅客询问,不得以任何理由回避旅客。列车长要组织乘务员做好旅客的服务工作,防止因服务工作不到位而引起矛盾焦点的转移。发生旅客情绪激动等情况时,列车长应立即向运行所在局客调、本局客调和段调度室报告,接受指示。

(3) 列车晚点 30 分钟以上时

当列车在途中晚点 30 分钟以上时,列车长要在第一时间向段调度室汇报情况,并及时与所在铁路局客调和停留站联系,报告车内情况和请求协助解决的问题,如中转换乘其他列车、民航及有紧急公务、商务的旅客。对这些重点旅客进行认真、详细、准确的登记,并按规定与车站办理交接手续。

(4) 列车晚点1小时以上并逢用餐时间时

当列车在途中晚点1小时以上并逢用餐时间时，列车长就因晚点而影响用餐的旅客做好统计，向路局客调及段调度室汇报，由客调安排中途站或到站向列车提供食品，由列车长签字交接。同时告知旅客用餐时间和地点，免费为旅客供餐。发生旅客情绪比较激动、矛盾激化的情况时，列车应急处置小组成员和车站工作人员应共同说服劝解，以诚恳道歉为主，耐心细致地做好解释和相关法律法规的宣传工作，稳定旅客的情绪、化解旅客的怨气，力争取得旅客的理解和配合。

 知识链接2

特殊情况汇报

遇到下列情况之一时，列车长应及时向段派班室、车队汇报。

① 行车设备发生故障造成动车组非正常运行或停车时。

② 动车组发生故障在20分钟内不能恢复运行或预计运行和到达晚点30分钟及以上时。

③ 动车组发生故障后，如果区间停车超过20分钟，站内停车超过30分钟，仍无法判明故障原因或虽已判明故障原因，但短时间内难以修复故障时。

④ 故障造成动车组无法运行且全列空调失效时。

第三节　线路中断时对被阻旅客、行包的处理

案例导入

突发泥石流致列车脱线中断运行

2022年6月4日10时30分，从贵阳北出发前往广州南的D2809次列车，在经过贵州榕江站时，突然遭遇泥石流，导致7、8号车发生脱线，造成1名司机死亡、1名列车员与7名旅客受伤。由于动车司机提前察觉到线路出现异常，并在5秒内及时采取了制动措施，最终成功救下了车上百余名乘客。

险情发生后，铁路相关部门迅速启动应急预案，受伤人员已送往榕江县医院进行全力救治，受伤旅客和列车员均已得到妥善治疗，没有生命危险，列车上其他136名旅客已安排转运疏散。这次泥石流灾害严重影响了列车运行安全，致使途经该区段的多趟旅客列车晚点、折返和停运。

一般在列车发车之前，线路上都会有专门的"黄医生"（高速综合检测列车，如图5-1所示）探路。如果发现线路存在安全隐患，就会暂停列车班次，等排除安全隐患后再重新开通列车班次，这样一来就极大保障了列车的安全。之所以"黄医生"也没能发现

安全隐患，根本原因只能是突发的泥石流……

图 5-1　高速综合检测列车

思考与讨论：当轨道线路中断时，应如何处置被阻旅客和行包？

一、线路中断对被阻旅客的安全管理

自然灾害（如水灾、雪害、冰雹、地震、泥石流）、行车事故或其他原因造成列车运行线路中断，致使列车不能继续运行时，站、车工作人员应立即向上级报告，并迅速采取措施，按以下规定妥善安排被阻旅客。

① 列车长应迅速了解停运原因，组织列车工作人员维持车内秩序。火灾事故造成线路中断时，应组织旅客撤离现场，抢救伤员，扑救火灾（必要时应分解列车），调查取证，并迅速与就近车站联系，向客运调度及上级有关领导报告情况。

② 列车停运且不能在短时间内恢复运行时，车站、列车应做好服务工作，解决旅客的困难，做好饮食供应工作，必要时向地方政府报告请求援助。

向铁路主管部门请求命令后，事故发生局还应向全路发出停办客运业务的电报，恢复通车时也照此办理。

③ 对旅客车票按如下规定处理。

a. 停止运行站或列车应在旅客车票背面注明"原因、日期、返回××站"字样或贴同样内容的小条，并加盖站名戳或列车长名章，作为旅客免费返回发站、中途站办理退票或改签的凭证。

b. 列车在发站或由中途站返回发站停运时，应退还车票的全部票额，其中包括在列车上补购的车票，但不包括罚款、手续费、超重（或超大）携带品的补收费用和已使用至到站的车票。

c. 在停止运行站或返回中途站退票时，退还已收票价与发站至停止运行站的票价差额，不足起码里程按起码里程计算。

d. 铁路组织已购票的被阻旅客乘坐原列车绕道运输时，旅客持原票乘坐有效。组织旅客换乘其他列车绕道运输时，车站应为旅客办理签证手续，在车票背面注明"因××绕道××站（线）乘车"并加盖站名戳。乘坐绕道运输列车的原座别、铺别时，票价不补不退；变更座别、铺别时，补收或退还差额。旅客中途自行下车时，车票随即失效。

e. 旅客要求在发站或中途站（返回途中自行下车无效）等候继续乘坐时，旅客可凭原车票在通车 10 日内乘坐。

f. 当线路中断，旅客索要证明时，车站应为其开具文字证明，并加盖站名戳。

课堂阅读

高铁隧道口可加装"防护罩"

在 2020 年，西成高铁搭设了"金钟罩""铁布衫"（图 5-2）来防范落石灾害侵入铁道。为了彻底消除西成高铁汛期落石安全隐患，铁路部门曾大力开展隧道口钢棚洞建设，从源头上抵御隧道出入口仰坡的落石侵袭。"金钟罩"为防止既有隧道洞口坡面落石冲击营业线，由棚洞下部基础、钢立柱、柱间连接及缓冲层等组成，下部基础采用混凝土现浇而人工建起钢棚洞。"铁布衫"则将主、被动防护网，通过锚索、花管等固定于山上，拦截坡面落石。

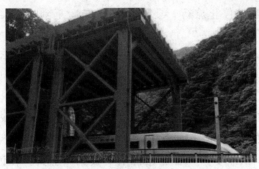

图 5-2　高铁隧道口加装防护罩

除此之外，西成高铁纸坊一号隧道出口第一道被动网上，还装设有黑色智能感知单元。智能感知单元有序分布，当发生落石撞击被动网险情时，其上的监测系统会立即发出报警信息，设备管理单位就会第一时间进行应急处置。

容易发生滑坡的高铁隧道口，可以借鉴西成高铁的经验，在隧道口加设防护罩来防范同类事故。西成高铁是我国在隧道洞口建设钢棚的高铁线路之一。西成高铁自北向南穿越关中平原、秦岭山区、汉中平原和大巴山区，地质条件极为复杂，全线桥隧占比高达 93%。解决落石侵害，成了西成高铁建设的核心之一。

除依赖防护设施阻拦落石、泥石流外，列车还设置有多个障碍物检测系统，分布在列车的挡风玻璃、顶部、前方等位置。同时，列车轨道也存在感知系统。检测障碍物的手段包括激光雷达、毫米波等。但这些手段，都易受雨雾天气影响。

二、线路中断对被阻行李、包裹的安全管理

线路中断，列车不能继续运行后，应按下列规定安排被阻行李、包裹。

① 对于未装运的行李、包裹，留在发站待运或备托运人办理取消托运。

② 对于已装运在途被阻的行李、包裹，列车折返时由折返铁路局集团公司根据具体情况指定卸在折返站或邻近较大车站（列车不折返、待命继续运行的不卸）。如折返区段均为中间小站时，可与相邻铁路局集团公司协商，返回相邻铁路局较大车站，将被阻行李、包裹

卸下保管。线路恢复后，应优先装运被阻的行李、包裹，并在票据记事栏注明被阻日数，加盖站名戳。

③ 根据托运人的要求，在发站和由中途站返回发站的行李、包裹取消托运时，收回行李、包裹票，在旅客页和报单页记事栏注明"线路中断，取消托运"，填开"退款证明书"退还全部运费并将收回的行李、包裹票附在"退款证明书"报告页上报。

④ 旅客或收货人、托运人在中途站领取被阻行李、包裹时，收回行李、包裹票，填写"退款证明书"，退还已收运费与发站至领取站间的运费差额，不足起码里程按起码里程计算，并在行李、包裹票旅客页、报单页、记事栏注明"线路中断、中途提取"，附在"退款证明书"报告页上报。

⑤ 旅客在发站停止旅行，行李已运至到站，要求将行李运回发站取消托运时，在行李票报销页加盖"交付讫"戳，在记事栏注明"因线路中断、行李运至到站返回，运费不退"，交旅客作为报销凭证。

⑥ 旅客在发站或中途站停止旅行，要求仍将行李运至到站时，补收全程或中止旅行站至到站的行李和包裹差价。

⑦ 包裹在中途被阻，托运人要求变更到站，补收或退还已收运费与发站至新到站的运费差额，不收变更手续费。在"客运运价杂费收据"或"退款证明书"记事栏注明"因××线路中断，变更到站"。

⑧ 鲜活包裹在运输途中被阻，卸车站应及时与发站联系，征求托运人处理意见。若托运人要求返回发站或变更到站时，按上述办法处理。托运人要求铁路部门处理时，卸车站应进行处理，将处理所得款款额填入"客运运价杂费收据"上交，在记事栏内注明情况，并编制客运记录（填写式样如图5-3所示）写明情况，附处理单据寄送发站，处理所得款由处理站所属铁路局集团公司收入部门汇付发站所属铁路局集团公司收入部门。发站凭记录和单据

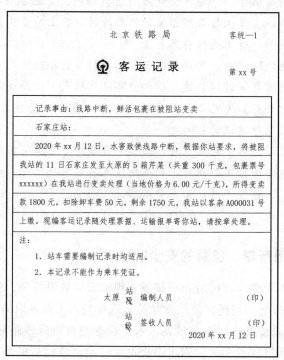

图5-3 客运记录填写式样

填写"退款证明书",退还已收运费与发站至处理站间运费差额和物品处理所得款。记录、处理单据及收回的包裹票随"退款证明书"报告页上报。

⑨ 组织行李、包裹绕道运输时,应在行李、包裹记事栏注明"线路中断,绕道运输被阻×日"并加盖站名戳,原车绕道时加盖列车行李员名章,到站根据实际运输里程加上被阻日数计算运到期限。

⑩ 线路中断后,经铁路局集团公司批准,承运包裹按实际经路计算运费。

第四节 动车组设备异常时的安全管理与应急处理

 案例导入

动车组列车空调失灵 上百乘客滞留站台讨说法

2008年5月6日下午,由天津开往北京的D542次列车空调失灵。列车到站后,近百名乘客滞留站台,工作人员欲退乘客3元空调费,遭到拒绝。

这辆D542次列车5月6日14时10分由天津发车,开往北京站。据乘坐此次列车的吕先生讲,车开前,车厢很闷热,有乘客向列车员询问,为何不开空调。列车员称,车开后,空调才能使用。列车出发后,空调仍没开。车里温度不断上升。

"车里又闷又热,许多人衣服被汗水浸透,有几个人急得用拳头砸车窗。"吕先生说。

15时19分,列车抵达北京站。乘客严先生讲,下车时有近百名乘客留在站台,要求给予解释。

D542次列车列车长梁健表示,该趟列车为临时调配车辆。出站时,一切设备正常,列车运行后,才发现空调不好使。对于部分乘客不满,她表示理解。但按照铁路规定,只能退空调费用,每张车票退3元钱。此解决方案遭到乘客拒绝。约两小时后,在车长协调下,乘客们离开北京站。车长将每位乘客的信息做了登记,表示会尽快做出回复。

思考:列车工作人员的做法是否有不妥之处?如有不妥之处,列车工作人员应该如何正确处理?

一、动车组列车运行中车内突然断电的安全管理与应急处理

电压不稳、雷击或其他错误操作都可能导致动车组列车断电,影响车厢秩序,容易发生旅客受伤、携带品丢失、旅客擅自打开车门下车或其他意外事故。为了避免出现动车组列车断电的情况,铁路相关部门应定期对列车电源和电路进行检查和维护。

当动车组列车突然断电时,铁路相关工作人员应立即进行应急处理,具体流程如下:

① 发生车厢断电,列车员应立即用对讲机报告列车长,由列车长通知随车机械师启动应急照明,随车机械师到现场查明原因,并及时修复故障、恢复通电。

② 恢复通电前,列车员应打开通风口,保证车内空气流通。列车长、乘警赶赴现场,对重点旅客重点照顾;各工作人员按照分工加强巡视,向旅客宣传解释,稳定旅客情绪,维持好车内旅客秩序,劝阻旅客走动,防止发生意外事故。列车工作人员负责车厢内服务,随

时观察车厢动态，遇到情况立即向列车长汇报。当停电时间长，导致车内空气混浊，有可能导致旅客情绪烦躁或有窒息感时，在停车情况下，可以打开车门保证车厢内空气流通。此时车门必须有列车乘务员值守，旅客不得下车。

③ 遇到夜间发生断电事故，列车员和旅客严禁用明火照明，不得动用电器设备。发动旅客中的军人、武警、公安人员共同维护车内秩序，预防不法分子趁机破坏。

④ 恢复照明后，列车长、乘警、随车机械师应立即检查有无人员受伤，旅客携带物品有无丢失、损坏，车内电器设备重新启动后有无异常情况。

⑤ 遇全列车大面积或长时间停电不能修复时，列车长应立即通过司机向就近车站、列车客运调度员报告，听候命令。同时向本段汇报，请示工作。

⑥ 涉及夜间运行或白天运行长大隧道，应配备应急照明设备。

二、启用热备动车组组织旅客换乘的安全管理与应急处理

若正在运行的动车组列车发生故障，且动车组故障无法及时修复时，会直接影响铁路客运的正常运行，还会引发旅客产生不满情绪或导致其他安全事故，此时应及时启用热备动车组列车进行救援或接续晚点列车、承担运行图任务。启用备用动车组时首先考虑使用热备动车组。无热备动车组或热备动车组定员少于故障动车组实际人数时，应调整在线运行动车组交路，有条件时，利用其他动车组担当救援车底。上述措施无法实现时，就近利用空闲普通客车底担当救援车底。

热备动车组预备司机必须满足担当各线动车组任务配备，在机务段机车调度室出勤时，按照热备动车组担当各线任务办理出勤（包括传达调度命令和IC卡）。到动车所调度室报到后，在距动车组停留地点较近的行车公寓或机务段（动车组运用所）候班，充分休息，保证叫班后随时出乘担当任务。

动车组列车故障需启用热备动车组列车时，铁路相关工作人员应立即进行应急处理，其处理流程包括报告、热备动车组出动、转乘准备、组织分工、组织转乘、检查确认、及时汇报。

（1）报告

热备动车组出动救援跨局动车组时，由中国铁路总公司调度统一指挥。

中国铁路总公司调度部调度处动车组调度员应立即报告值班处长、调度处长、调度部主任（副主任），并根据需要通知中国铁路总公司车辆、机务、供电、电务调度；由中国铁路总公司车辆、机务、供电、电务调度分别通知客车处长、机车运用处长、供电处长、信号处长。

（2）热备动车组出动

热备动车组配属局调度所接到动车组出动命令后，立即（3分钟内）向有关单位下达热备动车组出动的调度命令，有关单位必须在接令后10分钟内完成热备动车组的调车、整备、司乘人员配备等项工作，具备发车条件。热备动车组救援出动时本务司机、随车机械师、客运乘务由配属局担当。

（3）转乘准备

接到列车调度员或上级部门转乘命令后，列车长要第一时间确认转乘车站、转乘站台、转乘时间、运行路线等，组织全体乘务人员向旅客做好宣传解释工作，安抚、稳定旅客的情绪，维持车内秩序，并指导旅客做好转乘准备。

（4）组织分工

列车长立即向列车工作人员通报故障情况，进行工作分工，并按分工做好广播宣传、车

内引导、安全防护等工作，对重点旅客进行重点照顾，严禁持其他车次车票的旅客上车。

（5）组织转乘

由救援车（热备动车组列车）司机和列车长负责对准故障车车门。救援车停稳后，救援车列车长与故障车列车长联系确认后，组织乘务员手动打开指定车厢车门（随车机械师配合），放置好渡板，会同公安、客运等应急人员共同做好防护、组织旅客有序转乘。

（6）检查确认

旅客转乘完毕后，故障车列车长组织乘务员对全列进行检查确认后，通知救援车列车长转乘完毕。救援车工作人员将应急梯或渡板收好、定位存放，列车长确认所有工作人员及旅客均已上车后，关闭车门并报告救援车司机具备开车条件。故障车乘务员将应急梯或渡板收好、定位存放，关闭车门并报告被救援车司机。

（7）及时汇报

列车长及时将转乘情况向段调度室汇报。

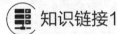知识链接1

启用非热备动车组组织旅客换乘的应急处理

启用非热备动车组组织旅客换乘的应急处理办法如下：

① 由客调命令下达原动车组车次改为特快或快速列车车次和开车时间。

② 车站应指定专人到指定地点引导旅客办理收回动车组车票、换发新客票并退还票价差额的事宜。

③ 旅客换乘时，持有停运动车组列车车票的旅客必须换新车票才能上车。列车员要认真验票，严禁持其他车次车票的旅客上车。

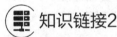知识链接2

动车组故障应急响应

根据动车组故障情况和影响程度，动车组故障应急处置按中国铁路总公司、铁路局、站段三级分别响应。

（1）发生下列情况之一，中国铁路总公司应急救援指挥中心启动Ⅰ级应急响应。

① 动车组因设备故障晚点满2小时，不能继续运行满1小时。

② 动车组因故障造成旅客群体性事件或特、一等站动车组晚点造成旅客滞留满2小时。

③ 因线路、信号、接触网等设备故障，造成动车组晚点满4小时。

④ 跨局动车组发生故障需出动热备动车组。

（2）发生下列情况之一，铁路局应急救援指挥中心启动Ⅱ级应急响应，同时向中国铁路总公司报告。

① 动车组因设备故障晚点满1小时，不能继续运行满30分钟。

② 动车组因故障造成旅客群体性事件或二等以上车站动车组晚点造成旅客滞留满 1 小时。

③ 因线路、信号、接触网等设备故障，造成动车组晚点满 2 小时。

④ 局管内动车组故障需出动热备动车组车底。

(3) 发生下列情况之一，有关站段调度部门启动Ⅲ级应急响应，同时向铁路局报告。

① 动车组始发、终到站因设备故障晚点满 30 分钟，其他客运站晚点满 1 小时。

② 动车组因故障造成旅客群体性事件或动车组始发、终到站旅客滞留满 30 分钟、其他客运站滞留满 1 小时。

③ 动车组运行路径上线路、信号、接触网等设备故障满 30 分钟或影响动车组运行。

④ 动车组故障需组织旅客换乘，热备动车组出动。

三、动车组列车空调失效的安全管理与应急处理

动车组列车在运行过程中，其空调会因列车空调装置本身损坏或接触网故障断电等，不能正常工作。由于车厢是封闭的空间，空调失效会造成车厢内空气不流通、出现异味、温度过低或过高等状况，引起旅客身体不适，严重时还可能引发旅客不满或导致其他安全事故，影响旅客出行质量。

1. 全列空调失效的应急处理

动车组列车在运行中空调发生故障时，列车长应及时向随车机械师了解空调故障原因，掌握情况后及时向旅客说明情况，诚恳致歉。同时要求列车员坚守岗位，加强车厢巡视，并做好旅客解释和安抚工作，稳定车内秩序及旅客情绪，防止矛盾激化，及时处置突发情况。列车员听从列车长统一指挥，安置重点旅客。若发现车内有异常情况，要妥善处理，并立即向列车长汇报。动车组列车因空调故障不能使用，且应急通风功能失效或不能满足需要时，以解决车厢通风透气工作为首要任务。具体处理如下：

(1) 停车通风

全列车空调失效超过 20min 不能恢复时，列车长与随车机械师确认后，立即通知司机向列车调度员提出在前方最近客运车站停车的请求。在车站停留时，应打开车门通风。必要时，站、车共同组织将旅客疏散到车站安全处所，等待故障修复、救援或组织换乘其他旅客列车。

(2) 开门安装防护网限速运行

空调故障不能修复，列车因故停车不能维持运行，列车长与司机、随车机械师沟通，视情况做出打开车门的决定，并请司机转报列车调度员。列车长组织列车工作人员在司机、随车机械师等配合下，在车厢内运行方向左侧（非会车侧）车门处安装防护网，打开车门。安装防护网的位置、数量由列车长根据动车组列车员（含餐饮、保洁员）的配置情况确定，并要求他们将车门处的旅客动员到客室内。防护网安装完毕，打开车门后，列车员（含餐饮、保洁员）严格值守车门，严禁旅客自行下车，直至车门关闭。

列车长在确认防护网固定状态及防护后报告动车组列车司机。司机根据列车长的报告，

向列车调度员申请打开车门限速运行的调度命令。

(3) 车门应急操作流程

对于CRH1型动车组列车，列车员对侧门进行紧急解锁开门，并且不要复位。司机在IU上确认由于紧急解锁而报出的A类警告。对于CRH5型动车组列车，列车员将渡板隔离，断开要打开车门的门控器电源，紧急解锁，将门打开。对于CRH型动车组列车、CRH38 BL/A/AL型动车组列车，列车员将渡板隔离，将门控器上的SS开关打至关位，紧急解锁，打开车门，通知司机确认车门状态。司机在HMI上确认车门状态应显示为"?"。列车空调故障造成影响时，列车长应在请示段调度室、动车车队后，统计受影响旅客数量、去向，统一编制客运记录后交旅客到站处理。

2. 单车空调失效的应急处理

运行途中单车空调故障的应急处理如下：

① 列车空调设备出现故障时，列车员应立即通知列车长和随车机械师，及时修复。

② 列车员向旅客做好解释工作，向旅客道歉，安抚旅客。

③ 列车不足定员时，可将旅客向有空余能力的车厢疏散。先疏散老、幼、病、残、孕等重点旅客和不理解的旅客。

④ 若无处疏散旅客，即刻请旅客协助拉下车内全部遮光帘，保持车厢内温度，同时打开与邻车厢相通的端门，调低邻车厢温度。加强服务，为旅客供水，稳定旅客的情绪。

⑤ 列车长通知客调该车厢的复用票额不再发售。

⑥ 空调不能修复时，列车长应按规定拍发电报，编制客运记录，通知车站办理有关手续。

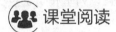
课堂阅读

列车空调失效，班组应急措施快而有序

2022年7月25日上午7时55分，由北京西开往贵阳的Z149次列车行驶至石家庄区间时，列车长接到乘务员通知：4号车厢空调出现故障，且由于车厢温度过高，旅客情绪波动较大。

列车长闻讯赶赴现场，并通知车辆乘务员进行设备检查。经排查得知，列车逆变器发生故障，在短时间内无法修复，随着车内温度的不断攀升，列车长果断启动应急预案。班组骨干与当班乘务员按照预案流程相互协作，将旅客紧急疏散至邻近空调有效的车厢，并告知大件行李可暂存于本车厢，由工作人员看管，只需带上随身可携带的贵重物品到其他车厢。

疏散过程中，乘务人员做好了车内安全宣传，在3分钟内，便将空调故障车厢的旅客有序疏散至邻近车厢。当旅客陆续前往邻近车厢时，乘务员时刻关注旅客动态，及时做好车内服务工作，最大程度缓解旅客焦躁情绪。

9时15分，经过车辆乘务员的大力维修，故障车厢空调恢复了使用。列车长观察车厢温度，待车内温度降到24℃以下时，向旅客进行宣传，空调已正常使用，大家可返回自己的车厢，并对旅客们的积极配合表示感谢。

本次空调失效车厢上座118人，重点旅客41人，在应急处置的过程中，无投诉现象发生，无旅客感到不适。

四、动车组列车车门发生故障的安全管理与应急处理

操作不当、门控器排线松动、车门反复开关等都可能导致车门出现故障而无法正常开关,旅客无法正常上下车,旅客乘车质量受到影响。为了避免出现动车组列车车门故障的情况,铁路相关部门应定期对动车组列车车门进行检查和维护。动车组列车车门故障的应急处理可分为动车组列车发车前车门故障的应急处理、动车组列车运行途中车门故障的应急处理、动车组列车到站后车门故障的应急处理三种情况。

1. 动车组列车发车前车门故障的应急处理

当动车组列车发车前车门出现故障时,列车长应立即通知司机和随车机械师,随车机械师到现场进行处理,乘务员做好安全防护工作。

2. 动车组列车运行途中车门故障的应急处理

当动车组列车运行途中车门出现故障时,铁路相关工作人员应立即进行应急处理,具体流程如下:

(1) 立即报告

动车组列车在运行过程中,列车工作人员接到旅客报告或发现车门出现故障后,应立即前往故障车门处进行看守,采取安全防护措施,并报告列车长。

(2) 现场处理

列车员应立即通知列车长、随车机械师到现场检查确认并处理。列车长、随车机械师到现场前,列车员应坚守车门,禁止旅客靠近车门,做好安全宣传工作,防止发生意外事故。动车组自动开关门装置故障时,由司机使用对讲机通知随车机械师和列车长,列车长负责组织乘务员手动开关门,随车机械师负责处理相关故障。

(3) 加强防护

当随车机械师确认故障车门不能及时修复时,列车长应立即组织工作人员设置警示带,必要时加装防护网,并报告司机及列车调度员。列车调度员通知前方停车站避开故障车门,做好旅客乘降准备工作。同时,列车长应在列车到站前提前组织故障车门所在车厢的旅客到邻近车厢准备下车。

3. 动车组列车到站后车门故障的应急处理

动车组到站时车门发生故障,列车员通过对讲机报告列车长,列车长立即通知司机和随车机械师,通过广播向旅客做好宣传解释,并组织乘务员分车厢手动开门,组织旅客下车。若手动开关车门无效,列车长应向车站报告车厢号,调整旅客等候上车位置,同时迅速组织旅客从非故障车门乘降,注意防止旅客拥挤或越站。

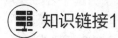
知识链接1

动车组列车车门夹旅客的应急处理

列车员发现车门夹旅客后应立即通知列车长,列车长应通过对讲机立即通知司机"××车门旅客被夹",司机自动释放车门或按司机要求由乘务员手动开启指定车门。若列

车已经启动，乘务员须在停车后经司机允许，方可手动开启指定车门。车门释放被夹旅客后，乘务员手动关闭车门。列车长和随车机械师一同检查确认车门正常关闭后，方可通知司机"车门正常关闭"。被夹旅客若受伤，应根据受伤情况通过广播寻医（车上无医生时由列车红十字救护员）进行现场救治，若需下车治疗，列车应编制记录交车站处理（若时间紧迫可后补记录及材料）。车门处理完毕后，应立即发车，不得因处理不及时而延误发车。开车后，列车长应收集两份以上旅客旁证材料及事故现场有关证据材料（包括文字和图片），同时尽快向段调度室、动车车队、动车台客调报告详细情况。列车长及乘务员应共同维护好车内秩序，避免车门夹旅客引发车内混乱，防止事件影响扩大。列车需防护时，列车长应听从司机的指挥，妥善处理有关事宜。

 知识链接2

非正常情况的车门开启

1. 在有电情况下司机释放车门，手动开门

① 由司机释放车门，车门开关按钮亮起。
② 按下所开车门的车门开关按钮。
③ 关门时，由司机复位集控关门。

2. 在有电情况下的手动紧急开门

① 用三角钥匙开关"本地操作"，黄灯亮起。
② 用三角钥匙开关"开/关本地车门"，红灯亮起，在车门完全打开前不得松手。
③ 用三角钥匙插入"开/关本地车门"复位即可关门。

3. 在无电情况下的手动开门

① 打开车内紧急开门装置，按下红色手柄，用手拉开车门。
② 关门时，手动开门把门合上，并用三角钥匙将内部开门装置中的锁芯复位。

第五节　突发重大疫情的安全管理与应急处理

　　铁路运输具有人员密集、流动性强、旅客成分复杂等特点，一旦某一地区发生疫情且未得到严格控制，疫情很可能通过铁路网传播到各地，使疫情大范围蔓延，后果严重。重大疫情突发事件包括如下内容。

　　① 甲类传染病（如鼠疫、霍乱）、乙类传染病（如传染性非典型肺炎、艾滋病、人感染高致病性禽流感）、丙类传染病（如流行性感冒、流行性腮腺炎、风疹）暴发或出现多例死亡病例。

　　② 发现罕见或已消灭的传染病，以及新型传染病的疑似病例。

③ 可能造成严重影响公众健康和社会稳定的传染病疫情，以及上级卫生行政部门临时规定的疫情。

一、列车突发重大疫情的安全管理与应急处理

当列车突然发生重大疫情时，铁路相关工作人员应立即进行应急处理，其应急处理程序如下：

（1）立即报告

列车上发现疑似鼠疫、霍乱等甲类传染病或人感染高致病性禽流感等重大疫情的病例或接到列车有疑似病例的通知时，列车长要立即向本单位值班室报告并通知前方站，值班主任立即向铁路疾控部门报告。报告内容包括车次、时间、运行地点、患者主要症状和密切接触人员的简况、旅行目的地、患者所在车厢序号、报告人及联系电话。

（2）隔离封锁

列车长、乘警及乘务员等列车工作人员应组织传染病人、疑似病人和密切接触者就近隔离（注意做好个人防护），或将患者移动到该车厢的下风处，将其他旅客移动到该车厢尽可能远的上风处。列车应急处理小组可采取在旅客中寻找医务人员的方式，组织应急救治工作；控制患者原所在车厢旅客的流动；关闭患者所在车厢的中央空调，采取措施保持车厢通风。列车长应组织封锁已经污染或可能污染的区域，同时做好被隔离人员的交站准备。

卫生主管部门和疾病预防控制中心接到报告后，应立即通过电话或委派专业人员上车进行指导和处理疫情。

（3）稳定情绪

列车长、乘警应维护好车内秩序，安抚旅客，稳定其情绪，确保区域封锁、旅客隔离、站车移交等工作正常开展。

（4）确定范围

列车长、乘务员对传染病人、疑似病人和密切接触者进行登记，登记内容包括姓名、性别、年龄、住址、身份证号码、联系电话及车次、车厢号、座位等。同时，联系密切接触者到达站的卫生防疫部门，由到达站卫生防疫部门按规定处理。

对密切接触患者的乘务员，由铁路疾病预防控制中心安排进行医学观察。

（5）指定交接

列车调度员根据铁路局有关部门确定的处置方案，安排列车在指定车站停车。列车长接司机指定站停车的通知后，做好疾控人员上车和疑似病例交站等相关准备工作，列车长在指定停车站将传染病人、疑似病人、密切接触者和其他需要跟踪观察的旅客及相关资料移交车站和铁路疾控部门，车站及铁路疾控部门做好接车紧急处置准备，站车积极配合现场的医疗和疾控部门工作。

（6）解除封锁

卫生主管部门和疾病预防控制中心接到报告后，应立即通过电话或委派专业人员上车进行指导和处理疫情，对已经污染或可能污染的区域进行消毒。列车到达终点站后，由所在地铁路疾病预防控制中心对全列车进行消毒。铁路疾病预防控制中心确认处置完毕后，方可解除区域封锁。

二、车站突发重大疫情的安全管理与应急处理

当车站突然发生重大疫情时,铁路相关工作人员应立即进行应急处理,其应急处理程序如下:

(1) 立即报告

在车站发现疑似鼠疫、霍乱等甲类传染病或人感染高致病性禽流感等重大疫情的病例或接到车站有疑似病例的通知时,工作人员应立即报告值班员,值班员要在第一时间将患者或疑似患者情况报告车站综控室,提出处置请求,同时向铁路疾控部门和上级主管部门报告。

(2) 分类隔离

值班员安排经过专业培训的人员先穿戴好防护服,按规定做好个人防护,再按卫生主管部门的要求对患者进行分类隔离,即将患者或疑似患者引导至车站医务室进行隔离,对密切接触者进行集中隔离,紧急疏散其他旅客,并对有关人员进行登记。

(3) 封闭管理

车站应封锁已经污染或可能污染的区域,疏散旅客、稳定旅客情绪、消除旅客恐慌,防止发生意外。对患者、疑似患者及其密切接触者使用过的物品进行封存,在未对其进行有效消毒前不得使用;对使用过的防护用品进行封存,不得重复使用。

(4) 消毒处理

由铁路疾控人员对已经或可能被污染的区域进行消毒。

(5) 移交

车站应将患者、疑似患者和密切接触者以及其他需要跟踪观察的旅客,及相关资料移交铁路疾控部门。铁路疾控部门确认处置完毕后,方可解除区域封锁。

(6) 维护秩序

公安部门应维护好站内秩序,确保区域封锁、旅客隔离和疏散等工作正常开展。

(7) 配合工作

车站应积极配合现场的医疗人员和铁路疾控人员开展工作。

 知识链接

车站突发重大疫情的预防控制

为了避免车站突发重大疫情或降低其影响,铁路相关部门应采取有效的预防控制措施,具体如下:

① 加强铁路与地方防疫机构的联动控制,共同协商、分工合作。

② 加强铁路客运人员的卫生防疫知识培训,使其掌握卫生防疫的基本技能。

③ 加强车站卫生防疫硬件基础设施建设。

④ 制定科学合理的应急处理预案,定期开展应急演练,切实提高车站工作人员的应急处理能力。

⑤ 疫情防控期间,应加强对车站、工作人员及旅客的卫生检疫。

第六节 旅客食物中毒事件的安全管理与应急处理

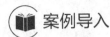案例导入

旅客因食用列车上食物而中毒

2003年1月10日,阜新至上海的1230/1227次旅客列车上发生了一起食物中毒事件。餐车服务人员将餐车中来源不明的白色粉末状物质(经查为亚硝酸盐,食用过量会中毒)误当作白糖冲入奶粉卖给旅客食用,致使1人死亡、7人中毒。

思考:上述旅客食物中毒事件反映了哪些问题?应该采取哪些防控措施?

造成旅客食物中毒的责任方主要是铁路运输服务方和旅客自身。

① 对于铁路运输服务方,由于铁路站车食品进货渠道复杂、食品加工和存储条件要求高、食品加工程序复杂等,不利于查清食物中毒的源头。

② 对于旅客自身,大部分旅客在旅行中会自带食品充饥,但是食品本身具有易腐烂变质、易污染等特点,增加了旅客食物中毒的风险。

一、列车旅客食物中毒事件的安全管理与应急处理

当列车发生旅客食物中毒事件时,铁路相关工作人员应立即进行应急处理,具体处置程序如下:

(1) 立即报告

当列车发生旅客疑似食物中毒事件时,列车长应立即向司机和上级主管部门报告,司机向列车调度员报告,列车调度员立即向值班主任报告,值班主任通知铁路疾控部门。

(2) 组织救治

不论食物中毒责任是谁,应该先救治中毒旅客。列车长立即赶赴现场,通知红十字救护员对患者进行初步救治,同时通过广播寻找医生帮助抢救治疗,控制病情进一步发展。采取催吐、导泻等方法和应急救治措施,进行初步救治。同时清除呕吐物,保证其他旅客免受损害或传染,稳定旅客的情绪。

遇有中毒旅客必须临时停车送医院抢救时,列车长向司机和段调度室报告,司机向列车调度报告,请求临时停车命令。列车调度员应安排列车在最近的具备医疗抢救条件的车站停车,并通知前方停车站做好抢救准备。

(3) 初步调查

列车长要了解中毒旅客的症状、人数、发病时间等情况,初步判断毒物根源或怀疑导致中毒的食物。发生3人以上食物中毒时,列车长应及时向前方停车站通报,并向段调度室和铁路局客运调度汇报;怀疑投毒导致食物中毒时,同时向铁路公安机关报告,并做好相关记录,做好向车站移交的准备工作。

(4) 排查封存

列车工作人员应对有关人员进行登记,乘警负责保护好现场、维护秩序,铁路疾控部门

工作人员应上车收集、封存造成旅客中毒或者可能导致旅客中毒的食物及其原料、器具等，并将病人的呕吐物样品一并留存，等待进一步调查。调查结果一般有以下三种情况。

① 若旅客中毒是由自带食品所致，应将其所带食品收集。

② 若不能排除旅客中毒是列车供应食品所致，则应立即停止列车食品供应，采取措施追回已售出的可疑食物或通知旅客禁止继续食用，防止事态进一步扩大。

③ 若能确认导致旅客中毒的食物是由配餐或某站出售的食物造成的，应及时报告铁路局客运调度通知生产销售部门停止销售。

（5）调查取证

列车长、乘警及时调查发病原因、收集证据，了解中毒旅客的基本情况、发病症状、进食史，并进行记录，形成第一手资料，以便卫生防疫部门调查。

（6）配合交接

列车工作人员应积极配合现场的医疗和疾控部门工作，列车长及时将记录和有关材料移交车站。

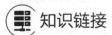知识链接

食物中毒的急救方法

一般情况下，食物中毒都是急性的，患者会出现呕吐、腹泻等症状，严重的甚至会死亡。因此，一旦发现旅客有食物中毒症状，应立即对其进行适当的现场处理。食物中毒比较有用的应急措施包括以下几种：

（1）催吐

催吐是一个非常简单且有效的急救方法，可以将干净的手指（也可以用筷子或压舌板）放到患者喉咙深处轻轻划动，使其呕吐胃内未吸收的食物残渣。如果食物较黏稠，可以先饮用大量清水再进行催吐，将胃内残存的有毒食品吐出；催吐完毕后应让患者喝少许盐水，以补充水分和洗胃。此方法多用于食用不当食物，如毒蘑菇等出现的食物中毒。如果食用较多，在催吐后应立即就医进行治疗避免危及生命。需要注意的是，催吐需要在吃完食物两个小时内进行，否则没有明显效果。中毒者若昏迷，则不能催吐，以免呕吐物堵塞气管。

（2）饮用牛奶或蛋清

这种方法通常用于食物中重金属超标而导致的中毒。牛奶和蛋清中含有的蛋白质可以使大部分的重金属离子沉淀，减少身体对其的吸收，从而减轻中毒症状。但在饮用蛋白后仍应立即就医进行规范化治疗。

（3）导泻

进食两个小时后，食物已到达肠道，此时应考虑导泻。具体方法是将中药大黄用开水泡开服用，也可以用硫酸镁导泻，将胃肠道内有毒物体排出，两小时后如果没有排出，则需要立即就医。需要注意的是，导泻适用于体质较好的年轻人，小孩和老人要慎用，以免引起脱水或人体电解质紊乱。

（4）中药解毒

取紫苏和生甘草，二者以 3∶1 的比例混合，用水煎服一次，可以较好地缓解由动物

类食品造成的食物中毒;如果是植物类食物中毒,可以饮用一些绿豆汤解毒。

除此之外,对于因吃了过期变质的食物而腹泻的情况,可以用食醋加开水冲服;因为食醋具有一定的杀菌抑菌能力,对于腹泻有一定的防治功效。

当采用以上方法无效时需要立即就医。

二、车站旅客食物中毒事件的安全管理与应急处理

当车站发生旅客食物中毒事件时,铁路相关工作人员应立即进行应急处理,具体处置程序如下:

(1) 立即报告

车站发生旅客疑似食物中毒事件,应立即向铁路疾控部门报告。

(2) 排查封存

车站应对有关人员进行登记,封锁现场,封存可疑食品、食具用具等。铁路疾控部门应收集中毒人员的呕吐物、排泄物待查。

(3) 调查取证

车站工作人员及时调查发病原因、收集证据,了解中毒旅客的基本情况、发病症状、进食史,并进行记录,形成第一手资料,以便卫生防疫部门调查。

(4) 配合工作

车站工作人员应积极配合现场的医疗和疾控部门工作。

三、旅客食物中毒事件的预防控制

为了避免发生旅客食物中毒事件,铁路相关部门应采取有效的预防控制措施,具体如下:

① 统一进货渠道,改善食品加工、存储条件,强化食品安全管理,保证列车上出售的所有食品从原料到成品都可以追踪,最大限度地消除食品安全隐患,杜绝食品中毒事件的发生。

② 严格执行列车、车站的卫生质量标准,对站车卫生、饮食供应、服务设施等进行全面检查、整改。

③ 加强列车管理,杜绝小贩上车叫卖,对有资质在列车经营的食品商也要进行常态化检查,以防食品安全事故。

④ 搭建站车与铁路沿线地方卫生防疫部门协作平台,加强"站、车、地联动",共同协作处置旅客食物中毒事件。

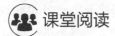
课堂阅读

Z95 次列车 39 人食物中毒事件

2019 年 7 月 23 日,中铁集团发布消息称,四川内江的 39 名乘坐 Z95 次列车的赴京旅行返程中学生,因出现呕吐、恶心、腹痛等症状,被紧急送往 5 家医院救治,情况趋于稳定。后经卫生部门初步诊断为细菌性集体食物中毒。列车在郑州站发车后,又有 15 名旅客

发病，先后在汉口站、恩施站移交救治。

列车上发生食物中毒，一般有几个原因，一是列车上的食物不符合卫生安全标准，二是旅客买了站台上或列车车厢中商贩的食品，三是旅客乘车之前吃了不卫生的食物。按照列车上的食物中毒标准应对做法，应当及时封存可能导致中毒的食物及原料，由列车运行前方所在地铁路卫生监督机构负责立案，通报情况。因此，此次旅客食物中毒，可以封存旅行社准备的方便食品以及列车上的食品，但是也不能忘了协调查询旅客上车前所吃的午餐，由当地疾控中心负责检查。否则，此次的食物中毒就有可能出现罗生门，不利于查清源头，也难以杜绝未来类似的食物中毒事件发生。

为确保旅客乘车安全，首先是要加强列车、车站食品卫生管理，保证列车上出售的所有食品从原料到成品都可以追踪，这样才能保证及时、有效地处理问题。同时，列车乘务人员应加强列车管理，杜绝游离小贩上车叫卖；车站、防疫站门要重点把好进站关，严禁没有食品安全证照的商贩到车站贩卖食品。此外，对有资质在车站经营的食品商也要进行常态检查，以防食品安全事故。

第七节　旅客人身伤害及突发急病事件的安全管理与应急处理

 案例导入

> **旅客突发疾病，乘务紧急救援**
>
> 2022年9月8日16时8分，上海虹桥开往汉口的D3026次列车行驶在南京南至全椒区间，列车长朱恒勇在巡视到8号车厢时，发现7号车厢风挡处一名男性旅客突然倒地，立即跑上前去查看。只见旅客躺在地上呻吟，痛苦地捂着腹部，脸色发白，情况十分危急。
>
> 列车长当即让乘务员通过列车广播寻找医生并拿来医药箱，乘坐该列车的安徽医科大学第一附属医院从6号车厢赶到现场，初步诊断旅客患阑尾炎，建议立即下车治疗。列车长立即联系列车前方停靠站全椒站呼叫120救护车。
>
> 16时13分，列车到达全椒站，列车长和乘务员一起将旅客小心地抬下车，顺利交接给车站工作人员，随后，旅客被送上赶来的救护车，由于救治及时该旅客已无大碍。
>
> 思考：当旅客突发疾病时，应当采取哪些应急措施？

一、旅客人身伤害及突发急病的相关概念

1. 旅客人身伤害事故

凡持有有效乘车票据的旅客，经检票口进站验票（手工加剪或自动检票机打印标志）开

始,至到达目的地出站检验乘车票据时止(中转和中途下车的旅客自出站至进站期间除外),在旅途中遭受到外来、剧烈、明显的意外伤害事故以及承运人等原因的过错,致使旅客人身受到伤害以致死亡、残疾或丧失身体机能者,均属旅客人身伤害事故。

常见的铁路旅客人身伤害事故包括车辆伤害、高处坠落、触电、食物中毒、摔伤、挤伤、烫伤、砸伤等。

旅客人身伤害按程度分为以下三种:

① 轻伤:伤害程度不及重伤者。

② 重伤:使人肢体残废,容貌毁损,视觉、听觉丧失以及其他器官功能丧失或者其他对于人体健康有重大伤害的损伤。

③ 死亡。

2. 旅客急病

旅客急病:旅客在旅途中突然发生、病情变化快、症状较重、不及时救治可能导致病情扩大甚至危及生命安全的疾病。旅客发生急病,铁路负有救助义务。

旅客常发生的急病有急性心脑血管病、急性呼吸系统疾病、急性内分泌系统疾病、突发精神性疾病、急性消化系统疾病、阑尾炎、宫外孕等急病以及孕妇分娩。

3. 旅客人身伤害及突发急病事件的特点

旅客人身伤害及突发急病事件是指在铁路运输过程中,各种原因导致旅客摔伤、挤伤、砸伤、突发心脏病等。此类事件的发生有以下特点。

① 具有周期性,如春运期间是此类事件的高发期。

② 与旅程长短和活动时间段有关系,如夜间如厕容易发生摔伤。

③ 与列车环境、乘车环境有关系,如在列车和站台的缝隙部位容易发生旅客摔伤。

④ 与旅客年龄有关系,如儿童容易发生摔伤,老年人容易突发脑出血、心脏病。

知识链接

旅客人身伤害事故等级

旅客人身伤害事故分为六等:

① 轻伤事故,是指只有轻伤没有重伤和死亡的事故。

② 重伤事故,是指有重伤没有死亡的事故。

③ 一般伤亡事故,是指一次造成死亡1人至2人的事故。

④ 重大伤亡事故,是指一次死亡3人至9人的事故。

⑤ 特大伤亡事故,是指一次死亡10人至29人的事故。

⑥ 特别重大伤亡事故,是指一次死亡30人以上的事故。

二、列车旅客人身伤害及突发急病事件的应急处理

旅客人身伤害及突发急病事件的应急处理可以分为旅客人身伤害的应急处理和旅客突发急病的应急处理两种情况。

1. 旅客人身伤害的应急处理

当发生旅客人身伤害事件时,铁路相关工作人员应立即进行应急处理,其处理流程如下:

(1) 信息报告

当发生旅客人身伤害时,采用电话或沿车厢传递的方法报告列车乘务员,乘务员应立即报告列车长、乘警,并安抚受伤者及同行人情绪。

(2) 赶赴现场

列车长、乘警接到报告后应立即赶赴现场。

(3) 组织救治

列车长联系安排红十字救护员进行初步救治;若旅客伤害较严重,应及时通过广播寻找医务工作者帮助救治,并根据救治需要,提前协调医务工作者全程参与救治,直到医疗机构救护人员赶到现场。如危及生命,向客运段值班室、上级客调报告,请求临时停车,说明时间、地点、列车运行区间、旅客伤病情况、受伤旅客人数。将患者移至卧车或座车长椅处,疏散周围旅客。

列车上受伤旅客需交车站处理时,应提前通知车站做好救护准备工作。

(4) 调查取证

列车长要会同乘警勘查现场、了解情况、收集旁证物证,调查旅客发生人身伤害的原因,收集不少于两份同行人或见证人证言、查验记录、现场照片、录像等相关证据,形成比较完整的证据链。根据有效证件确定伤者姓名、单位、住址等信息;同时,对参加救治的医务工作者的单位、姓名、联系方式等信息进行登记。确保证人信息完整,证言真实有效,证人不配合则由乘警取证。

(5) 站车交接

列车长编制客运记录,连同旅客、同行人及其车票、随身携带物品、相关资料一并移交前方停车站处理,列车工作人员不下车参与处理。若受伤旅客要求继续乘车,则可将旅客移交到站处理;若旅客伤势严重,必须临时停车送医院抢救时,列车长应报告司机,由司机向列车调度员汇报,由铁路局客运调度安排临时停车就医治疗。遇患者昏迷、休克且无同行人时,由乘警确认患者身份,列车长要会同乘警清点旅客车票、携带物品一并移交。特殊情况来不及编写客运记录,列车长可暂不移交客运记录,于三日内再向受理车站补交。

(6) 及时上报

列车长及时将有关旅客人身伤害的情况上报。退乘将旁证材料、客运记录、处置经过书面材料交客运段业务科室和车队。

2. 列车旅客人身伤害事故的预防控制

为了尽量减少或避免发生旅客人身伤害事故,铁路相关部门应采取有效的预防控制措施,具体如下。

① 加强铁路人员的安全教育,提高铁路人员的安全防范意识。

② 建立全员预防、全员监控、全员承责的风险控制体系,做好以下"四个重点"。

重点时段控制,如春运、寒暑假、清晨、夜间控制。

重点部位控制,如车门处、厕所处、行李架处等控制。

重点旅客控制，如将老、幼、病、残、孕作为重点照顾对象。

重点设备控制，如随时巡查防火设备、安全应急设备的状态。

③ 加强旅客宣传教育，如通过广播宣传安全常识，提示旅客遵守乘车安全规定。

知识链接1

旅客人身伤害事故通报

车站、列车发生旅客人身伤害事故时，应当立即向上级主管部门及有关铁路局主管部门拍发事故速报，条件允许时，应当先用电话报告事故概况。发生重大及以上伤亡事故时，应当逐级向上级主管部门报告。事故速报内容包括：

① 事故种类。

② 发生日期、时间、车次。

③ 发生地点、车站、区间里程。

④ 伤亡旅客姓名、性别、国籍、民族、年龄、职业、单位、住址、身份证号码，车票种类、发到站、票号。

⑤ 事故及伤亡简况。

知识链接2

列车发生旅客受伤的应急处理

（1）烫伤

应立即将被烫部位浸入冷水中或用冷水及冰水冲洗，以减少热力继续留在皮肤上起作用。严重烫伤时，创面不要涂药，用消毒敷料或干净被单等简单包扎，防止进一步损伤和污染。在寒冷季节要注意对受伤旅客加强身体保暖，尽快送医院。

（2）挤伤

用冷毛巾或冷水袋外敷半小时左右，防止血肿增大，以减轻疼痛。若手指甲下出现血肿，可用烧红的回形针垂直在指甲上血肿位置穿刺小洞，积血从洞中流出，再贴上护伤胶布，可止痛及保护指甲不脱落。

列车发生旅客受伤时，列车员应立即报告列车长，列车长带上急救药箱赶到现场，组织人员对受伤旅客进行治疗。

伤情严重时，应立即通过广播寻找医生协助进行急救，收集两份以上有效的旁证材料，记录通过广播寻找的医生的姓名、工作单位、详细地址、联系方式、身份证号码。若是第三人责任造成的伤害，应由第三人承担责任。可以组织双方调解，形成书面协议。若调解不成，由列车长编制客运记录交车站处理。急需送医院救治的，由列车长编制客运记录交车站处理；属于第三人责任的，第三人也一起下车交站，客运记录应说明事情发生的经过及处理过程。若双方调解达成协议，受伤旅客在下车时，列车长也应编制客运记录与车站办理交接。

> **知识链接3**
>
> ### 动车组发生旅客坠车事件的应急处理
>
> 发生旅客坠车事件，列车长和乘警要封锁旅客坠车具体位置，采取安全措施，寻找证人、同行人，调查坠车旅客情况，采集有效证言，查找坠车人携带品。在有条件的情况下可录制音频或拍摄视频资料，音频及视频资料涉及旅客时，须先录制征得旅客同意的音频或视频片段。动车组列车运行中发生旅客在区间坠车事件时，在不影响动车组列车安全的情况下不停车处理，列车长向运行所在局客调、本局客调、段调度室和动车车队报告，并通过司机通知就近车站派人寻找。

3. 旅客突发急病的应急处理

当发生旅客突发急病事件时，铁路相关工作人员应立即进行应急处理，其处理流程如下：

（1）信息报告

当发生旅客突发急病事件时，采用电话或沿车厢传递的方法报告列车乘务员，乘务员应立即报告列车长、乘警，并安抚急病患者及同行人情绪。

（2）赶赴现场

列车长、乘警接到报告后应立即赶赴现场。若旅客身体不适是由列车速度过快等造成的，乘务员应及时帮助旅客调整座席，让旅客保持舒适的乘车姿势，经常看望旅客，提供相应的服务。若旅客状况不能改善或逐渐加重，列车工作人员应征求旅客或同行人的意见，确定是否下车治疗。

（3）组织救治

当持有车票的旅客在列车上发生急病时，列车长应填写客运记录，并联系安排红十字救护员进行初步救治；若旅客病情较严重，应及时通过广播寻找医务工作者帮助救治，并根据救治需要，提前协调医务工作者全程参与救治，直到医疗机构救护人员赶到现场，送交市、县所在地的车站或较大站转送定点医院、传染病医院或其他地方医院治疗。旅客因病治疗产生的医疗费由旅客自己承担。

当旅客在列车上死亡时，列车长应填写客运记录，会同公安人员，将尸体和死者遗物交给市、县所在地的车站或较大的车站，接收站按照在车站死亡时办理。

对死者的遗物妥善保管，待死者家属或工作单位前来认领时一并交还。旅客死后所需的费用，先由铁路部门垫付，事后向其家属或工作单位索还。如死者家属无力负担或无人认领，铁路可在"旅客保险"项下列支。

当没有车票的人员，在列车上发生急病或者死亡时，由铁路部门负责处理。

（4）调查取证

列车长要会同乘警勘查现场、了解情况、收集旁证物证，调查旅客突发急病的原因，收集不少于两份同行人或见证人证言、查验记录、现场照片、录像等相关证据，形成比较完整的证据链。根据有效证件确定伤病者的姓名、单位、住址等信息；同时，对参加救治的医务工作者的单位、姓名、联系方式等信息进行登记。确保证人信息完整，证言真实有效，证人不配合则由乘警取证。

(5) 站车交接

列车长编制客运记录，连同旅客、同行人及其车票、随身携带物品、相关资料一并移交前方停车站处理，列车工作人员不下车参与处理。对病情严重或紧急的旅客，列车长要通过客运调度联系前方车站急救，并做好交接准备工作。遇患者昏迷、休克且无同行人时，由乘警确认患者身份，列车长要会同乘警清点旅客车票、携带物品一并移交。特殊情况来不及编写客运记录，列车长可暂不移交客运记录，于三日内再向受理车站补交。

(6) 及时上报

列车长及时将有关旅客突发急病的情况上报。退乘将旁证材料、客运记录、处置经过书面材料交客运段业务科室和车队。

4. 列车旅客突发急病的处理注意事项

列车有急症病旅客时需要注意的事项如下：

① 患者病情较重或找不到医生时，列车长要及时编制客运记录，将患病旅客移交给有市、县医院的车站或较大车站转送医院治疗。

② 旅客病情严重、不能自理又无同行人时，列车长要会同乘警清点旅客车票、携带物品，一并移交。编制客运记录时，应注明旅客的姓名、性别、年龄、单位、住址、身份证号码及携带物品的名称、件数（大写）等。

③ 旅客发生病情或死亡，列车移交时，不做结果判断，由医疗单位下结论。

④ 旅客病重或昏迷不醒时，一定要收集旅客对救治过程的旁证材料，取证要有公安人员参加。

三、车站旅客人身伤害及突发急病事件的应急处理

1. 车站旅客人身伤害及突发急病事件的处理流程

发生旅客人身伤害及突发急病事件时，车站相关工作人员应立即进行应急处理，具体流程如下：

(1) 信息上报

客运员发现事件发生后应立即通知客运值班员，并组织抢救。客运值班员接到通知后，将事件发生地点、概况向值班干部汇报，并迅速赶赴事发现场。值班干部接到通知后，立即向车间主任、分管领导报告，并通知公安人员赶赴现场。

若发现旅客在区间坠车时应当立即停车处理（特快旅客列车不危及本列车运行安全时除外）。在不具备停车条件或迟延发现时，列车长应当通过运转车长通知就近车站派人寻找。同时，列车长应在前方停车站拍发电报，向事故发生地所属铁路局和列车担当铁路局主管部门报告。

(2) 实施救助

在站内发生旅客人身伤害及突发急病事件时，客运值班员应及时拨打120急救电话，询问或查找受伤旅客（患者）家属的联系电话，派专人护送受伤旅客到就近或具备救治条件的医院进行救治。发生旅客伤亡人数较多的事故车站认为必要时，应请求地方政府协助组织

抢救。

送医人员应初步了解旅客情况，发生医疗费用时，应初步判断责任人。若责任人为旅客或第三人，则由旅客或第三人支付医疗费用；若不能确定责任人或责任人不明、无力承担，则经站长批准可用站进款垫付。

持有车票的旅客在车站候车期间死亡时，车站站长应会同公安部门、卫生部门共同检验，并按规定处理。如因传染病死亡的应根据卫生部门的指示办理。车站应通知其家属或工作单位前来认领。

对死者的遗物妥善保管，待死者家属或工作单位前来认领时一并交还。旅客死后所需费用，先由铁路部门垫付，事后向其家属或工作单位索还。如死者家属无力负担或无人认领，铁路可在"旅客保险"支出项下列支。

没有车票的人员，在候车室、广场等地发生急病或死亡时，由车站通知地方有关部门处理。

（3）现场控制

列车长、车站客运主任应当会同铁路公安部门及时勘验事故现场，检查受伤旅客（患者）人数、姓名、性别、年龄、单位、家庭住址，并检查旅客所持车票的票种、票号、发到站、车次、有效期及检票情况等；车站工作人员要积极配合公安人员封锁事故现场，禁止与救援、调查无关的人员进入。

（4）收集证据

客运值班员（值班站长）应组织人员全面搜集、梳理相关材料，收集不少于两份同行人或见证人的证言，查验记录、现场照片、录像等有关证据，形成比较完整的证据链，并保护好证据材料。

收集证人证言时，应当记录证人姓名、性别、年龄、地址、联系方式、身份证号码等内容。证言、证据应当准确、真实，并能够证明事故发生的过程和原因。

（5）材料整理与上报

车间业务室及时整理相关资料，并于次日（遇双休、节假日顺延）由车间干部上报客运科。

需上报的相关资料：客运记录、受伤旅客车票、随身携带品清单、旅客或家属的联系电话、不少于两份旁证材料、现场旅客定位图、旅客和同行人的身份证复印件、死亡证明复印件、现场照片录音和录像资料、客运值班员拟写的处理经过、其他与该事件相关的材料。

2. 车站旅客人身伤害事故的预防控制

为了尽量减少或避免发生旅客人身伤害事故，铁路相关部门应采取有效的预防控制措施。

（1）加强安全宣传

车站广播宣传安全知识，客运人员加强对重点旅客的帮扶；做好楼梯、天桥、地道、进出站通道等重点部位的安全提示，遇雨雪天，要及时采取防滑措施。客运人员要提高安全防护意识，对行为异常的旅客加强监控，必要时请求公安人员介入处理。

（2）车站封闭管理

车站要加强凭票候车作业，及时劝阻无票人员进站；严格执行出站口只出不进的规定，严禁旅客或闲杂人员由出站口进入站内。

（3）做好乘降组织工作

站台客运人员要及时清理站台闲杂人员，特别是在下半夜以及列车到发密集度集中的时段，要严格落实清站工作，消除安全盲点；引导旅客到指定车厢排队候车，做好接车准备工作；随时关注列车启动情况，防止发生旅客抓、扒、跳、抢上车等现象；列车停稳后，引导旅客先下后上；列车出站后，清理站台滞留人员。

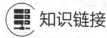 知识链接

铁路旅客人身伤害及携带品损失责任划分

在铁路旅客运输过程中（自旅客进站检票时起至出站检票时止）发生的铁路旅客人身伤害及携带品损失，由发生地或处理站所在地的铁路安全监督管理办公室（客运专业管理部门）组织处理站或其上级主管部门、铁路公安派出所或其上级铁路公安机关、相关专业管理部门等开展调查工作，了解相关情况，确定责任主体，提出处理意见。

1. 旅客自身责任

旅客违反铁路安全规定，不听从铁路工作人员引导、劝阻等违法违章的行为或其他自身原因造成的伤害，属于旅客自身责任。

在旅客人身伤害及携带品损失调查中，涉及旅客或第三人责任，且旅客、第三人或其代理人没有异议的，应当在有关调查报告中载明，并经其签字确认后，作为善后处理的依据；旅客、第三人或其代理人不予认可的，可告知其协商解决或通过司法途径处理。

2. 铁路运输企业责任

由于铁路运输企业人员的职务行为和设施设备的原因等给旅客造成伤害，属于铁路运输企业责任。铁路运输企业责任分为客运部门责任和行车等其他部门责任。客运部门责任分为车站责任和列车责任。

铁路安全监督管理办公室（客运专业管理部门）在调查中，对涉及铁路运输企业责任的，应按发生原因、铁路运输企业及其各部门职责等确定责任单位；两个以上单位都负有责任时，可以列两个以上单位的责任。

确定铁路运输企业责任后，铁路安全监督管理办公室（客运专业部门）应当及时出具"铁路旅客人身伤害事故定责通知书"（如表5-1所示），交善后处理工作组，并于10日内寄送责任单位及其上级主管部门。

表5-1 铁路旅客人身伤害及携带品损失定责通知书

```
_____铁路局：
_____站（段）：                               No._____
 关于___年___月___日发生_____旅客人身伤害（携带品损失），经调查处理工作组研
究，列_____站（段）_____责任。
 特此通知。
                                     ××安全监督办公室（公章）
                                            年  月  日
```

注：本通知一式四份，一份交善后处理工作组，一份处理站（段）留存，寄送责任单位及上级主管部门各一份。

遇下列情形之一的,车站应当承担相关责任:

① 旅客持票进站或下车后在出站前,因车站组织不当造成人身伤害的。

② 车站引导标志缺失或不准确,误导旅客造成其人身伤害的。

③ 车站设施、设备不良造成旅客人身伤害的。

④ 车站在停止检票后继续检票放行或检票放行时间不足,致使旅客抢上列车造成人身伤害的。

⑤ 车站组织不力造成旅客上车时造成人身伤害的。

⑥ 因车站客运工作人员违章作业、过失造成旅客人身伤害的。

⑦ 有理由认为属于车站责任的。

遇下列情形之一的,列车应当承担相关责任:

① 车门漏锁致旅客坠车造成人身伤害的。

② 列车工作人员过错致旅客误下车、背门下车、在不办理乘降的车站(包括区间停车)下车、列车运行中开启车门造成人身伤害的。

③ 列车组织不当或列车工作人员违反作业标准,致旅客乘降时造成人身伤害的。

④ 列车客运工作人员对设备管理不善造成旅客人身伤害的。

⑤ 列车客运工作人员违章操作、过失造成旅客人身伤害的。

⑥ 有理由认为属于列车责任的。

3. 第三人责任

由于旅客和铁路运输企业合同双方以外的人给旅客造成的伤害,属于第三人责任。

4. 不可抗力

在当时的条件下,人力所不能抵抗的破坏力(如洪水、地震、战争等),给旅客造成的伤害。

发生原因基本确定,但由于发生单位或相关设施设备管理部门未及时收集或妥善保管相关证据资料,导致不能确定责任主体时,发生单位或相关设施设备管理部门应承担相应责任。

列车需将伤病旅客交站处理,调度部门因信息处置或安排停车不及时,车站因推诿或未及时联系医疗机构影响救治的,可将调度部门、车站与责任单位共同列为责任主体。

对责任划分有争议时,铁路安全监督管理办公室(客运专业管理部门)应将调查报告、案卷、处理意见等有关资料报发生、处理单位共同的上级主管部门或其授权的主管部门裁决。

发现定性不准确或处理不符合规定的,上级主管部门可以责令重新审查或纠正。

课堂阅读1

旅客意外受伤案

2017年12月19日,在由厦门北开往上海虹桥的G1654次列车上,一名男孩意外弄伤左脚。列车长在得知情况后,立即通过广播寻求旅客中的医护人员为男孩做伤口包扎,并联系该乘客所到站(上海虹桥站)提供救助服务。在列车员的接力帮助下,受伤男孩与家人顺利乘坐上回家的出租车。

应急处理：

（1）列车长

立即赶赴现场处置，将情况报告客运段值班干部；采取积极措施，广播寻医进行初步救治，联系公安乘警共同处理；现场查验时，应全面收集、梳理相关证据资料，检查旅客车票，收集不少于两份同行人或见证人的证言、证据材料。

（2）列车员

经红十字救护员培训合格的列车员在120急救人员专业救治到来之前，对伤员进行初步救治；维护现场秩序，及时疏导旅客。

（3）站车交接

列车长收集证据材料后，编写客运记录，与上海虹桥车站办理交接。

课堂阅读2

车站旅客突发疾病死亡

2020年2月26日，钱某持火车票乘坐长沙至深圳的列车准备去深圳打工。2月27日23：15，列车到达深圳站后，钱某与同行人员准备从深圳站二站台行走至出站地道时，钱某突发疾病晕倒，在深圳车站工作人员的协助下，同行人将钱某背至车站一站台，车站工作人员立即通知120到场抢救。深圳市第五人民医院在2月27日23：33接到120急救电话，于23：46到达现场，经过48分钟的抢救，钱某最终抢救无效死亡。

2021年2月死者钱某的丈夫周某向广州铁路运输法院起诉，要求广深铁路股份有限公司赔偿60000元。

思考：铁路企业对朱某的死亡是否应承担赔偿责任？

法院认为，旅客钱某在毫无征兆的情况下，在出站时突发疾病晕倒，经抢救无效死亡，系自身健康原因造成。被告工作人员在得知情况后，立即拨打了120急救电话，并协助钱某亲属进行了善后处理，并无不当之处。按照《合同法》第三百零二条的规定，承运人应当对运输过程中旅客的伤亡承担损害赔偿责任，但伤亡是旅客自身健康原因造成的或者承运人证明伤亡是旅客故意、重大过失造成的除外。因此，原告认为被告工作人员采取非正确处理措施并要求赔偿的主张，没有事实依据和法律依据，法院不予采纳。依照《合同法》第三百零二条规定，判决驳回原告的诉讼请求。本案受理费650元，因原告家庭困难，经原告申请，依法予以免交。

第八节　安全综治事件安全管理与应急处理

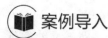

醉酒男子安检口撒泼，导致旅客进站拥堵被处罚

2022年9月21日上午，巴彦高勒车站一名男子酒气熏熏地来到安检口，因不愿将随

身小包摘下安检，被安检工作人员拦下。情绪激动之下，该男子一把将安检员推倒在地，周围旅客受到阻碍，造成现场秩序混乱。

巴彦高勒车站派出所民警接警后赶到现场，醉酒男子与安检员发生冲突，造成安检区域拥堵，妨碍其他旅客进站。执勤民警立即疏导、恢复进站秩序，随后将男子传唤至派出所。

由于该男子仍处于醉酒状态，民警对其采取保护性约束措施后，调取了事发现场公共场所视频，并分别对当事安检员和周围客运工作人员进行了询问。

2小时后，男子意识逐渐清醒。经询问，其对民警还原的事件始末表示认可，并对自己的违法行为供认不讳。

包头铁路公安处巴彦高勒车站派出所依法对违法行为人孙某处以行政处罚。

思考：当车站突发治安事件时，相关工作人员应如何处理？

一、列车安全综治事件的安全管理与应急处理

由于旅客列车客流量大、旅客成分复杂、周边环境多样等，列车上常常会突发各种列车安全综治事件，常见的列车安全综治事件有列车突发治安事件、列车发现精神异常旅客事件、列车发现危险品事件等，下面分别介绍这几种事件的安全管理与应急处理。

1. 列车突发治安事件的安全管理与应急处理

常见的列车治安事件有杀人、抢劫、斗殴、盗窃、贩毒、拦截列车、聚众哄抢铁路运输物资等，这类事件往往会对旅客的生命及财产安全造成直接威胁，严重影响铁路治安秩序。

当列车突发治安事件时，铁路相关工作人员应立即进行应急处理，具体流程如下：

（1）现场控制

在列车上发生治安事件时，列车长应会同乘警及时到达现场，采取有效措施，制止事态发展，安抚旅客，了解情况，及时向段调度室、车队报告。

当列车上发生扰乱治安秩序的刑事案件时，列车员应保持沉着、冷静，立即向列车长、乘警报告。必要时，可发动旅客中的军人、公安干警和青壮年旅客一起制止扰乱治安的行为，保护旅客的安全。列车长、乘警接到报告后，要立即赶到现场维护秩序，制止违法行为。

（2）组织救治

若有人员受伤，列车长应立即通知红十字救护员到场进行初步救治，并通知广播员广播寻找医务工作者。旅客伤害较重，必须停车送医院抢救时，列车长应按"旅客急病中途临时停车方案"办理。

（3）迅速上报

列车长了解情况后及时向前方车站派出所、段调度室报告。报告内容包括时间、地点、车次、车厢、事件简况、涉事人数、是否有伤亡等。

（4）调查取证

列车长、乘警收集两份以上当事人和旅客旁证材料，并妥善保管证据和材料，若有条

件，应拍摄照片或视频。

（5）按章移交

治安事件造成旅客人身伤害时，列车长应编制客运记录（一式两份），乘警要在记录上签字，连同旅客车票、随身携带品清单一起移交车站，同时拍发事故速报。

对于治安事件的当事人，列车乘警应根据治安管理条例移交站方公安部门处理。

知识链接1

旅客之间发生斗殴打架的应急处理

① 旅客发生斗殴时，列车员应及时劝阻，劝阻无效时应立即向列车长、乘警报告。

② 列车长、乘警接到报告后，立即赶到现场制止斗殴，防止事态扩大。

③ 协助乘警调查、了解情况，做好不少于两份的有效旁证材料，详细记载斗殴原因及过程、受伤情况及救治情况。

④ 导致严重后果的，会同乘警同时编制客运记录和公安"站车交接三联单"交车站派出所处理。

知识链接2

旅客在列车上酗酒闹事的应急处理

① 发现饮酒者有话语不清或行为失控等现象时要立即制止。

② 可指导醉酒者用手指刺激咽喉引起呕吐，将胃内的食物和酒尽快吐出（对于已出现昏睡者不宜用此方法）；然后使其卧倒休息，头要保持侧偏，避免呕吐物阻塞呼吸道；观察其呼吸和脉搏的情况。若其有脉搏加快、呼吸减慢、皮肤湿冷、烦躁的现象，则应马上送医院救治。

③ 旅客在列车上酗酒闹事，列车员必须及时制止，并立即向列车长和乘警汇报。列车长和乘警必须迅速赶到现场，了解情况，及时劝阻，同时向周围旅客做好宣传解释工作，防止与酗酒旅客发生冲突，扩大事态。

知识链接3

列车上发生抢劫案件的应急处理

列车上发生抢劫案件的应急处理办法如下：

① 列车员迅速向列车长、乘警报告，列车长、乘警立即赶到现场，积极寻找有利时机制服歹徒。

② 协助了解受害人被抢劫的物品特征、数量，提供抢劫犯的体貌特征、作案手段和逃离方向。

③ 协助做好当事人的安抚工作。
④ 协助做好善后工作。

2. 列车发现精神异常旅客的安全管理与应急处理

精神异常旅客往往会产生过激行为,伤害他人,导致他人轻伤、重伤或死亡的事件。精神异常旅客不仅会给旅客自身带来伤害,还会对他人造成恐慌、威胁和伤害,扰乱列车秩序,破坏旅客安全乘车环境。若列车员在车门立岗时,发现有无人护送的患有精神病的旅客,应拒绝其上车,并向列车长汇报,由列车长联系车站,终止其旅行。

在列车上发现患有精神病旅客的应急处理内容如下:

(1) 及时报告

列车员应立即报告列车长、乘警,列车长会同乘警迅速到场处理。

(2) 安全控制

对于有同行人的精神异常旅客,由列车长、乘警共同向同行人交代有关安全注意事项,乘务员协助看护,了解患者的姓名、年龄、住址、单位、身份证号、车票等情况。看护人员不得使患有精神病的旅客脱离视线,患有精神病的旅客如厕时,不得让其锁闭厕所门。

对无同行人的突发性精神异常旅客,列车长、乘务员要在第一时间赶到现场,由专人负责看护,妥善保管其随身携带的行李物品。列车长、乘务员要相互告知,加强观察,并有策略地提醒周围旅客做好自我防范,移走周围的金属物品和玻璃制品。对在乘车途中发作的患有精神病的旅客应采取有效措施,对行为剧烈者应使用约束带限制其行为,并由乘警收缴其携带的锐器,防止伤害其他旅客。

(3) 强制约束

对有暴力倾向的精神异常旅客,乘警要果断采取强制约束措施,防止其自我伤害或伤害周围旅客。若发生伤情,列车长、乘务员接报告后必须在第一时间赶到现场,及时救治受伤的旅客或患有精神病的旅客本人,做好周围旅客的安抚工作。

(4) 调查取证

收集三份以上的有效旁证材料。旁证人的姓名、地址、联系方式、身份证号码要确切,记载内容要能阐明事件发生的全过程。受伤旅客需交站治疗时,列车长应通过司机逐级汇报,编制客运记录后交站处理。列车长要将事件发生的时间、运行区间、车厢、处理经过及旅客受伤害程度及时向上级有关部门汇报。

(5) 按章移交

列车长应编制客运记录,由乘警、同行人共同协助移交到站或换乘站处理,不得移交中途站处理。对于无人护送的精神异常旅客,由乘警、看护人员共同协助移交到站或换乘站处理。

课堂阅读

动车上年轻旅客突发精神异常,列车工作人员紧急救助转危为安

2021年2月5日11时40分左右,梅州西站开往宜昌东站的D3285次列车运行至莆田至尤溪区间，列车员在巡视到13号车厢时，接到一名中年女性旅客的求助，称她的儿子突发行为异常，情绪很不稳定，估计是精神病发作，请列车工作人员去帮忙处理一下。

列车员赶到现场，只见一名十几岁的少年站在座椅前，情绪激动，大喊大叫，一会冲撞周边旅客，一会用后脑勺碰撞列车板壁，座位周围的旅客纷纷呼喊避让。列车员立即上前制止，却猛地被扇了一巴掌。列车员忍着疼痛通过对讲机报告给列车长，随后又上前抱住少年。

列车长与乘警长接报后，火速赶到现场，试图通过交流来稳定该少年的情绪，但没有起到作用。考虑到周边旅客的安全，同时为了方便照看，列车员和乘警长合力将少年控制住，并将其带到餐车坐下。通过男子的母亲田女士和列车工作人员不停地安抚，最后他的情绪稳定下来。

为了防止途中发生意外和方便对其进行看护，列车长、列车员和乘警长轮流看护，并给他们送上了茶水。据田女士介绍，儿子今年16岁，有精神病史，此次母子俩准备过年期间到武汉探亲，刚上车时，儿子田某身体、精神都不错，没想到在车上竟然病情发作。

通过沟通，田女士同意取消行程回家治疗。12点23分，列车正点到达尤溪站，列车长将两人移交给尤溪站工作人员，并嘱托田女士尽快带儿子去医院接受治疗。在分别时，田女士对铁路工作人员一路的爱心照顾表示深深感谢。

试总结：在上述案例中，列车工作人员采取了哪些措施？

3. 列车发现危险品事件的安全管理与应急处理

危险品是指易燃易爆、具有腐蚀性或放射性的物品，以及枪支、管制器具等可能危害公共安全的物品。旅客携带危险品乘车时，震动、冲击、摩擦或遇明火等原因都有可能造成危险品的燃烧、爆炸等，可能引发人身伤害、财产损失。

发现危险品时，列车相关工作人员应该立即进行应急处理，具体措施如下：

（1）立即报告

在列车上发现可疑或无人认领的物品时，应立即报告列车长、乘警，请其到现场处理。

（2）调查处理

列车长、乘警接到报告后，应立即赶往现场查明情况。查出的危险品应由乘警妥善保管，并提醒旅客不要使用明火；若判别不了所查获危险品的性质，严禁在车上进行试验。列车长、乘警应详细登记携带危险品旅客的姓名、身份证号、家庭住址、工作单位及危险品的名称、数量等，收集不少于2份目击证人的旁证材料。

（3）移交处理

若为发令纸、鞭炮类的危险品，乘务员应在水浸处理后通知乘警、列车长。对数量小、危险性低的危险品，由乘警保管，终到站后交车站派出所处理；若车站未设公安派出所，则由列车长编制客运记录，移交车站处理。对数量大、危险性大和不能判明性质的危险品，列车长要及时与司机联系，司机向列车运行所在局客调汇报。

列车长服从客调命令，妥善处理。处理完毕后，列车长会同乘警要详细登记携带危险品旅客的姓名、身份证号、工作单位或家庭住址及危险品名、数量,并向段调度室、车队汇报。

二、车站安全综治事件的安全管理与应急处理

常见的车站安全综治事件有车站突发治安事件、发现精神异常旅客、发现危险品事件等。

1. 车站突发治安事件的安全管理与应急处理

车站突发治安事件时,铁路相关工作人员应立即进行应急处理.具体措施如下:

① 现场工作人员立即向车站公安部门和车站领导报告。若车站无驻站公安部门,需要向地方公安部门报告,同时向上级铁路公安机关报告。车站领导接到报告后应立即赶往现场,配合公安人员维护车站秩序,保护现场,协助调查取证。

② 若在治安事件中有旅客受伤,车站工作人员应将其转移至安全地点,积极采取措施抢救;若有必要,需拨打 120 急救电话请求救治,或自行组织将旅客送往医院;120 急救人员到达后,车站工作人员应配合其工作,为其提供方便。

③ 若发生重大治安事件,由公安机关按照突发事件应急预案进行处置。客运部门可使用电报或其他方式向客运主管部门报告。

④ 发生抢劫事件时,值班站长应组织人员在保证自身安全的前提下,堵截作案人员,疏散围观人员,若作案人员已逃逸,应积极寻找证人,协助当事人报案。

⑤ 发生打架斗殴事件时,如事件涉及人数较多或涉案人员持有刀具、枪械、爆炸物等,值班站长应立即执行车站疏散程序,通知各岗位人员注意自身安全。

⑥ 公安人员到场后,车站工作人员应根据其要求配合相关工作,若有超越本职权限事宜,立即上报。公安人员需调用车站录像资料时,车站应积极配合,并协助其按规定办理手续。

⑦ 值班站长通知售票员注意保管票、款。车站票、款被劫时,值班站长组织客运值班员与票务室清点损失并做好记录。

⑧ 当车站现场的混乱程度影响列车进站安全时,客运调度立即组织后续列车不停站通过或扣停后续列车,并通知前方车站。

知识链接

车站突发治安事件的预防控制

车站突发治安事件的预防控制措施如下:

① 端正职工思想,提高职工治安防范意识。

② 建立健全铁路治安综合治理机制。例如,建立健全安全岗位责任机制,按照"谁主管,谁负责"的原则,从单位领导到基层工作人员,逐级分解,层层落实,明确各岗位人员职责和分工。

③ 深入开展铁路治安综合治理工作,将治理措施落到实处。

2. 发现精神异常旅客的安全管理与应急处理

车站发现精神异常旅客时，铁路相关工作人员应立即进行应急处理，具体内容如下：

（1）精神异常旅客无同行人的处理

① 及时报告。车站发现旅客精神异常时，不允许其进站乘车，可为其办理退票手续。车站客运员、售票员应加强对候车室、售票厅等旅客活动场所的巡视，发现有行为（精神）异常的旅客，应及时向客运值班员报告。客运值班员及时通知车站派出所、值班站长，并会同派出所公安人员到场处理。

② 强制隔离。若旅客情绪急躁、有暴力倾向，应及时采取措施，用约束带将其控制，带至较为安静、干扰小的地方隔离。车站公安人员应加强巡视，避免患者本人发生意外或给其他旅客造成伤害。

③ 收集证据。收集不少于两份其他旅客的证言和有关证据。

④ 处理旅客车票。对始发旅客车票复印、留存后，为其办理退票手续。

⑤ 编制客运记录。值班站长编制客运记录，组织人员清点旅客随身携带品、现金（含退票所得），并编制清单。

⑥ 送往救助站。值班站长和派出所人员共同将旅客及其随身携带品、清单一同送往救助站，在客运记录上注明护送人员姓名及送往时间，并办理签字交接手续。

（2）精神异常旅客有同行人的处理

① 车站应征求精神异常旅客同行人的意见，在同行人在客运记录上签署处理意见后再进行处理。车站应积极协助同行人办理联系医院等相关事宜。若同行人无能力处理，则可参照无同行人的精神异常旅客的处理方法。

② 精神异常旅客乘车时，车站要事先与列车长取得联系。无护送人陪同的精神异常旅客严禁乘车。

（3）车站对列车移交精神异常旅客的处理

对于列车移交的精神异常旅客，车站应积极受理。站、车办理移交手续时，应有一份列车编制的客运记录、旅客车票及随身携带品清单，原则上还应有不少于两份同行人或其他旅客的证言和有关证据。其他事项同车站发现精神异常旅客的处理一致。

3. 发现危险品事件的安全管理与应急处理

为了避免旅客携带危险品进站乘车，铁路相关部门应加大宣传力度，对安检员进行业务培训，提高其对危险品的识别技能，并对旅客随身携带行李包裹进行严格检查。车站利用广播、显示屏，或在醒目位置摆设宣传牌等，向旅客宣传有关危险品的管理及处罚规定，明示禁止携带危险品的种类、品名等。

当发现危险品时，车站相关工作人员应立即进行应急处理，具体措施如下：

① 车站查获危险品时，应急处理小组成员应分工负责，在保证人身安全的同时进行处理。

② 车站对查获的危险品应予以没收。若危险品数量较大或属于严禁携带的物品，应将旅客及其携带的危险品交由铁路公安部门处理。

③ 对查获的有毒、有放射性、易腐蚀的物品，应隐蔽放置，做到堆码整齐、稳固，使其与食品及活动物的距离不小于 0.5 米，与感光器材和人的距离不小于 1 米。

思考与练习

一、选择题

1. 下列哪些选项是造成列车晚点的原因？（　　）
   A. 恶劣天气　　　　　　　　　　B. 设备故障
   C. 突发大客流　　　　　　　　　D. 司机未按规定驾驶

2. 动车组因设备故障晚点满 2 小时，不能继续运行满 1 小时，应急救援指挥中心应启动（　　）应急响应。
   A. Ⅰ级　　　　　　　　　　　　B. Ⅱ级
   C. Ⅲ级　　　　　　　　　　　　D. Ⅳ级

3. 动车组故障需组织旅客换乘，热备动车组出动，应急救援指挥中心应启动（　　）应急响应。
   A. Ⅰ级　　　　　　　　　　　　B. Ⅱ级
   C. Ⅲ级　　　　　　　　　　　　D. Ⅳ级

4. 因线路、信号、接触网等设备故障，造成动车组晚点满 2 小时，应急救援指挥中心应启动（　　）应急响应。
   A. Ⅰ级　　　　　　　　　　　　B. Ⅱ级
   C. Ⅲ级　　　　　　　　　　　　D. Ⅳ级

5. 全列车空调失效超过（　　）min 不能恢复时，列车长与随车机械师确认后，立即通知司机向列车调度员提出在前方最近客运车站停车的请求。
   A. 10　　　　　　　　　　　　　B. 15
   C. 20　　　　　　　　　　　　　D. 30

6. 发生（　　）人以上食物中毒时，列车长应及时向前方停车站通报，并向段调度室和铁路局客运调度汇报。
   A. 1　　　　　　　　　　　　　　B. 3
   C. 5　　　　　　　　　　　　　　D. 10

7. 以下急救方法中，可用于急救食物中重金属超标而导致的中毒的是（　　）。
   A. 催吐　　　　　　　　　　　　B. 导泻
   C. 中药　　　　　　　　　　　　D. 饮用牛奶或蛋清

8. 列车长要会同乘警勘查现场、了解情况、收集旁证物证，调查旅客突发急病的原因，收集不少于（　　）份同行人或见证人证言、查验记录、现场照片、录像等相关证据，形成比较完整的证据链。
   A. 1　　　　　　　　　　　　　　B. 2
   C. 3　　　　　　　　　　　　　　D. 5

9. 下列情形中，哪些应当由车站承担相关责任？（　　）
   A. 车站引导标志缺失或不准确，误导旅客造成其人身伤害的
   B. 车站设施设备不良造成旅客人身伤害的
   C. 由于洪水给旅客造成伤害的
   D. 因车站客运工作人员违章作业造成旅客人身伤害的

10. 对查获的有毒、放射性、易腐蚀的物品，应隐蔽放置，做到堆码整齐、稳固，使其与食品及活动物的距离不小于（　　）米，与感光器材和人的距离不小于（　　）米。

  A. 0.5，0.5　　　　　　　　　　B. 0.5，1
  C. 1，0.5　　　　　　　　　　　D. 1，1

二、填空题

1. 当列车上发生初起火灾时，应立即采取措施进行扑救，以防止火势蔓延，具体处理流程包括＿＿＿＿、＿＿＿＿、＿＿＿＿、＿＿＿＿等四个部分。

2. 开展灭火救援行动时，必须坚持"＿＿＿＿"原则，正确处理救人和其他灭火救援行动的关系，把保障乘客的生命安全放在首位。

3. 车站发生火灾的原因主要有＿＿＿＿、＿＿＿＿和＿＿＿＿。

4. ＿＿＿＿是指列车开出或到达晚于规定时间。

5. 旅客违反铁路安全规定，不听从铁路工作人员引导、劝阻等违法违章的行为或其他自身原因造成的伤害，属于＿＿＿＿责任。

6. 列车客运工作人员对设备管理不善造成旅客人身伤害的属于＿＿＿＿责任。

7. ＿＿＿＿是指易燃易爆、具有腐蚀性或放射性的物品，以及枪支、管制器具等可能危害公共安全的物品。

8. 常见的车站安全综治事件有＿＿＿＿、＿＿＿＿、＿＿＿＿、＿＿＿＿等。

9. 车站对查获的危险品应予以没收。若危险品数量较大或属于严禁携带的物品，应将旅客及其携带的危险品交由＿＿＿＿处理。

三、判断题

1. 当线路中断，旅客索要证明时，车站应为其开具文字证明，并加盖站名戳。（　　）

2. 列车在发站或由中途站返回发站停运时，应退还车票的全部票额，其中包括在列车上补购的车票，包括罚款、手续费、超重（或超大）携带品的补收费用和已使用至到站的车票。（　　）

3. 列车晚点时列车乘务员应加强车内巡视和宣传解释工作，掌握旅客动态，安抚旅客情绪，不得以任何理由回避旅客，不能以"不知道""不清楚"回答旅客的询问。（　　）

4. 遇到夜间发生断电事故，列车员和旅客严禁用明火照明，可以用电器设备。（　　）

5. 在站内发生旅客人身伤害及突发急病事件时，送医人员应初步了解旅客情况，发生医疗费用时，应初步判断责任人，若责任人为旅客或第三人，则由旅客或第三人支付医疗费用；若不能确定责任人或责任人不明、无力承担，则经站长批准可用站进款垫付。（　　）

6. 车站发生旅客人身伤害及突发急病事件时，车站工作人员要积极配合公安人员封锁事故现场，禁止与救援、调查无关的人员进入。（　　）

7. 由于旅客和铁路运输企业合同双方以外的人给旅客造成的伤害，属于企业责任。（　　）

8. 车门漏锁致旅客坠车造成人身伤害的，属于旅客自身责任。（　　）

9. 若列车员在车门立岗时，发现有无人护送的患有精神病的旅客时，应拒绝其上车，并向列车长汇报。（　　）

10. 列车上发现危险品时，若为发令纸、鞭炮类的危险品，乘务员应在水浸处理后通知乘警、列车长。（　　）

四、简答题

1. 为了避免列车发生火灾事件，有效的预防控制措施有哪些？
2. 简述列车晚点时的紧急处理措施。
3. 简述动车组列车运行中车内突然断电时的应急处理措施。
4. 简述车站突然发生重大疫情时的应急处理流程。
5. 简述列车旅客食物中毒事件的应急处理措施。
6. 简述列车旅客人身伤害事件的应急处理措施。
7. 简述精神异常旅客无同行人的应急处理措施。
8. 简述列车突发治安事件时的应急处理措施。

第六章

铁路客运安全风险管理

内容导读：

铁路客运安全风险管理坚持"安全第一、预防为主、综合治理"的方针，全面加强基础管理、过程控制和应急处置，构建全面、全员、全过程的安全风险控制体系，从源头上消除安全隐患，确保运输安全持续稳定，推动铁路安全管理步入规范、高效、有序、可控的良性运行轨道，全面提升铁路安全工作水平。

铁路客运安全风险管理主要包含安全管理基础工作、安全生产过程控制和应急处置、安全管理责任落实、安全文化建设等方面。推行安全风险管理的关键，就是在现有管理基础上，更加深入地分析安全管理深层次问题，从加强管理入手，全面加强对安全风险的控制，着手解决安全惯性问题，从源头上消除安全隐患，逐步形成符合铁路实际、具有铁路特色的安全风险控制体系。

本章主要介绍了铁路客运安全风险管理的相关知识，具体包括铁路客运安全分析与评价、旅客乘降安全风险控制、设施设备安全风险控制、售检票系统安全风险控制、防火防爆安全风险控制、食品安全风险控制、动车组列车安全风险控制、劳动安全风险控制。

素质目标：

① 培养学生的安全责任意识与自我约束意识。
② 培养学生的风险控制意识。

知识目标：

① 熟悉安全分析的内容，掌握安全分析方法。
② 掌握安全分析方法的选用原则。
③ 掌握安全评价内容和安全评价程序。
④ 掌握旅客乘降安全风险控制、设施设备安全风险控制、售检票系统安全风险控制、防火防爆安全风险控制、食品安全风险控制、动车组列车安全风险控制、劳动安全风险控制。

能力目标：

① 能够根据具体情况正确地选用不同的安全分析方法。
② 具备铁路客运安全风险管理意识，能在作业过程中有效地进行安全风险控制。

第一节　铁路客运安全分析与评价

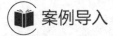
案例导入

在长期的安全生产过程中，我国铁路积累了许多安全管理经验，随着铁路运输形势的变化和安全技术的引入，安全风险管理成为铁路运输安全管理的一大发展。近年来，铁路

> 在全面推行安全风险管理方面进行了积极的探索和实践,已经形成各具特色的安全风险管理机制。
>
> 思考:在危险因素辨识中得到广泛应用的安全分析方法有哪些?

一、安全分析

1. 安全分析的定义

安全分析是从安全角度对系统中的危险因素进行分析,主要分析导致系统故障或事故的各种因素及其相关关系。

2. 安全分析的内容

安全分析的内容主要包括以下几个方面:

① 对可能出现的初始的、诱发的及直接引起事故的各种危险因素及其相互关系进行调查和分析。

② 对与系统有关的环境条件、设备、人员及其他有关因素进行调查和分析。

③ 对能够利用适当的设备、规程、工艺或材料控制或根除某种特殊危险因素的措施进行分析。

④ 对可能出现的危险因素的控制措施及实施这些措施的最好方法进行调查和分析。

⑤ 对不能根除的危险因素失去或减少控制可能出现的后果进行调查和分析。

⑥ 对危险因素一旦失去控制,为防止伤害和损害的安全防护措施进行调查和分析。

3. 安全分析方法

在危险因素辨识中得到广泛应用的系统安全分析方法主要有以下几种:

(1) 安全检查表法

安全检查表法是将一系列分析项目列出检查表进行分析以确定系统的状态,这些项目包括工艺、设备、操作、管理、储运等各个环节。通常用于检查各种规范、标准的执行情况。此方法简单、易行、直观,可对系统进行快速分析,也可对系统进行较深层次的分析。

(2) 预先危险性分析

预先危险分析也称初始危险分析,指的是在一个系统或子系统(包括设计、施工、生产)运转活动之前,对系统存在的危险类别、出现条件及可能造成的结果,做宏观的概略的分析。其特点是把分析工作做在行动之前,故称为"预先"分析。

它主要用于某一项工程的设计、施工、生产之前,对系统存在的危险性类别,出现条件,可能导致事故的后果作概略分析的方法。

其目的是通过预先对系统存在的危险性分析、评价、分级,而后根据其危险性的大小,在设计、施工或生产中采取恰当的控制措施,避免事故的发生。

(3) 故障类型和影响分析

以硬件为对象,对系统中的元件进行逐个研究,查明每个元件的故障模式,然后再进一步查明每个故障模式对子系统以至系统的影响。本方法易于理解,不用数学,是广泛采用的标准化方法,但一般用于考虑非危险性失效,费时较多,而且一般不能考虑人、环境和部件之间相互关系等因素，主要用于设计阶段的安全分析。

(4) 危险性和可操作性研究

研究工艺状态参数的变动，以及操作控制中偏差的影响及其发生的原因。

其特点是从中间的状态参数的偏差开始，分别向下找原因，向上判明其后果，因此，是故障模式及影响分析和事故树分析方法的引申，具有二者的优点，适用于流体或能量的流动情况分析，特别是大型化工企业。

(5) 事件树分析

由初始（希望或不希望）的事件出发，按照逻辑推理其发展过程及结果，即由此引起的不同事件链。

本方法广泛用于各种系统，能够分析出各种事件发展的可能结果，是一种动态的宏观分析方法，但不能分析平行产生的后果，不适用于详细分析。

(6) 事故树分析

由不希望事件（顶上事件）开始，找出引起顶上事件的各种失效的事件及其组合。最适合于找出各种失效事件之间的关系，即寻找系统失效的可能方式。

本方法可包含人、环境和部件之间相互作用等因素，加上有简明、形象化的特点，因此，已成为安全系统工程的主要分析方法，但需要一定的数学知识。

(7) 因果分析

本法是事件树分析和事故树分析方法的结合，从某一初始条件出发，向前用事件树（后果树）分析，向后用事故树分析，兼有二者的优缺点。本法很灵活，可以包罗一切可能性，易于文件化，可以简明地表示因果关系。

各种安全分析方法的适用范围及优缺点如表 6-1 所示。

表 6-1 安全分析方法特点分析表

方法	目的	编制和使用方法	适用范围	效果	优缺点
安全检查表法	检查系统是否符合标准要求	有经验和专业知识人员协同编制，经常使用	各类系统的设计、验收、运行、管理、事故调查	定性，辨识危险性并使系统保持与标准规定一致，若检查项目赋值，可用于定量	简便、易于掌握、编制检查表难度及工作量大
预先危险性分析	开发阶段，早期辨识出危险性，避免失误	分析原材料、工艺、设备设施等发生危险的可能性及后果，按规定表格填入	开发时分析原材料、工艺、主要设备设施，以及能量失控时出现的危险	得出供设计考虑的危险性一览表	简便易行，受分级评价人员主观因素影响
故障类型和影响分析	辨识单个故障类型造成的事故后果	将系统分解，求出零部件发生各种故障类型时，对系统或子系统产生的影响	主要用于设备和机器故障的分析，也可用于连续生产工艺	定性并可进一步定量，找出故障类型对系统的影响	较复杂、详尽，受分级评价人员主观因素影响
事件树分析	辨识初始事件发展成为事故的各种过程及后果	各事件发展阶段均有成功和失败的两种可能，由初始条件经过事件、阶段一直分析出事件发展的最后结果	各类局部工艺过程、生产设备、装置事故分析	熟悉系统、元素间的因果关系、有关事件发生概率数据	简便、易行、受分析评价人员主观因素影响
事故树分析	事故原因事故概率	演绎法，由事故和基本事件逻辑推断事故原因，由基本事件概率计算事故概率	宇航、核电、工艺、设备等复杂系统事故分析	熟练掌握方法、事故、基本事件间的联系，有基本事件概率数据	复杂、工作量大、精确，故障树编制有误、易失真

续表

方法	目的	编制和使用方法	适用范围	效果	优缺点
危险性与可操作性研究	辨识静态和动态过程中的危险性	用引导词对工艺过程参数进行检验，分析可能出现的危险性，并提出改进方法	对新技术、新工艺尚无经验，此时辨识危险性特别有用	定性，并能发现新的危险性	简便、易行，受分析评价人员主观因素影响

4. 安全分析方法的选用

安全分析方法的选用原则：

① 首先可进行初步的、定性的综合分析，如用预先危险性分析、安全检查表法等，得出定性的概念，然后根据危险性大小，再进行详细的分析。

② 根据分析对象和要求的不同，选用相应的分析方法。

如分析对象是硬件（如设备等），可选用故障类型和影响分析、致命度分析或事故树分析；如是工艺流程中的工艺状态参数变化，则选用危险性和可操作性研究。

③ 如果对新建或改造的项目或限定的目标进行分析，可选用静态分析法；如果对运动状态和过程进行分析，则可选用动态分析方法。

④ 如果对系统需要精确评价，则可选用定量分析方法，如事故树分析、事件树分析、因果分析等方法。

应该注意的是，在做安全分析时，使用单一方法往往不能得到满意的结果，需要用其他方法弥补其不足。

二、安全评价

1. 安全评价的含义

安全评价也称危险性评价或风险评价，是指以实现系统安全为目的，应用安全系统工程原理和工程技术方法，对系统中固有或潜在的危险因素进行定性和定量分析，判断其发生的可能性及严重程度，提出危险防范措施，改善安全管理状况，从而实现被评价单元的整体安全。

安全评价的定义包含三层意思：第一，对系统存在的不安全因素进行定性和定量分析，这是安全评价的基础，包括安全测定、安全检查和安全分析等；第二，通过与评价标准的比较得出系统发生危险的可能性或程度的评价；第三，提出改进措施，以寻求最低的事故率，达到安全评价的最终目的。

安全评价的目的是查找、分析和预测工程、系统、生产经营活动中存在的危险、有害因素及可能导致的危险、危害后果和程度，提出合理可行的安全对策措施，指导危险源监控和事故预防，以达到最低事故率、最少损失和最优的安全投资效益。

2. 安全评价的内容

安全评价内容包括危险源识别和危险度评价。

安全评价是一个利用安全系统工程原理和方法识别和评价系统、工程存在的风险的过程，这一过程包括危险、有害因素识别及危险和危害程度评价两部分。危险、有害因素识别的目的在于识别危险来源；危险和危害程度评价的目的在于确定和衡量来自危险源的危险性、危险程度、应采取的控制措施，以及采取控制措施后仍然存在的危险性是否可以被接受。在实际的安全评价过程中，这两个方面是不能截然分开、孤立进行的，而是相互交叉、相互重叠于整个评价工作中。

安全评价的基本内容如图 6-1 所示。

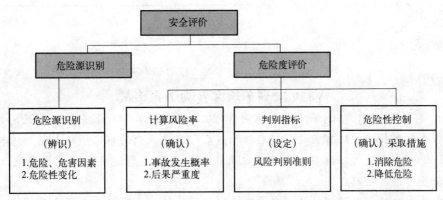

图 6-1 安全评价的基本内容

随着现代科学技术的发展,在安全技术领域里,由以往主要研究、处理那些已经发生和必然发生的事件,发展为主要研究、处理那些还没有发生,但有可能发生的事件,并把这种可能性具体化为一个数量指标,计算事故发生的概率,划分危险等级,制定安全标准和对策措施,并进行综合比较和评价,从中选择最佳的方案,预防事故的发生。安全评价通过危险性识别及危险度评价,客观地描述系统的危险程度,指导人们预先采取相应措施,来降低系统的危险性。

3. 安全评价的程序

安全评价可以有效地减少事故和职业危害,可以系统地进行安全管理,可以用最少投资达到最佳安全效果,可以促进各项安全标准制定和可靠性数据积累,可以迅速提高安全技术人员业务水平。

安全评价分为准备工作、实施评价和编制评价报告 3 个阶段。由安全评价的内容可知,安全评价的程序主要包括以下几个步骤:

(1) 资料收集和研究

明确评价对象和范围,收集国内外相关法规和标准,了解同类系统、设备、设施的运作和事故发生情况,以及评价对象的地理、气候条件及社会环境状况等,对收集到的资料进行深入研究,深入的研究可大大缩短分析和评价的进程。

(2) 危险因素辨识与分析

根据评价对象的特点,辨识和分析系统可能发生的事故类型、事故发生的原因和机制。

(3) 确定评价方法,实施安全评价

在上述危险分析的基础上,划分评价单元,根据评价目的和评价对象的复杂程度选择具体的一种或者多种评价方法,对事故发生的可能性和严重程度进行定性或定量评价,在此基础上进行危险分级,以确定安全管理的重点。

(4) 提出降低或控制危险的安全对策措施

根据评价和分级结果,高于标准值的危险必须采取工程技术或组织管理措施,控制危险。低于标准值的危险属于可接受或允许的危险,应建立检测措施,防止生产条件变更导致危险值增加,对不可排除的危险要采取防范措施。

第二节　铁路客运安全风险控制

案例导入

Y429 次列车旅客食物中毒事故

2001 年 6 月 15 日 20 时，北京至绍兴 Y429 次旅客列车运行至济南-徐州区间，6 名旅客及 1 名乘务员肚痛并伴有上吐下泻症状。随后，有此症状的旅客陆续出现，列车先后在徐州、蚌埠、南京及绍兴站移交 238 名旅客及乘务人员，急送铁路或地方医院救治。81 名旅客食物中毒，无死亡。

经有关部门对病人排泄物及列车餐车遗留食物检验，发现在食品、病人排泄物样品中有同一细菌副溶血性弧菌，认定系旅客及乘务员食用不洁食物引发食品中毒，午餐盐水鸡腿与发病明显相关。经查，该鸡腿 14 日 17 时进料，至 15 日清晨加工时未冷藏保存。原因是车底在北京东站停留期间，由于未接地面电源，发电车未送电，冰箱无法使用。

思考：旅客列车食品安全风险控制措施有哪些？

一、铁路客运安全风险管理的基本原则

铁路客运安全风险管理的基本原则如下：

1. 坚持结合实际、创新发展的原则

推行安全风险管理，是对现有安全管理的传承和加强，是对铁路安全工作在新时期的完善、创新和发展。铁路推行安全风险管理必须从实际出发，不生搬硬套一般的风险管理理论，不人为地划分安全风险等级，通过准确把握铁路安全风险所具有的全系统性、全过程性和易发多变性特点加强安全风险的动态研判，从安全管理的功能建设上加以控制，从源头上加以解决。

2. 坚持规范管理、强化基础的原则

实施安全风险管理的目的，就是通过加强管理，有效掌控安全风险，使之导向安全。各级干部特别是领导干部必须认识到，安全风险表现在现场。但真正的风险源在于管理不规范、责任不落实、考核不到位等。要正确把握工作思路，坚持从管理源头上解决安全风险控制问题，大力强化安全管理基础，全面落实各项工作职责，努力提升铁路安全管理水平，实现对安全生产全过程的掌控，使生产运行过程处于有序平稳、持续可控的状态。

3. 坚持系统控制、整体协调的原则

铁路安全风险管理涉及铁路整个系统的方方面面，必须加强系统控制与整体协调。从中国国家铁路集团有限公司、铁路局到基层站段，从运输系统、建设系统到技术管理系统，从专业管理部门到计划、财务、人事、劳卫、职教等综合管理部门，都必须着眼于大局，协同落实安全风险管理要求，承担安全风险管理责任，强化运输生产各个环节及与此相关的接合部安全风险控制和防范，确保铁路运输生产长治久安。

二、旅客乘降安全风险控制

1. 旅客乘降安全风险控制点

旅客乘降安全风险控制点的具体内容如下：

① 售票口排队超过20人，必须增开应急窗口；候车室集聚人数超过限定值，实施分段放行。

② 站车配合，组织旅客对门排队、先下后上、快下快上，防止旅客拥堵车门，车站发车要做到"四不开"。"四不开"具体是指列车压死弹簧不能开车、列车关不上车门不能开车、站台人员未撤至安全线以内不能开车、旅客没有上下完毕不能开车。

③ 遇雨雪天气，车站应采取防滑措施，站、车做好防滑安全知识宣传。

④ 列车停靠高站台作业，必须使用乘降渡板和安全警示带进行防护。

⑤ 各单位建立旅客伤害分析机制，制定预防卡控措施，减少旅客意外伤害。

2. 旅客乘降安全风险控制措施

针对旅客乘降安全风险，应采取的控制措施包括车站旅客乘降安全风险控制措施和列车旅客乘降安全风险控制措施两个部分。

（1）车站旅客乘降安全风险控制措施

① 售票组织。

a. 按规定出售车票，无超范围出售车票。

b. 当售票口排队超过20人时，必须增开应急窗口。

② 候车组织。

a. 当候车室集聚人数超过限定值时，对进站客流实施分段放行。

b. 根据客流量和站场条件确定检票时间，原则上列车检票时间不晚于开车前15分钟，停检时间不晚于开车前5分钟，保证旅客快速进站乘车，不得出现下车旅客与上车旅客对流的情况。

③ 站台安全。

a. 重点检查站台闲杂人员；站台、地道的旅客无对流现象；列车开车铃响后（站台电铃音量适当，保证旅客能够听到）无侵越安全线的现象；列车进出站时无随车奔跑的现象；避免旅客上下车拥挤混乱、组织不力；站内无旅客横越轨道线路的现象。

b. 站内夜间照明良好。

c. 遇雨雪天气时，车站应采取防滑措施，站、车做好防滑安全知识宣传。杜绝无票人员进站，杜绝票、证、人信息不一致的旅客上列车。站台客运员发现列车车门夹人、夹物事件时，要立即通知列车司机。

d. 同一站台有旅客列车和其他旅客列车同时乘降作业时，车站工作人员应加强站台组织和宣传工作，防止旅客误乘。

（2）列车旅客乘降安全风险控制措施

① 列车到站前，列车长要及时与车站客运值班员了解客流情况，迅速组织旅客快速乘降，确认乘降完毕后登车。

② 列车超员时，及时拍发电报进行报告，到站前要组织旅客提前做好下车准备。列车停稳后，组织旅客快速下车，做好列车门口的旅客乘降组织，防止上下车旅客对流。

③ 遇雨雪天时，列车员要随时将风挡、车梯上的积雪、积冰清除掉，提醒旅客防止滑

倒摔伤，并及时提供帮助，做到扶老携幼。

④ 换挂车底后要及时更换区间牌，防止旅客误乘误降。

⑤ 列车发车前，列车长确认旅客乘降完毕后，根据不同车型要求通知司机或随车机械师关闭车门。

⑥ 对于编组、站停、时刻调整及临客、新开行的列车，担当车队要结合实际制定、修改作业程序，并做好调整前的培训准备工作。

⑦ 遇检车长通知弹簧压死时，列车工作人员应积极做好旅客疏导工作，直到弹簧恢复到位。

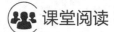 课堂阅读

衡阳站天桥旅客拥挤踩踏重大伤亡事故

1. 事故概况

1994年2月15日，正值春运客流返乘的高峰，21时35分，广州局衡阳车站在组织衡阳-广州617次旅客进站时，从几个候车地点同时放客，造成大量旅客汇集至天桥下阶梯处。有旅客背包跌落，拾捡时绊倒后面正在下阶梯的旅客，随即发生踩踏事故。事故共造成死亡44人，受伤43人，其中重伤7人，构成旅客拥挤踩踏重大伤亡事故。

2. 事故原因

事故系车站超计划售票，旅客乘降组织混乱，指挥疏导不力，没有严格执行分段截流、专人引导等制度所致。特别是面对短时间内迅速集结的巨大客流和不良天气，安全预防不足，应急措施没有及时跟上。

3. 教训与措施

① 加强售票管理，加强源头控制，杜绝无计划或超计划售票。对客流较大的列车，计划、售票与客运组织各个环节要加强沟通，健全完善相互通报联系制度，确保旅客进站组织准备充分，指挥有力，疏导有序。

② 遇有突发客流或天气突变等特殊情况，车站应加强旅客乘降组织管理，做到"分区候车、排队进站、提前预检、专人引导、分段截流、前带后清"。必要时车站客运值班员要提前与列车长联系，车厢打开双门组织旅客上车。

③ 遇有雨雪天气，对旅客进出站通道、天桥、地道等设施设备，采取防滑、防摔措施，及时清除雨雪。设置必要的引导标识和安全提示，对易发生挤、摔的阶梯、平过道等旅客跨线设备，要设置专人防护。

④ 车站要加强应急管理和值班管理，不断完善各种应急预案，定期开展有针对性的应急演练，加强旅客乘降组织，防止旅客对流、拥挤等现象的发生，坚决杜绝旅客踩踏事故，确保旅客乘降安全。

三、设施设备安全风险控制

1. 设施设备安全风险控制点

设施设备安全风险控制点的具体内容如下：

① 春运、暑运、小长假、黄金周前，各站、车须对设备设施进行全面检查，杜绝客流高峰时期设备设施"带病"运行。

② 旅客电梯做到安全提示醒目，高峰时段有专人防护，严格遵守定期检修制度，防止检修超期。

③ 车站引导标志设置连续、准确、完整，站、车关键部位安全警示标志必须齐全、规范。

④ 车站加固高架候车室、天桥的窗户以及玻璃时，遇暴风、雨雪天气要有专人巡视检查，防止高空坠物；严格进行站台流动售货车管理，固定站台垃圾箱，严防侵陷或坠入轨道线路。

⑤ 旅客列车运行区间牌使用粘贴式区间牌，外挂移动设施要安装牢固。

⑥ 客车底出库前，严格执行设备质量把关签认手续，杜绝车辆设备"带病"上线。

2. 设施设备安全风险控制措施

针对设施设备安全风险，应采取的控制措施包括车站设施设备安全风险控制措施和列车设施设备安全风险控制措施两个部分。

（1）车站设施设备安全风险控制措施

① 每个电梯设立完整、规范的安全防护提示标志。

② 电梯维修人员落实日常检修制度，保证电梯运行状态良好。

③ 工作人员及时劝阻老、幼、病、残、孕旅客单独乘坐电梯，建议走步梯，并引导携带超重、超大物品的旅客办理行包托运。

④ 进站电梯设立防护人员（6：30～23：30），随时监控客流情况。遇平台旅客拥堵时，关闭全部电梯，引导旅客步行上楼。

⑤ 设备车间指定专人每日对站内电梯进行巡视检查，重点巡视检查客流高峰时段电梯运行情况。

（2）列车设施设备安全风险控制措施

① 列车出库前进行三乘联检检查，对检查出的问题及时整改；完善各种突发情况下的应急预案和应急能力培训制度。

② 保证列车尾部车厢防护栏杆作用良好，列车标志齐全；旅客列车外挂设施加锁牢固。

③ 在旅客列车运行中，乘务人员应按规定检查关闭的车门、车窗，防止旅客向车外抛撒垃圾、杂物。

④ 严禁任何人在列车正常运行中打开气密窗，禁止任何无关人员进入司机室；列车乘务员要熟悉列车各项应急预案，会正确使用各项设备设施（如灭火器、紧急制动阀、防护网）。

⑤ 餐车及其他车厢装载行李物品或餐料食品的集重重量严禁超过 $200kg/m^2$，乘务组配置餐车食品总重量不得超过 $500kg$。

⑥ 认真落实停开、动关、锁，出站台四门检查瞭望；临时停车坚守岗位；列车停站锁闭餐车走廊边门、厨房后厨边门，锁闭与机车连接的客车前部端门、行李车端门。

⑦ 列车运行在提速区段，各停车站严禁开启反侧门作业。

四、售、检票系统安全风险控制

1. 售、检票系统安全风险控制点

售、检票系统安全风险控制点的具体内容如下：

① 各单位每月对售、检票系统设备设施全面检查一次，杜绝系统升级不及时问题。

② 各电子售票站要责成专人，每天至少 3 次对日常应急售票系统管理机的数据进行同步监控，将监控情况认真记录，确保应急售票系统正常。

③ 严格执行突发性事件报告制度，保证相关信息传递准确、及时、畅通。

④ 各站每季至少组织一次售票系统应急演练并不断完善应急预案，提高各渠道售票及检票系统故障时的应急处置能力，确保售、检票秩序正常。

2. 售、检票系统安全风险控制措施

针对售、检票系统安全风险，应采取的控制措施具体如下：

① 宣传引导旅客在各售票窗口均衡购票，保证每一排排队购票的旅客不超过 20 人。

② 在售票高峰时段，售票班组保证开足所有售票窗口。

③ 候车厅单厅排队旅客至厅门口处时，候车厅值班员调整该趟车候车区域，组织实行双厅检票放行或提前放行。厅内值班员与进站口值班员保持信息畅通，随时通报厅内旅客聚集情况，进站口控制放行速度。

④ 遇各候车厅旅客拥堵至通道处时，进站口实行提前 1h 进站候车。同时，通报公安和车间值班干部组织旅客提前预检，利用南北通道和中央通道排队等候上车。

⑤ 候车厅旅客拥堵至通道处时，启用动车组旅客专用候车厅组织旅客候车。

⑥ 列车到站后，站台值班员与列车长联系提前检票进站及列车开双门组织上车。

⑦ 车站站台工作人员要佩戴喇叭，进行乘降宣传引导。组织旅客对门排队，先下后上，有序乘降。重点卡控出站口地道、行包地道、南北踏步等处的通道拥堵问题，宣传引导旅客顺列车方向排队乘车。

五、防火防爆安全风险控制

1. 防火防爆安全风险控制点

防火防爆安全风险控制点的具体内容如下：

① 有查危仪的车站，对旅客携带品 100% 过机安检。无查危仪的车站或查危仪故障时，实行 100% 人工开箱包检查。

② 无人值守的乘降点，由所在单位派专人对上车旅客进行安检，列车复检。列车严格执行分档查危制度，开包率不得低于 20%。

③ 保证站区设施封堵率 100%，杜绝未经安检的人员进站上车。

④ 餐车运行中严禁炼油和油炸食品，油垢一餐一清。

⑤ 严禁列车锅炉、茶炉缺水干烧，餐车入库压火，茶炉入库灭火。

⑥ 空调车电器设备禁止搭挂杂物，杜绝站、车私拉电线和擅自使用大功率电器。

⑦ 严格执行禁烟管理制度，列车员、客运值班员每半小时至少巡视一次车厢、候车室，做好禁烟宣传劝导工作。

⑧ 严格落实看车制度，看车期间严禁脱岗、饮酒、打牌、赌博、吸烟等违纪行为。

2. 防火防爆安全风险控制措施

针对防火防爆安全风险，应采取的控制措施包括车站防火防爆安全风险控制措施和列车防火防爆安全风险控制措施两个部分。

（1）车站防火防爆安全风险控制措施

① 执行凭票进站候车制度，落实人、票、证信息统一。

② 进站通道专人值守管理。旅客携带品100％过机安检。查危仪故障时，实行100％人工开箱包检查。保证站区设施封堵率100％，杜绝未经安检人员进站上车。

③ 严格落实消防管理制度与岗位防火责任制度。定期检查消防器材配备情况，对候车室、售票厅、行李房进行禁烟。严格禁烟管理，客运值班员每半小时至少巡视一次候车室，做好禁烟宣传劝导工作。

④ 落实行包房的危险品查堵制度。检查小件寄存处、行包房中易燃易爆物品或其他危险品。

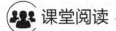
课堂阅读

快递坐高铁，同时坐到家

铁路行包运输提供站到站运输、门到门运输服务。站到站行包运输包括行李、包裹两种运输。门到门运输由专业运输企业中铁快运股份有限公司（简称中铁快运）负责办理。

云南顺丰速运有限公司与中铁快运昆明分公司于2017年4月26日正式达成合作，启用昆明到贵阳的高铁动检车DJJ5422。从此，顺丰从云南发往贵州的快件可坐上动车，大大缩短了云南至贵州的运输时间。

快递就是对客户货物进行快速投递。近几年，随着电子商务的蓬勃兴起，加之能承担快递任务的门槛不高，各类大小快递公司如雨后春笋，蛋糕越做越大。

现在有一个新的词汇叫高铁快递。由中铁快运组织，利用的主要是日常开行的高铁列车，货物的运送时限包括当日达、次日达等，能抵达的城市较多。市民寄件只需拨打客服电话下单，工作人员就会上门取件，再通过高铁迅速送达另外的城市。

现今中国的高铁网络已覆盖全国大部分地方，还将进一步延展完善。高铁运输具有公交化方式、受天气影响小、准点率高、和谐服务的优势，是运送快件最理想的途径之一。发件成功后，寄件人可登录相关网站，利用快递单号随时查询快件状态或拨打客服电话进行人工查询。

（2）列车防火防爆安全风险控制措施

① 消防安全检查。消防器材齐全有效；落实"两炉一电"的管理；锅炉验水阀有水，锅炉不干烧，炉温不得超过90℃。

② 车厢内须有禁烟标志，车内无吸烟现象，地板上无烟头。列车员每半个小时至少巡视一次车厢。

③ 动车组列车全列禁烟，列车员每20min巡视厕所并喷淋废纸箱。

④ 检查列车（动车）"安全锤"和消防器材是否配备齐全，并定置管理；检查各车厢和司机室配置的灭火器是否作用良好。保洁作业人员对动车组进行卫生清理时严禁用水冲刷车内地板、连接处和车内电器设备。

⑤ 餐车的油垢清理。炉灶有火时由专人看守，厨房内配备灭火毯、灭火器，餐车防护栏杆应捆绑牢固并加锁。侧门、直门锁闭，电气化厨房锅具不使用时不得放在电磁灶上。餐车运行中严禁炼油和油炸食品。

⑥ 严格落实客技库、折返站以及外放车底的看车制度，看车期间严禁脱岗、饮酒、打牌、赌博、吸烟等违纪行为。

⑦ 动车电器设备禁止搭挂杂物，杜绝列车私拉电线和擅自使用大功率电器。
⑧ 列车长必须落实每 2 小时巡视检查一次行邮车制度。
⑨ 行邮车货仓或办公间内严禁吸烟，不得使用大功率电器。
⑩ 押运人上车后，必须及时收缴香烟、火种，并查验押运人证件。

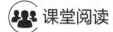 课堂阅读

旅客列车爆炸事故

1. 事故概况

1991 年 3 月 16 日，437 次列车运行至商丘西站时，10 号硬座车厢 6 号窗口上方行李架处突然爆炸起火。事故当场烧死 1 人，烧伤 35 人，烧毁客车 2 辆，经济损失 17.4 万元，构成行车重大事故。

2. 事故原因

犯罪分子在车上放置了定时爆炸装置，蓄意制造爆炸。

3. 事故教训

① 增强安全防范意识。
② 严格落实站、车危险品查堵工作。
③ 加强对可疑人员和列车隐蔽处所的检查，提前预防，及时处置。
④ 进一步完善站、车火灾爆炸应急预案，将损失控制到最低程度。

六、食品安全风险控制

1. 食品安全风险控制点

食品安全风险控制点的具体内容如下：

① 建立站、车销售食品索证索票制度，加强日常食品安全、作业人员健康检查，杜绝无证经营现象。

② 严把餐车食品准入、加工、销售关，突出抓好食品进货采购源头、蔬菜净菜上车、加工过程防交叉污染、餐具清洗消毒、剩余食品储存、列车入库后食品冷藏等关键环节。

③ 落实售货规定，禁止 23：00～次日 6：00 在车厢售货，禁止高声叫卖、演示售货。

2. 食品安全风险控制措施

针对食品安全风险，应采取的控制措施包括车站食品安全风险控制措施和列车食品安全风险控制措施两个部分。

（1）车站食品安全风险控制措施

① 食品加工、采购、销售人员必须符合个人卫生健康标准，上岗随身携带"健康合格证"，食品采购做到索证、索票，有台账、有记录。

② 严格按制作工艺流程和时间要求操作食品。用品定位放置，生、熟食品标志清晰。

③ 按规定进行清洗消毒，防止交叉污染。

④ 食品储存要有防蝇、防尘、防鼠、防霉变、防腐、防交叉污染措施,做到分类分架存放,储存达到规定温度要求。

⑤ 严禁销售"三无"(包装上无生产厂家名称、无生产日期、无生产地址)及腐败变质食品。

⑥ 落实控条件、控标志、控温度、控时间、控剩余食品的"五控"措施,保证食物烹调后至食用前在常温下存放时间不超过 2 小时,冷藏(10℃以下)不超过 24 小时、热藏(60℃以上)不超过 4 小时。需再次利用的应充分加热,加热前应确认食品未变质。

⑦ 建立商品名录。

⑧ 售货车摆放不能越过站台立柱。

⑨ 站台带轮售货车必须与站台平行加锁摆放,售货车停放必须采取制动措施。

(2) 列车食品安全风险控制措施

① 建立列车销售食品索证、索票制度,加强日常食品安全、作业人员的健康检查,杜绝无证经营现象。

② 严把餐车食品准入、加工、销售关,突出抓好食品进货采购源头、蔬菜净菜上车、加工过程防交叉污染、餐具清洗消毒、餐料储藏、未售食品及时销毁等关键环节。

③ 禁止销售"三无"食品和超过保质期限的食品。

④ 餐售人员严格执行食品卫生"五四"制,即由原料到成品做到"四不"(采购员不买腐烂变质的原料,保管员不验收腐烂变质的原料,加工人员不用腐烂变质的原料,服务员不卖腐烂变质的食品),成品存放做到"四隔离"(生与熟隔离,成品与半成品隔离,食品与杂物、药物隔离,食品与天然冰隔离),用(食)具做到"四过关"(一洗,二刷,三冲,四消毒),环境卫生采取"四定"(定人,定物,定时,定质量),个人卫生做到"四勤"(勤洗手剪指甲,勤洗澡理发,勤洗衣服被褥,勤换工作服)。

七、动车组列车安全风险控制

1. 动车组列车安全风险控制点

动车组列车安全风险控制点的具体内容如下:

① 接发动车组列车要严格落实"五固定"(即固定进路、固定到发线、固定站台、固定停车位、固定接发列车人员)的要求。

② 客服设备、引导系统故障必须当班报修,24 小时以内修复。

③ 要杜绝无票人员进站,杜绝票、证、人信息不符的旅客上动车组列车。

④ 动车组一等座不得超员,二等座超员不得超过 20%。

⑤ 加强与动车组列车并行区段普速客车车窗的管理,杜绝列车抛物危及动车安全的现象。

⑥ 健全动车组列车中途换乘、大面积晚点、设备设施故障、长大桥梁及隧道救援等突发情况下的应急预案,并且每季度开展一次应急演练,提高乘务工作人员的应急处置能力。

⑦ 动车组列车严格禁烟,每 20 分钟巡视厕所并喷淋废纸箱。

⑧ 动车组在低站台作业时,严格卡控人身安全。

⑨ 动车组客运乘务人员(站台客运员)发现边门夹人、夹物时,要立即通知动车组司机。

2. 动车组列车安全风险控制措施

针对动车组列车安全风险，应采取的控制措施具体如下：

① 动车组始发一等座不得超员，二等座超员不得超过15%。

② 严格加强对与动车组列车并行区段普速客车车窗的管理，杜绝列车抛物危及动车安全的现象。

③ 及时修订完善动车组列车中途换乘、大面积晚点、设备设施故障、长大桥梁及隧道救援等突发情况下的应急预案，并且每季度开展一次应急演练，提高乘务工作人员的应急处置能力。列车乘务员应熟悉动车组列车各项应急预案。

④ 动车组在低站台作业时，要严格卡控人身安全，做好安全宣传工作。

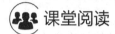

旅客列车严重超员发生旅客伤亡事故

1. 事故概况

2012年2月16日21时8分，K150次旅客列车在永州站一道站停时列车已严重超员，在列车尚未打开车门的情况下，有旅客从12号车厢车窗跳出，部分乘车旅客见状，蜂拥至12号车厢车窗处强行爬窗而入，相互拥挤堆压，导致两名女性旅客窒息死亡。

2. 事故原因

事故直接原因系旅客列车严重超员、旅客之间相互拥挤堆压。永州车站旅客乘降组织工作不到位、站台组织无序、超计划发售无座票是导致事故发生的重要原因。

3. 事故教训

① 按计划组织售票、严格控制列车超员率。

② 加强站车旅客乘降组织工作，尤其在客流高峰期，切实加强站台安全组织工作。

③ 及时处理突发情况，发现旅客从车窗上下的情况，及时劝阻制止。

④ 站车相互配合，落实"以站保车"的组织原则。

⑤ 完善客流高峰期旅客乘降组织和非正常情况下的应急预案，提高乘降组织和应急处理能力。

八、劳动安全风险控制

1. 劳动安全风险控制点

劳动安全风险控制点的具体内容如下：

① 客运职工必须认真贯彻执行劳动安全法律、法规，严格落实劳动纪律，班前充分休息，作业中必须按规定佩戴、使用劳动防护用品。

② 乘务班组出退乘、进出客技站、进出车站必须由列车长带队，乘务人员不得钻爬车底、横越线路、走道心、钢轨、轨枕头。

客技站，全称为"客车技术整备站场"，俗称"客车车库"，主要承担列车到达终点站后的技术作业、列车加水等列车整备的日常工作，以确保列车正常出库与始发。

③ 车站客运人员上水、清理股道等上道作业，必须由班组安排专人防护。

④ 特种作业人员和机械设备、工具操作人员必须经专业安全技术培训并考试合格后持证上岗。

2. 劳动安全风险控制措施

针对劳动安全风险，应采取的控制措施具体如下：

① 认真贯彻执行劳动安全法律、法规，严格落实劳动纪律，班前充分休息，作业中必须按规定佩戴、使用劳动防护用品。

② 乘务班组出退乘、进出客技站、进出车站必须由列车长带队，乘务人员不得钻车底、横越线路，走道心、钢轨、轨枕头。

③ 电气化区段严禁登高作业。

④ 特种作业人员和机械设备、工具操作人员必须经专业安全技术培训并考试合格后持证上岗。

⑤ 洗刷外皮作业只能在接触网断电区域进行，作业前专职人员要严格按要求向车辆段调度办理请销电手续。水冲洗外皮时，严禁水流向接触网带电体方向喷射。所携带的工具与接触网高压带电部分必须保持 2m 以上的距离。

⑥ 机动车辆进入库内作业时，必须按规定速度行驶，严禁超速行驶，正常情况下不得超过 10km/h，股道间行驶不得超过 5km/h。必须倒车作业时，指定专人进行防护，确认安全后方可进行倒车作业。

⑦ 接送餐料、卧具的机动车辆严禁人、货混载，餐料、卧具要码放平稳、牢固，作业人员严禁在马槽上坐卧。

⑧ 专、兼职防护员上岗后必须穿着规定的服装，在指定的防护地点进行防护。确认作业结束后，方可撤除防护标志。

 课堂阅读

列车员跨越线路重伤事故

1. 事故概况

2016 年 12 月 3 日 10 时 30 分左右，2555 次旅客列车在南京西站车体入库后，列车员李某自行外出买东西，在返回车库时被推进的客车车底轧伤双腿，造成高位截肢。

2. 事故原因

违反劳动纪律和作业纪律，横越线路未执行"一停、二看、三通过"是事故发生的直接原因。同时，该事故暴露出相关单位对劳动安全重视不够、库内作业管理松懈及职工违章违纪、安全责任不落实等问题。

3. 事故教训

① 深刻吸取事故教训，针对职工自我保护意识淡薄、两纪松弛等问题，强化职工安全培训的针对性和实效性，提高职工对劳动安全事故危害性的认识，切实加强劳动安全管理。

② 常抓不懈职工两违问题，严肃库内看车制度。遏制惯性违章倾向问题，强化现场作业受控。

③ 严格落实劳动安全作业规程，以落实乘务作业标准为基础，强化班组日常管理和现场作业"自控、互控、他控"措施，提高班组自控能力和职工劳动安全保护意识。

思考与练习

一、选择题

1. 通常用于检查各种规范、标准的执行情况的是（　　）。
   A. 安全检查表法　　　　　　　　B. 预先危险性分析
   C. 故障类型和影响分析　　　　　D. 事件树分析

2. （　　）主要用于某一项工程的设计、施工、生产之前，对系统存在的危险性类别、出现条件、可能导致事故的后果作一概略分析的方法。
   A. 安全检查表法　　　　　　　　B. 预先危险性分析
   C. 故障类型和影响分析　　　　　D. 事件树分析

3. （　　）广泛用于各种系统，能够分析出各种事件发展的可能结果，是一种动态的宏观分析方法，但不能分析平行产生的后果，不适用于详细分析。
   A. 安全检查表法　　　　　　　　B. 预先危险性分析
   C. 故障类型和影响分析　　　　　D. 事件树分析

4. 在车站旅客乘降安全风险控制措施中，当售票口排队超过（　　）人时，必须增开应急窗口。
   A. 50　　　　B. 30　　　　C. 20　　　　D. 10

5. 各电子售票站要责成专人，每天至少（　　）次对日常应急售票系统管理机的数据进行同步监控，将监控情况认真记录，确保应急售票系统正常。
   A. 1　　　　B. 2　　　　C. 3　　　　D. 5

6. 无人值守的乘降点，由所在单位派专人对上车旅客进行安检，列车复检。列车严格执行分档查危制度，开包率不得低于（　　）。
   A. 10%　　　B. 20%　　　C. 30%　　　D. 50%

7. 严格执行禁烟管理制度，列车员、客运值班员每（　　）至少巡视一次车厢、候车室，做好禁烟宣传劝阻工作。
   A. 0.5小时　　B. 1小时　　C. 2小时　　D. 4小时

8. 动车组一等座不得超员，二等座超员不得超过（　　）。
   A. 70%　　　B. 50%
   C. 30%　　　D. 20%

9. 在劳动安全风险控制措施中，所携带的工具与接触网高压带电部分必须保持（　　）以上的距离。
   A. 1m　　　B. 2m　　　C. 3m　　　D. 5m

二、填空题

1. ＿＿＿＿＿＿＿＿是从安全角度对系统中的危险因素进行分析，主要分析导致系统故障或事故的各种因素及其相关关系。

2. 严禁销售"三无"及腐败变质食品,"三无"具体是指:包装上无_____、无_____、无_____。
3. 餐售人员严格执行食品卫生"五四"制,用(食)具做到"四过关":一____、二____、三____、四____。环境卫生采取"四定":____、____、____、____。
4. 接发动车组列车要严格落实"五固定"的要求,即_____、_____、_____、_____、_____。

三、判断题
1. 预先危险性分析简便易行,但是易受分级评价人员主观因素影响。(　　)
2. 如果对系统需要精确评价,则可选用定量分析方法,如事故树分析、事件树分析、安全检查表法等。(　　)
3. 预先危险性分析可进行初步的、定性的综合分析。(　　)
4. 实施安全风险管理的目的,就是通过加强管理,有效掌控安全风险,使之导向安全。(　　)
5. 严禁任何人在列车正常运行中打开气密窗,禁止任何无关人员进入司机室。(　　)
6. 各单位每周对售、检票系统设备设施全面检查一次,杜绝系统升级不及时问题。(　　)
7. 列车长必须落实每1h巡视检查一次行邮车制度。(　　)
8. 动车组列车全列禁烟,列车员每20min巡视厕所并喷淋废纸箱。(　　)
9. 客服设备、引导系统故障必须当班报修,12h以内修复。(　　)
10. 电气化区段严禁登高作业。(　　)

四、简答题
1. 简述安全评价的程序。
2. 简述旅客乘降安全风险控制点的具体内容。
3. 简述设施设备安全风险控制点的具体内容。
4. 简述防火防爆安全风险控制点的具体内容。
5. 简述动车组列车安全风险控制点的具体内容。
6. 简述劳动安全风险控制点的具体内容。

附录1 安全色与对比色

1. 安全色

安全色是用于传递安全信息的颜色,包括红、蓝、黄、绿四种颜色。安全色的作用是使人们能够迅速注意到影响安全、健康的对象或场所,提醒人们注意,以防发生事故。

安全色的含义及用途如表1所示。

表1 安全色的含义及用途示例

颜色	含义	用途示例
红色	禁止	列车受电弓的支架带电部分涂红色,表示高压危险、禁止触摸
	停止	机器、车辆上的停止按钮或手柄,以及禁止人们触动的部位
	消防	灭火器、消火栓
蓝色	指令	必须佩戴个人防护用具
	必须遵守的规定	道路上指引车辆和行人行驶方向的指令
黄色	警告	警告标志
	注意	警戒标志,如车间内危险机器和坑沟周边的警戒线、行车道中线、安全帽、站台安全线等
绿色	提示	提示标志
	通过	车辆和行人通过标志
	允许	消防设备和其他安全防护设备的位置
	安全状态	车间内的安全通道
	工作	"在此工作"标志牌

注意:1. 蓝色只有与几何图形同时使用时才表示指令。
2. 道路上的指示标志采用蓝色,不采用绿色,以免与道路两旁的绿色树木混淆。

2. 对比色

对比色是使安全色更加醒目的反衬色。对比色规定用黑、白两种颜色,黑色用于安全标志的文字、图形符号和警告标志的几何边框。白色既可用于安全标志红色、蓝色、绿色的背景色,也可用于文字和图形符号。

通常使用的相间条纹有红色和白色相间(红白相间)、黄色和黑色相间(黄黑相间)、蓝色和白色相间(蓝白相间)、绿色和白色相间(绿白相间)四种。相间条纹的含义及用途示例如表2所示。

表2 相间条纹的含义及用途示例

相间条纹	含义	用途示例
红白相间	禁止越入	道路上使用的防护栏杆和隔离墩
黄黑相间	警告注意	当心滑跌标志
蓝白相间	必须遵守	交通导向标志
绿白相间	使标志牌更醒目	安全标志杆

附录2 民政部、外交部、公安部关于外国人在华死亡后处理程序有关问题的实施意见

(民发〔2008〕39号)

各省、自治区、直辖市民政厅（局）、外事办公室、公安厅（局），计划单列市民政局、外事办公室、公安局：

根据外交部、最高人民法院、最高人民检察院、公安部、国家安全部、司法部《关于处理涉外案件若干问题的规定》（外发〔1995〕17号）附件中《外国人在华死亡后的处理程序》的有关规定，各地在涉外殡葬服务方面做了大量工作，受到有关人士好评。鉴于我国对外交往日益频繁，外国人来华数量逐渐增多，涉外殡葬管理和服务工作中出现了一些新情况、新问题，需要进一步明确部门责任，完善工作程序。现提出如下意见：

一、外国人在华死亡后，死者家属、亲友、接待人或者聘用单位按照《外国人在华死亡后的处理程序》的规定，向有关部门报告情况，并及时提出处置遗体的书面意见。死亡发生地殡仪馆凭据死亡证明和死者家属、亲友、接待人或者聘用单位提出的书面意见并签字确认后，按照我国殡葬管理规定程序，实施遗体火化或者协助办理遗体运输出境事宜。所需费用由死者家属、亲友、接待人或者聘用单位承担。

二、外国人在华死亡且无家属、亲友、接待人或者聘用单位的，根据死者有效身份证件，由死亡发生地公安机关向省、自治区、直辖市人民政府公安厅（局）报告，省、自治区、直辖市人民政府公安厅（局）向死者国籍国驻华使、领馆发出照会，要求其在照会发出30日内回复处理遗体的书面意见。回复意见不明确或者逾期未予回复的，省、自治区、直辖市人民政府公安厅（局）再次照会死者国籍国驻华使、领馆，限期回复处理遗体的书面意见，并告知其回复意见仍不明确或者逾期未予回复的，我方将由省、自治区、直辖市人民政府公安厅（局）做好档案记录后，函告死亡发生地殡仪馆火化死者遗体。遗体火化后，骨灰保管期限1年。

三、外国人在华死亡且无家属、亲友、接待人或者聘用单位的，死者有效身份证件标明的国籍国未与我国建立外交关系，但在华有领事事务代管国驻华使、领馆的，由死亡发生地省、自治区、直辖市人民政府公安厅（局）按前项规定程序照会代管国驻华使、领馆；在华没有领事事务代管国驻华使、领馆的，由死亡发生地省、自治区、直辖市人民政府公安厅（局）商同级人民政府外事部门提出处理遗体的书面意见。

四、死者疑似外国人，既无家属、亲友、接待人或者聘用单位，又无任何有效身份证件的，死亡发生地公安机关应当及时核查并将结果报省、自治区、直辖市人民政府公安厅（局），由省、自治区、直辖市人民政府公安厅（局）商同级人民政府外事部门提出处理遗体的书面意见。

五、外国人在华死亡后，死者家属、亲友、接待人或者聘用单位要求将死者遗体在华土葬的，一般可以我国实施殡葬改革、提倡火葬为由，予以婉拒。对于死者生前做出重要贡献或者特殊原因，需要在华处置骨灰或者土葬遗体的，由省、自治区、直辖市人民政府殡葬事

务主管部门商同级人民政府外事部门决定。

六、对于生前患有甲类传染病，或者乙类传染病中传染性非典型肺炎、炭疽中的肺炭疽和人感染高致病性禽流感的遗体，死者家属、亲友、接待人或者聘用单位应当配合医疗卫生机构，做好遗体消毒处理后，立即送往死亡发生地殡仪馆火化。所需费用由死者家属、亲友、接待人或者聘用单位承担。

参考文献

[1] 黄琴. 铁路运输安全管理［M］. 上海：上海交通大学出版社，2017.
[2] 潘永和. 铁路客运安全管理与应急处理［M］. 上海：上海交通大学出版社，2020.
[3] 国务院法制办公室. 铁路交通事故应急救援和调查处理条例［M］. 北京：中国法制出版社，2007.
[4] 王慧. 高铁乘务安全管理与应急处置［M］. 2版. 成都：西南交通大学出版社，2019.
[5] 尹小梅. 高速铁路客运规章［M］. 北京：科学出版社，2018.
[6] 汪彤，代宝乾，王培怡，等. 安全标志及其使用导则［M］. 北京：中国标准出版社，2009.
[7] 《铁路旅客列车消防管理规定》［S］. 铁公安［2010］89号.